NE능률 영어교과서

대한민국 고등학생 10명 중 4.7 명이 보는 교과서

영어 고등 교과서 점유율 1위

(7차, 2007 개정, 2009 개정, 2015 개정)

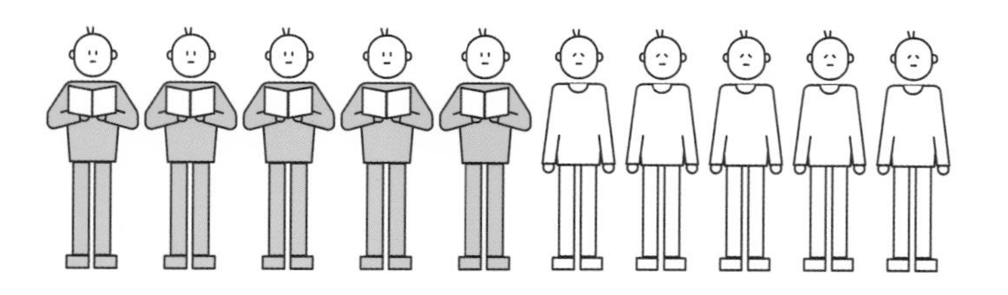

리딩튜터

그동안 판매된 리딩튜터 1,900만 부 차곡차곡 쌓으면 19만 미터

에베레스트 21 배 높이

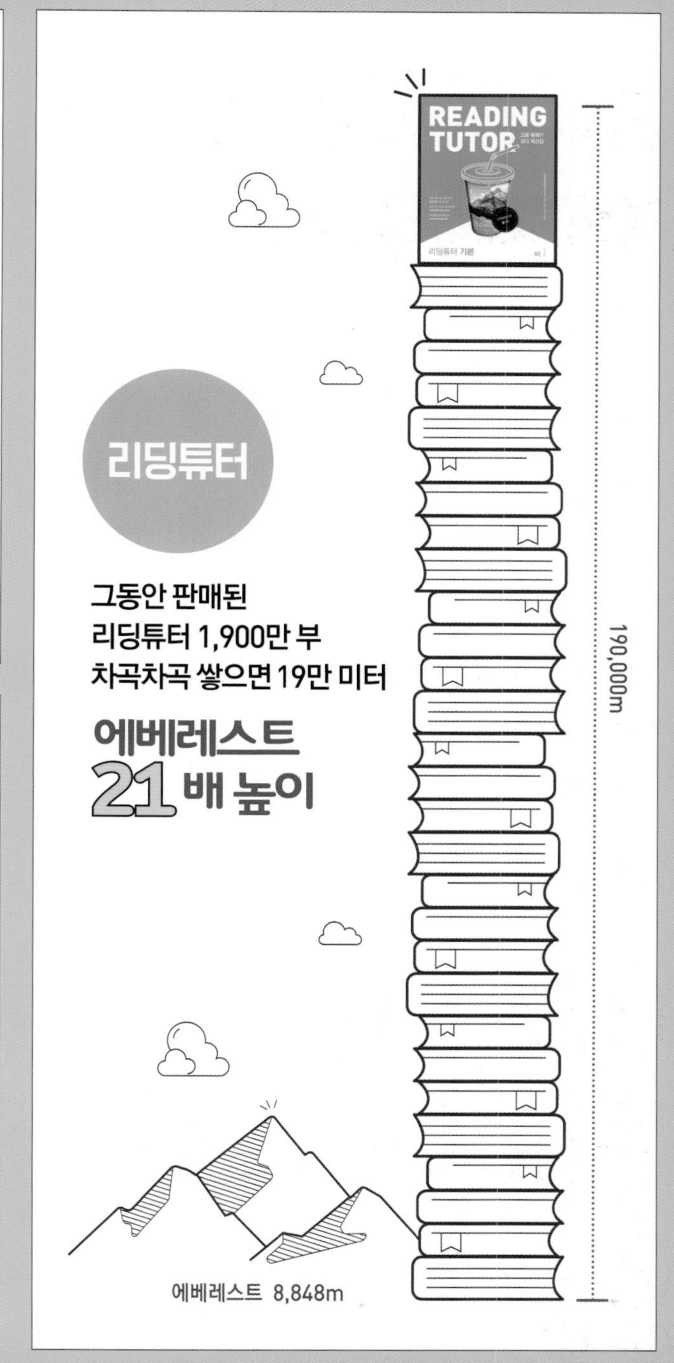

능률보카

그동안 판매된 능률VOCA 1,100만 부

대한민국 박스오피스 천만명을 넘은 영화 단 28개

그래머존

그동안 판매된 450만 부의 그래머존을 바닥에 쭉 ~ 깔면

1000km 서울-부산 왕복가능

교재 검토에 도움을 주신 선생님들

공웅조 분당 분당영덕여자고등학교
권규리 서울 숙명여자고등학교
권명옥 포항 양덕중학교
김성준 대전 보문고등학교
김은지 서울 숙명여자고등학교
김종미 대전 보문고등학교
김태기 부산 낙동고등학교
박무성 대전 명석고등학교
박영민 부산 국제고등학교
변성우 인천 인천고잔고등학교
신상구 수원 유신고등학교
양한직 서울 목동고등학교
윤주석 대전 보문고등학교
이광수 대전 보문고등학교
이상형 서울 영일고등학교
이승환 서울 중앙대부속고등학교
임창택 서울 중산고등학교
장성덕 창원 봉림고등학교
조재민 진주 대아고등학교
채홍남 포항 포항제철고등학교
허대회 서울 화곡고등학교

The 상승

지은이 NE능률 영어교육연구소
선임연구원 김지현
영문 교열 August Niederhaus, Nathaniel Galletta
디자인 조가영, 기지영

NE능률이
미래를
창조합니다.

건강한 배움의 고객가치를 제공하겠다는 꿈을 실현하기 위해
40년이 넘는 시간 동안 열심히 달려왔습니다.

앞으로도 끊임없는 연구와 노력을 통해
당연한 것을 멈추지 않고

고객, 기업, 직원 모두가 함께 성장하는 NE능률이 되겠습니다.

NE 능률

The 상승

독해 기본기에서
수능 실전 대비까지
The 상승

STRUCTURE & FEATURES

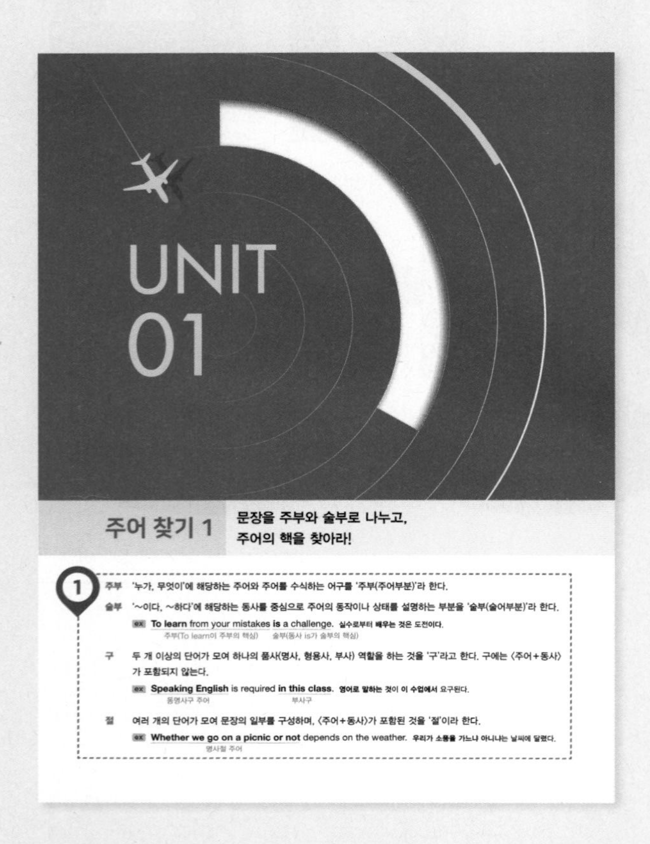

UNIT
01

주어 찾기 1 문장을 주부와 술부로 나누고, 주어의 핵을 찾아라!

1

주부 '누가, 무엇이'에 해당하는 주어와 주어를 수식하는 어구를 '주부(주어부분)'라 한다.

술부 '~이다, ~하다'에 해당하는 동사를 중심으로 주어의 동작이나 상태를 설명하는 부분을 '술부(술어부분)'라 한다.

ex **To learn** from your mistakes **is** a challenge. 실수로부터 배우는 것은 도전이다.
주부(To learn이 주부의 핵심) 술부(동사 is가 술부의 핵심)

구 두 개 이상의 단어가 모여 하나의 품사(명사, 형용사, 부사) 역할을 하는 것을 '구'라고 한다. 구에는 〈주어+동사〉가 포함되지 않는다.

ex **Speaking English** is required **in this class.** 영어로 말하는 것이 이 수업에서 요구된다.
동명사구 주어 부사구

절 여러 개의 단어가 모여 문장의 일부를 구성하며, 〈주어+동사〉가 포함된 것을 '절'이라 한다.

ex **Whether we go on a picnic or not** depends on the weather. 우리가 소풍을 가느냐 아니냐는 날씨에 달렸다.
명사절 주어

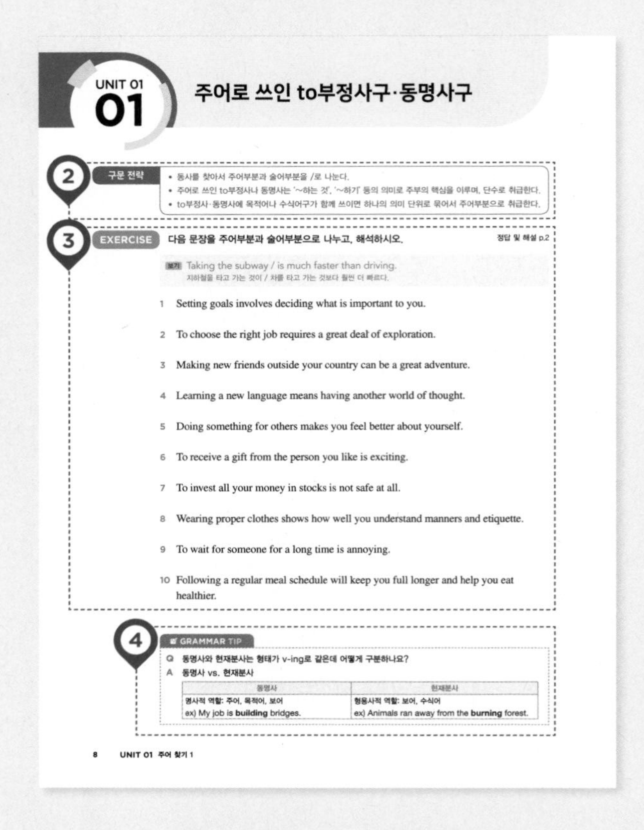

UNIT 01
01
주어로 쓰인 to부정사구·동명사구

2 구문 전략
- 동사를 찾아서 주어부분과 술어부분을 /로 나눈다.
- 주어로 쓰인 to부정사나 동명사는 '~하는 것', '~하기' 등의 의미로 주부의 핵심을 이루며, 단수로 취급한다.
- to부정사·동명사에 목적어나 수식어구가 함께 쓰이면 하나의 의미 단위로 묶어서 주어부분으로 취급한다.

3 EXERCISE 다음 문장을 주어부분과 술어부분으로 나누고, 해석하시오. 정답 및 해설 p.2

보기 Taking the subway / is much faster than driving.
지하철을 타고 가는 것이 / 차를 타고 가는 것보다 훨씬 더 빠르다.

1 Setting goals involves deciding what is important to you.
2 To choose the right job requires a great deal of exploration.
3 Making new friends outside your country can be a great adventure.
4 Learning a new language means having another world of thought.
5 Doing something for others makes you feel better about yourself.
6 To receive a gift from the person you like is exciting.
7 To invest all your money in stocks is not safe at all.
8 Wearing proper clothes shows how well you understand manners and etiquette.
9 To wait for someone for a long time is annoying.
10 Following a regular meal schedule will keep you full longer and help you eat healthier.

4 GRAMMAR TIP
Q 동명사와 현재분사는 형태가 v-ing로 같은데 어떻게 구분하나요?
A 동명사 vs. 현재분사

동명사	현재분사
명사적 역할: 주어, 목적어, 보어 ex) My job is **building** bridges.	형용사적 역할: 보어, 수식어 ex) Animals ran away from the **burning** forest.

8 UNIT 01 주어 찾기 1

UNIT 도입

각 UNIT의 도입 부분에 해당 구문과 관련하여 반드시 알아야 할 문법 용어나 기본 개념을 제시했습니다.

② 구문 전략

핵심 구문 설명과 예문을 통해 구문을 정확하게 파악하고 독해할 수 있도록 하였습니다.

③ EXERCISE

엄선된 연습 문제를 풀어봄으로써 구문 학습이 이루어지도록 했습니다.

④ GRAMMAR TIP

해당 구문과 관련하여 학생들이 혼동하거나 어려워하는 문법 사항들을 보다 쉽게 공부할 수 있도록 Q&A 형식으로 자세히 설명했습니다.

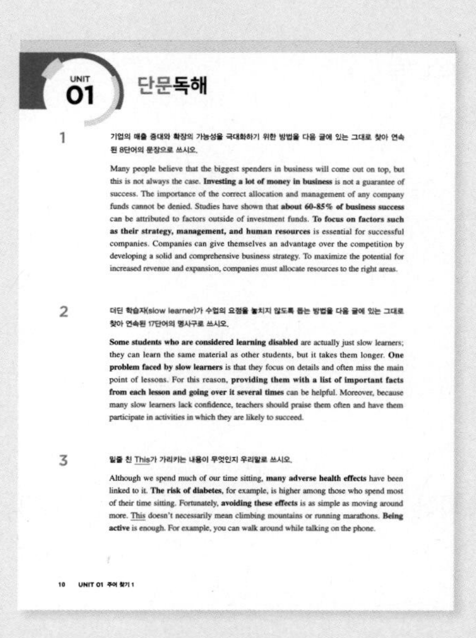

UNIT 01 단문독해

1 기업의 매출 증대와 확장의 가능성을 극대화하기 위한 방법을 다음 글에 있는 그대로 찾아 연속된 8단어의 문장으로 쓰시오.

Many people believe that the biggest spenders in business will come out on top, but this is not always the case. **Investing a lot of money in business** is not a guarantee of success. The importance of the correct allocation and management of any company funds cannot be denied. Studies have shown that **about 60-85% of business success** can be attributed to factors outside of investment funds. **To focus on factors such as their strategy, management, and human resources** is essential for successful companies. Companies can give themselves an advantage over the competition by developing a solid and comprehensive business strategy. To maximize the potential for increased revenue and expansion, companies must allocate resources to the right areas.

2 더딘 학습자(slow learner)가 수업의 요점을 놓치지 않도록 돕는 방법을 다음 글에 있는 그대로 찾아 연속된 17단어의 명사구로 쓰시오.

Some students who are considered learning disabled are actually just slow learners; they can learn the same material as other students, but it takes them longer. **One problem faced by slow learners** is that they focus on details and often miss the main point of lessons. For this reason, **providing them with a list of important facts from each lesson and going over it several times** can be helpful. Moreover, because many slow learners lack confidence, teachers should praise them often and have them participate in activities in which they are likely to succeed.

3 밑줄 친 This가 가리키는 내용이 무엇인지 우리말로 쓰시오.

Although we spend much of our time sitting, **many adverse health effects** have been linked to it. **The risk of diabetes**, for example, is higher among those who spend most of their time sitting. Fortunately, **avoiding these effects** is as simple as moving around more. This doesn't necessarily mean climbing mountains or running marathons. **Being active** is enough. For example, you can walk around while talking on the phone.

10 UNIT 01 주어 찾기 1

단문독해

문장 단위로 구문 연습을 한 후, 구문 독해 실력을 더욱 탄탄하게 하기 위해 50~100 단어 길이의 단문으로 독해 연습을 하도록 했습니다. 또한, 내신 서술형 주관식을 대비할 수 있는 문제 유형들을 출제했습니다.

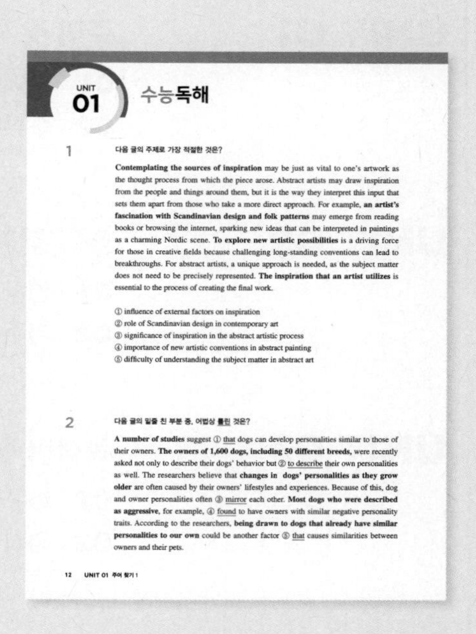

UNIT 01 수능독해

1 다음 글의 주제로 가장 적절한 것은?

Contemplating the sources of inspiration may be just as vital to one's artwork as the thought process from which the piece arose. Abstract artists may draw inspiration from the people and things around them, but it is the way they interpret this input that sets them apart from those who take a more direct approach. For example, **an artist's fascination with Scandinavian design and folk patterns** may emerge from reading books or browsing the internet, sparking new ideas that can be interpreted in paintings as a charming Nordic scene. **To explore new artistic possibilities** is a driving force for those in creative fields because challenging long-standing conventions can lead to breakthroughs. For abstract artists, a unique approach is needed, as the subject matter does not need to be precisely represented. **The inspiration that an artist utilizes** is essential to the process of creating the final work.

① influence of external factors on inspiration
② role of Scandinavian design in contemporary art
③ significance of inspiration in the abstract artistic process
④ importance of new artistic conventions in abstract painting
⑤ difficulty of understanding the subject matter in abstract art

2 다음 글의 밑줄 친 부분 중, 어법상 틀린 것은?

A number of studies suggest ① that dogs can develop personalities similar to those of their owners. **The owners of 1,600 dogs, including 50 different breeds,** were recently asked not only to describe their dogs' behavior but ② to describe their own personalities as well. The researchers believe that **changes in dogs' personalities as they grow older** are often caused by their owners' lifestyles and experiences. Because of this, dog and owner personalities often ③ mirror each other. **Most dogs who were described as aggressive**, for example, ④ found to have owners with similar negative personality traits. According to the researchers, **being drawn to dogs that already have similar personalities to our own** could be another factor ⑤ that causes similarities between owners and their pets.

12 UNIT 01 주어 찾기 1

수능독해

앞에서 익힌 구문을 다양한 수능 유형에 적용하여 구문과 수능 유형을 동시에 학습할 수 있도록 했습니다.

REVIEW TEST

각 UNIT별로 익힌 구문 전략 내용을 문장 단위의 간단한 문제들을 통해 최종 점검할 수 있도록 했습니다. 특히, 관련 구문을 활용한 영작문제를 통해 효과적인 구문 학습은 물론, 내신 서술형 주관식 문제에도 대비할 수 있도록 했습니다.

UNIT 01 REVIEW TEST 정답 및 해설 p.6

A 각 문장의 밑줄 친 부분을 바르게 고치시오.

1 Reading novels provide hours of entertainment.
2 Seeing the sunrise make everybody feel happy.
3 Meeting you and your friends were a great pleasure.
4 The books borrowed from the local library was not as good as expected.
5 Workers who invest in education and training is more productive.

B 주어진 우리말과 같은 뜻이 되도록 괄호 안의 단어들을 바르게 배열하여 문장을 완성하시오.

1 외국어를 배우는 것은 많은 이점을 제공한다.
(offers, a foreign language, learning, advantages, many)
→ ______________________.

2 대부분의 사람들이 모르는 한 가지는 그들의 시간을 통제하는 방법이다.
(most people, that, how to control, don't know, is, their time)
→ One thing ______________________.

C 주어진 우리말과 같은 뜻이 되도록 괄호 안의 단어들을 한 번씩만 사용하여 아래 빈칸을 완성하시오. (단, 필요한 경우 단어를 추가하거나 주어진 단어를 변형하시오.)

1 규칙적으로 운동을 하는 것이 건강을 유지하는 가장 좋은 방법이다.
(exercise regularly, the best way)
→ ________ (S) ________ (V) ________ (S.C.) to stay healthy.

2 사립학교에 다니고 있는 학생들은 교복을 입어야 한다.
(private school, who, wear, are attending, school uniforms, must)
→ Students ________ (S) ________ (V) ________ (O).

16 UNIT 01 주어 찾기 1

CONTENTS

주어 찾기 1

문장을 주부와 술부로 나누고, 주어의 핵을 찾아라!

주부 '누가, 무엇이'에 해당하는 주어와 주어를 수식하는 어구를 '주부(주어부분)'라 한다.

술부 '~이다, ~하다'에 해당하는 동사를 중심으로 주어의 동작이나 상태를 설명하는 부분을 '술부(술어부분)'라 한다.

ex **To learn** from your mistakes **is** a challenge. 실수로부터 **배우는 것은** 도전**이다**.
주부(To learn이 주부의 핵심) 술부(동사 is가 술부의 핵심)

구 두 개 이상의 단어가 모여 하나의 품사(명사, 형용사, 부사) 역할을 하는 것을 '구'라고 한다. 구에는 〈주어+동사〉가 포함되지 않는다.

ex **Speaking English** is required **in this class**. **영어로 말하는 것**이 **이 수업에서** 요구된다.
동명사구 주어 부사구

절 여러 개의 단어가 모여 문장의 일부를 구성하며, 〈주어+동사〉가 포함된 것을 '절'이라 한다.

ex **Whether we go on a picnic or not** depends on the weather. **우리가 소풍을 가느냐 아니냐**는 날씨에 달렸다.
명사절 주어

UNIT 01 주어로 쓰인 to부정사구·동명사구

구문 전략

- 동사를 찾아서 주어부분과 술어부분을 /로 나눈다.
- 주어로 쓰인 to부정사나 동명사는 '~하는 것', '~하기' 등의 의미로 주부의 핵심을 이루며, 단수로 취급한다.
- to부정사·동명사에 목적어나 수식어구가 함께 쓰이면 하나의 의미 단위로 묶어서 주어부분으로 취급한다.

EXERCISE 다음 문장을 주어부분과 술어부분으로 나누고, 해석하시오. 정답 및 해설 p.2

보기 Taking the subway / is much faster than driving.
지하철을 타고 가는 것이 / 차를 타고 가는 것보다 훨씬 더 빠르다.

1 Setting goals involves deciding what is important to you.

2 To choose the right job requires a great deal of exploration.

3 Making new friends outside your country can be a great adventure.

4 Learning a new language means having another world of thought.

5 Doing something for others makes you feel better about yourself.

6 To receive a gift from the person you like is exciting.

7 To invest all your money in stocks is not safe at all.

8 Wearing proper clothes shows how well you understand manners and etiquette.

9 To wait for someone for a long time is annoying.

10 Following a regular meal schedule will keep you full longer and help you eat healthier.

GRAMMAR TIP

Q 동명사와 현재분사는 형태가 v-ing로 같은데 어떻게 구분하나요?

A 동명사 vs. 현재분사

동명사	현재분사
명사적 역할: 주어, 목적어, 보어 ex) My job is **building** bridges.	형용사적 역할: 보어, 수식어 ex) Animals ran away from the **burning** forest.

UNIT 01

02 수식어가 딸린 긴 주어

구문 전략

- 동사를 찾아서 주어부분과 술어부분을 /로 나눈다.
- 주부의 핵심이 되는 명사를 찾아 표시한다. (동사의 수가 이 명사에 일치하는지 확인한다.)
- 주어를 뒤에서 수식하는 말(형용사구, to부정사구, 전치사구, 분사구 등)이 긴 경우에는 괄호로 묶어 문장 구조를 단순화시켜 파악한다.

EXERCISE 다음 문장을 주어부분과 술어부분으로 나누고, 해석하시오. 정답 및 해설 p.2

보기 The history of kimchi / can be traced back to ancient times.
김치의 역사는 / 고대로 거슬러 올라갈 수 있다.

1 People living in the countryside tend to have healthy skin.

2 All the efforts to rescue the pilot were in vain.

3 Children with interpersonal intelligence have a more developed sense of humor.

4 Products made in South Korea are very popular here.

5 Most people who smoke have heard about the harmful effects of cigarettes.

6 The only thing I need you to do for me is to feed my dog.

7 The most unique thing about human beings is that they learn.

GRAMMAR TIP

Q 명사를 꾸미는 말에는 어떤 것들이 있나요?

A 명사를 꾸미는 말은 다음과 같이 다양하답니다.

- 형용사
  a **beautiful** garden
- 현재분사(구)
  a **moving** bus
  a baby **sleeping on a sofa**
- to부정사(구)
  things **to remember**
- 관계대명사절 (형용사절)
  people **who are suffering from the disease**
- 전치사구
  people **around the world**
- 과거분사(구)
  written English
  the door **painted green**
- 명사절 (동격)
  the fact **that he is in danger**

UNIT 01

단문독해

1 기업의 매출 증대와 확장의 가능성을 극대화하기 위한 방법을 다음 글에 있는 그대로 찾아 연속된 8단어의 문장으로 쓰시오.

Many people believe that the biggest spenders in business will come out on top, but this is not always the case. **Investing a lot of money in business** is not a guarantee of success. The importance of the correct allocation and management of any company funds cannot be denied. Studies have shown that **about 60-85% of business success** can be attributed to factors outside of investment funds. **To focus on factors such as their strategy, management, and human resources** is essential for successful companies. Companies can give themselves an advantage over the competition by developing a solid and comprehensive business strategy. To maximize the potential for increased revenue and expansion, companies must allocate resources to the right areas.

2 더딘 학습자(slow learner)가 수업의 요점을 놓치지 않도록 돕는 방법을 다음 글에 있는 그대로 찾아 연속된 17단어의 명사구로 쓰시오.

Some students who are considered learning disabled are actually just slow learners; they can learn the same material as other students, but it takes them longer. **One problem faced by slow learners** is that they focus on details and often miss the main point of lessons. For this reason, **providing them with a list of important facts from each lesson and going over it several times** can be helpful. Moreover, because many slow learners lack confidence, teachers should praise them often and have them participate in activities in which they are likely to succeed.

3 밑줄 친 This가 가리키는 내용이 무엇인지 우리말로 쓰시오.

Although we spend much of our time sitting, **many adverse health effects** have been linked to it. **The risk of diabetes**, for example, is higher among those who spend most of their time sitting. Fortunately, **avoiding these effects** is as simple as moving around more. <u>This</u> doesn't necessarily mean climbing mountains or running marathons. **Being active** is enough. For example, you can walk around while talking on the phone.

4

빈칸에 들어갈 적절한 말을 다음 글에 있는 그대로 찾아 각각 1단어로 쓰시오.

Wearing a cracked bicycle helmet can be dangerous. Small cracks, however, are difficult to see. For this reason, **being sure that your helmet is safe to wear** used to be nearly impossible. Now, however, a new helmet alerts cyclists when it needs to be replaced. If a crack forms, **tiny capsules located inside the helmet** break, releasing an oil with a strong odor. When the cyclists start to smell something bad, they know it's time to buy a new helmet.

⇨ A new bicycle helmet __________ owners that it is cracked by __________ a smell.

5

빈칸에 들어갈 적절한 말을 다음 글에 있는 그대로 찾아 각각 1단어로 쓰시오.

The way in which its eyes are positioned on its head controls an animal's "field of vision." That is to say, it determines how much it can see without moving its head. Because our eyes are at the front of our head, humans can see about 180 degrees. Horses, however, can see about 215 degrees. This means __________ see more of the world around them in a single moment than __________ can. **To be able to see so much at once** is helpful to an animal that must constantly be on the alert for predators.

---

1 come out on top 성공하다, 이기다 guarantee 보장 allocation 분배(*v.* allocate) management 경영 investment 투자 human resources 인적 자원 solid 견고한, 단단한 comprehensive 포괄적인 maximize 극대화하다 revenue 매출, 수입 expansion 확장, 확대

2 learning disabled 학습 장애가 있는 material 소재; *자료 face 직면하다 focus on ~에 초점을 맞추다 detail 세부 사항 provide A with B A에게 B를 제공하다 go over 검토하다; *~을 거듭 살피다 confidence 자신감 praise 칭찬하다 participate in ~에 참여하다 be likely to-v ~할 가능성이 높다

3 adverse effect 역효과, 부작용 diabetes 당뇨병

4 cracked 금이 간, 갈라진(*n.* crack) alert (위험 등을) 알리다 replace 바꾸다, 교체하다 tiny 아주 작은 capsule 캡슐 located ~에 위치한 release 놓아주다; *방출하다 odor 냄새, 악취

5 position 위치; *위치시키다 field of vision 시야 determine 결정하다 constantly 끊임없이 on the alert for ~을 경계하여 predator 포식자

UNIT 01
수능독해

1

다음 글의 주제로 가장 적절한 것은?

Contemplating the sources of inspiration may be just as vital to one's artwork as the thought process from which the piece arose. Abstract artists may draw inspiration from the people and things around them, but it is the way they interpret this input that sets them apart from those who take a more direct approach. For example, **an artist's fascination with Scandinavian design and folk patterns** may emerge from reading books or browsing the internet, sparking new ideas that can be interpreted in paintings as a charming Nordic scene. **To explore new artistic possibilities** is a driving force for those in creative fields because challenging long-standing conventions can lead to breakthroughs. For abstract artists, a unique approach is needed, as the subject matter does not need to be precisely represented. **The inspiration that an artist utilizes** is essential to the process of creating the final work.

① influence of external factors on inspiration
② role of Scandinavian design in contemporary art
③ significance of inspiration in the abstract artistic process
④ importance of new artistic conventions in abstract painting
⑤ difficulty of understanding the subject matter in abstract art

2

다음 글의 밑줄 친 부분 중, 어법상 틀린 것은?

A number of studies suggest ① that dogs can develop personalities similar to those of their owners. **The owners of 1,600 dogs, including 50 different breeds,** were recently asked not only to describe their dogs' behavior but ② to describe their own personalities as well. The researchers believe that **changes in dogs' personalities as they grow older** are often caused by their owners' lifestyles and experiences. Because of this, dog and owner personalities often ③ mirror each other. **Most dogs who were described as aggressive**, for example, ④ found to have owners with similar negative personality traits. According to the researchers, **being drawn to dogs that already have similar personalities to our own** could be another factor ⑤ that causes similarities between owners and their pets.

정답 및 해설 p.4

3

다음 글의 내용을 한 문장으로 요약하고자 한다. 빈칸 (A), (B)에 들어갈 말로 가장 적절한 것은?

We can blame our ancestors when we crave snacks in the middle of the night. Research suggests that **our desire for midnight snacks** is driven by the body's internal clock, also known as the circadian system, which tells us when to sleep and when to get up. This craving is a leftover of a now unnecessary strategy for staying alive in the wild. Long ago, **eating large meals at night** helped our ancestors store energy during famines. However, **changes in our eating habits** have made it useless, and it is now causing a serious health problem. **Modern people, who are less likely to face famines,** are now eating unnecessarily, which is a key factor in rising obesity rates.

* circadian: 생물학적 주기의

⇩

A ______(A)______ tactic of our ancestors is one of the biggest ______(B)______ to modern obesity problems.

	(A)		(B)
①	survival	······	solutions
②	survival	······	contributors
③	storage	······	solutions
④	hunting	······	links
⑤	hunting	······	contributors

---

1 contemplate 심사숙고하다 inspiration 영감 vital 필수적인, 중요한 interpret 해석하다 set apart 구별하다 fascination 매료 folk 민속 spark 불러일으키다 explore 탐험하다 driving force 추진력 convention 관습 breakthrough 획기적인 발견, 돌파구 utilize 활용하다

2 personality 성격 breed (가축의) 품종 behavior 행동, 품행 mirror 거울; *(거울처럼) 잘 보여주다, 반영하다 aggressive 공격적인 draw 그리다; *끌어당기다 factor 요인, 인자 similarity 유사성, 닮음

3 blame ~을 탓하다 ancestor 조상 crave 갈망하다(*n.* craving) desire 욕구, 갈망 drive 운전하다; *~하도록 만들다 internal 내부의; *체내의 leftover 남은 음식; *잔재 strategy 계획, 전략 famine 기근 obesity 비만 문제 tactic 전략, 작전 contributor 기고자; *원인 제공자 storage 저장

4

다음 글의 제목으로 가장 적절한 것은?

Chopsticks are used throughout Asia, but metal chopsticks are traditionally found only in Korea. **People in other Asian countries, including China, Japan, Thailand, and Indonesia,** generally use chopsticks made of bamboo or wood. No one is sure why Korea developed an alternative chopstick tradition. **One theory to explain this difference** dates back to Baekje, one of Korea's three ancient kingdoms. To prevent the assassination of members of the royal family, silver chopsticks were used. This was because it was believed that silver would change color if it came in contact with poison. The kingdom's common people wanted to follow this tradition as a sign of respect for the royal family. However, because they could not afford silver, **using steel chopsticks** became a local tradition instead.

① Different Chopstick Traditions around Asia
② The Advantages of Using Metal Chopsticks
③ Silver Chopsticks: Assassin of a Royal Family
④ The Story Behind Korea's Chopstick Tradition
⑤ The Real Reason Only Asians Eat with Chopsticks

5

다음 글의 밑줄 친 부분 중, 문맥상 낱말의 쓰임이 적절하지 않은 것은?

In grade school, most of us were taught not to run our finger under a line of text as we read it. However, more recent studies have shown that this method can actually ① increase your reading speed and comprehension. **Marking your progress with a finger** enables you to read ② faster because it prevents you from losing your place and backing up to locate it. Otherwise, **unnecessary rereading such as this** would take up around one sixth of your reading time. In addition, **reading with a hand on the page** ③ improves comprehension because it focuses your attention on a single spot and keeps your mind from ④ wandering. So the next time you pick up a book, try underlining the words with your fingertip as you read along, and watch your reading speed ⑤ drop.

6

다음 도표의 내용과 일치하지 않는 것은?

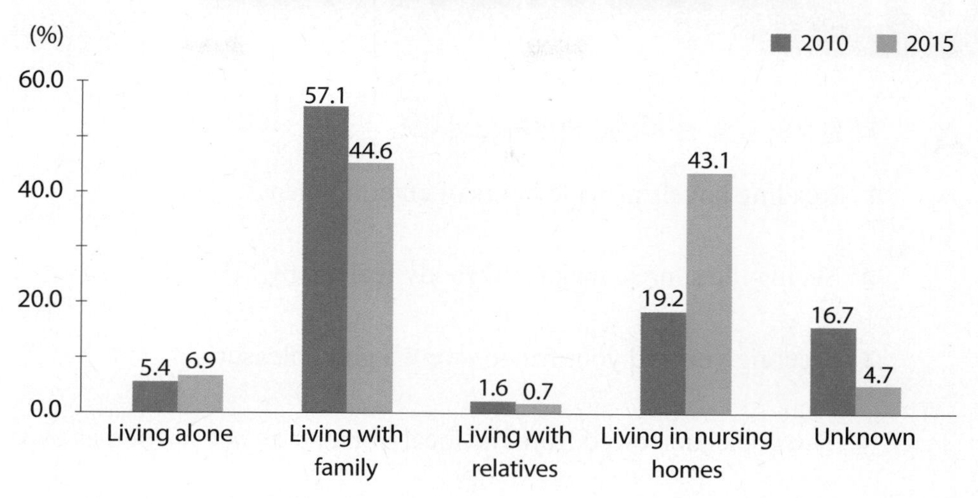

The graph above shows the residential situations of centenarians — people who are at least 100 years old — in the years 2010 and 2015. ① In 2010, **the percentage of centenarians living with family members** was more than three times higher than the percentage whose residential situation was unknown. ② In both 2010 and 2015, **centenarians living with relatives** made up the smallest group. ③ On the other hand, **the percentage of centenarians living in nursing homes** was the highest of all residential types in both years. ④ This residential situation witnessed the largest increase from 2010 to 2015, as **the percentage of centenarians in nursing homes** more than doubled. ⑤ Meanwhile, **the percentage of centenarians living alone** rose slightly, by less than two percentage points.

---

4 bamboo 대나무 alternative 대체의, 전통적인 방식과는 다른 theory 이론, 학설 date back to ~까지 거슬러 올라가다 assassination 암살 come in contact with ~와 접촉하다 afford (~할) 여유가 되다 문제 assassin 암살범

5 grade school 초등학교 run 달리다; *(어떤 방향으로) 움직이게 하다 comprehension 이해력 progress 진전; *진행 enable ~할 수 있게 하다 prevent 막다, 방지하다 back up 후진시키다 locate ~의 위치를 찾아내다 take up (시간 · 공간을) 차지하다 spot (특정한) 곳, 자리 wander 헤매다; *산만해지다 underline 밑줄을 긋다 fingertip 손가락 끝

6 residential 주거의 centenarian 나이가 100세인 사람 relative 친척 nursing home 요양원 make up ~을 이루다[형성하다] witness 목격하다; *나타내다 slightly 약간

UNIT 01

REVIEW TEST

정답 및 해설 p.6

A

각 문장의 밑줄 친 부분을 바르게 고치시오.

1 Reading novels provide hours of entertainment.

2 Seeing the sunrise make everybody feel happy.

3 Meeting you and your friends were a great pleasure.

4 The books borrowed from the local library was not as good as expected.

5 Workers who invest in education and training is more productive.

B

주어진 우리말과 같은 뜻이 되도록 괄호 안의 단어들을 바르게 배열하여 문장을 완성하시오.

1 외국어를 배우는 것은 많은 이점을 제공한다.
(offers, a foreign language, learning, advantages, many)
→ ______________________________.

2 대부분의 사람들이 모르는 한 가지는 그들의 시간을 통제하는 방법이다.
(most people, that, how to control, don't know, is, their time)
→ One thing ______________________________.

C

주어진 우리말과 같은 뜻이 되도록 괄호 안의 단어들을 한 번씩만 사용하여 아래 빈칸을 완성하시오. (단, 필요한 경우 단어를 추가하거나 주어진 단어를 변형하시오.)

1 규칙적으로 운동을 하는 것이 건강을 유지하는 가장 좋은 방법이다.
(exercise regularly, the best way)
→ ______________ (S) ______ (V) ______________ (S.C.) to stay healthy.

2 사립학교에 다니고 있는 학생들은 교복을 입어야 한다.
(private school, who, wear, are attending, school uniforms, must)
→ Students ______________ (S) ______ (V) ______________ (O).

UNIT 02

주어 찾기 2

명사절 주어를 찾아라!
가주어, 진주어의 의미 관계를 파악하라!

명사절 한 문장(S1)이 다른 문장(S2) 안에서 주어, 보어, 목적어 등의 역할을 하는 명사 덩어리(명사절)가 되려면 일종의 장치가 필요하다. 이 장치는 S1의 형태에 따라 크게 4가지가 있다.

S1		장치		S2
He was still in bed. 〈평서문〉	+	접속사 that	▶	That he was still in bed surprised me. S V O 그가 아직도 침대에 있다는 것이 〈주어 역할〉
Is she from Canada? 〈의문사가 없는 의문문〉	+	접속사 whether	▶	The question is not whether she is from Canada. S V C 그녀가 캐나다 출신인지 〈보어 역할〉
Who is she? 〈Wh-/How 의문문〉	+	「의문사+주어+동사」의 어순으로 전환	▶	No one knows who she is. S V O 그녀가 누구인지를 〈목적어 역할〉
He said … . 〈선행사를 포함한 관계대명사가 필요한 문장〉	+	관계대명사 what	▶	What he said is not true. S V C 그가 말했던 것은 〈주어 역할〉

UNIT 02

01 명사절 주어

구문 전략 명사절을 이끄는 접속사의 종류와 쓰임을 이해하고, 명사절 전체를 주어로 파악한다.

1 접속사 that이 이끄는 절

That she passed the audition is hard to believe. 그녀가 오디션을 통과했다는 것은 믿기 어렵다.

2 접속사 whether가 이끄는 절

Whether we should bring the book is not certain. 우리가 그 책을 가져와야 하는지는 확실치 않다.

3 의문사가 이끄는 절(간접의문문)

How you express your anger affects your mental health.

네가 화를 어떻게 표출하는지는 너의 정신 건강에 영향을 미친다.

4 관계사(what, whoever 등)가 이끄는 절

What I am going to do next will surprise you. 내가 다음에 하려는 것은 너를 놀라게 할 것이다.

EXERCISE 다음 문장을 주어부분과 술어부분으로 나누고, 해석하시오. 정답 및 해설 p.7

보기 What he did after school yesterday / is still a mystery.
그가 어제 방과 후에 무엇을 했는지는 / 아직도 미스터리이다.

1 How people learn varies according to their learning style.

2 Whether your audience understood your speech matters most.

3 Why people want to buy a new car is our research topic.

4 What is important is the satisfaction your work brings.

5 Who broke the window will never be known.

6 That she forgot my name so quickly was a shock to me.

GRAMMAR TIP

Q 간접의문문이 뭐죠?

A 의문문이 다른 문장의 일부로 쓰일 때, 이를 간접의문문이라고 해요. 의문문의 「의문사+동사+주어」 어순이 「의문사+주어+동사」로 바뀐다는 점에 유의하세요.

1. 의문사가 있는 경우 → 「의문사+주어+동사」
   Where is Gate 7? → I wonder **where Gate 7 is.**
   When did she come? → Do you know **when she came?**
2. 의문사가 없는 경우 → 「if[whether]+주어+동사」
   Is this free? → I don't know **if this is free.**

가주어 it과 진주어

구문 전략

It is true **that she is innocent**. 그녀가 결백하다는 것은 사실이다.
이 문장을 '그것은 사실이다'로 해석해서는 안 된다. 이 문장의 주어는 'It'이 아니라 접속사 that이 이끄는 'that she is innocent(그녀가 결백하다는 것)'이다. 주어로 to부정사구, 동명사구, 명사절이 쓰여서 주어가 길어진 경우, 주어를 대신하는 가주어 it을 동사 앞으로 보내고 진주어를 뒤로 보낸다. 이때 it은 '그것'으로 해석하지 않고 it의 자리에 진주어를 넣어 해석한다.

EXERCISE 다음 문장에서 진주어 부분에 밑줄을 긋고, 해석하시오. 정답 및 해설 p.7

보기 It was clear that David had a talent for music.
David가 음악에 재능이 있다는 것은 분명했다.

1 It is important to eat three balanced meals every day.

2 It was strange seeing my parents in my classroom.

3 It doesn't matter whether you win first prize or not.

4 It is natural that parents should be worried about their children.

5 It's no wonder that your brain works much better after a sound sleep.

6 It was very exciting to read your article about building good relationships.

7 It's amazing that such a simple thing as giving thanks can change the way you view yourself.

GRAMMAR TIP

Q1 가주어는 it만 있나요?
A1 네. 원래 주어인 진주어들은 to부정사구, 동명사구, 명사절인데 모두 단수로 취급한답니다. 따라서 가주어는 it으로 쓰는 것이 적절해요.

Q2 주어 자리에 쓰이는 it은 대명사 it과 가주어 it 외에 또 어떤 것이 있나요?
A2 비인칭 주어로 쓰이는 it이 있어요. 〈시간〉, 〈거리〉, 〈날씨〉, 〈온도〉 등을 나타낼 때 주어로 쓰이며, '그것'이라고 해석하지 않아요.

It's getting colder. 〈날씨〉
점점 추워지고 있다.
It's far from here to the stadium. 〈거리〉
여기서 경기장까지는 멀다.

UNIT 02

단문독해

1

①~③ 중 다음 글의 빈칸에 들어갈 말로 가장 적절한 것을 고르시오.

That more people are opting for sustainable modes of transportation has its drawbacks. Cities are having difficulty dealing with the increasing number of cyclists. For example, adequate bike parking is needed to prevent damage or theft to bicycles. On the other hand, **it** has been demonstrated **that cities with high bike-to-work rates have fewer traffic fatalities**, providing support for the idea that improved infrastructure for cyclists is essential. **It** is important for city officials **to invest in building more bike racks and improving cycling infrastructure**. This will __________ more people to use bicycles, a change that is better for the environment and healthier for people.

① compel　　② motivate　　③ discourage

2

현금 결제가 신용카드 결제보다 고통스러운 이유를 찾아 우리말로 쓰시오.

What methods of payment you use affects your spending. When you buy something, your brain experiences a type of pain. Cash causes more of this pain than credit cards because **it** is easy **to see what cash goes toward**. Therefore, cash users often spend less. With credit cards, on the other hand, **what you spent your money on** is not clear. It is all combined and paid for later. For this reason, **it** is common for people **to overspend with credit cards**.

3

인간의 엄지손가락이 영장류와 다른 점을 우리말로 쓰시오.

What makes humans different from animals is a common discussion. One opinion is that it is our thumbs. Humans and other primates have opposable thumbs, which means they can touch the other fingers. In terms of size and location, however, the human thumb is superior. **That the human thumb is closer to the other fingers** is a key to our hands' usefulness. **It** is also a distinct advantage **to have a longer thumb**, as it makes it easier to grasp things.

4 다음 글에서 필자가 인생에서 중요하다고 언급한 두 가지를 찾아 우리말로 쓰시오.

Regardless of who you are or where you live, someday your life will end. When it does, **it** won't matter **what you own or how much money you have**. Nor will **it** matter **what people think of you**. On that day, **what will matter** is what you gave back to the world and what you were able to teach others. Keep this in mind and live a life that matters.

5 다음 글의 빈칸 (A), (B)에 공통으로 들어갈 말로 가장 적절한 것을 고르시오.

Dogs with CCD(canine compulsive disorder) repeat harmful actions, such as chasing and biting their tails or chewing their paws until they have open wounds. To deal with this, **what stressors trigger the repetitive action** must be discovered. ____(A)____, if a loud noise makes your dog chase its own tail, try to avoid making that noise. **It** is also helpful **to keep your dog occupied with activities requiring its attention**. ____(B)____, there are puzzle toys that contain food; dogs with CCD can use their mental energy trying to open them. This keeps them from focusing on their stressors and from repeating harmful habits.

* CCD(canine compulsive disorder): 개 강박 장애

① However ② In addition ③ For instance

---

1 opt for ~을 선택하다 sustainable 지속 가능한 transportation 교통 drawback 단점 theft 도난 fatality 사망자 수 rack 거치대
2 method 방법 combine 결합하다 overspend (돈을) 너무 많이 쓰다
3 discussion 논의, 상의 primate 영장류 opposable 대항할 수 있는; *마주볼 수 있는 in terms of ~ 면에서는 location 위치 superior 우월한, 우수한 usefulness 유용성 distinct 뚜렷한, 분명한 advantage 이점, 장점 grasp 꽉 잡다, 움켜잡다
4 regardless of ~와 상관없이 keep ~ in mind ~을 명심하다
5 canine 개의 compulsive 강박적인 disorder 엉망; *장애 chew 씹다 paw 동물의 발 wound 상처 deal with ~을 처리하다 stressor 스트레스 요인 trigger 촉발시키다 repetitive 반복적인 discover 발견하다; *찾다, 알아내다 occupied 사용 중인; *바쁜 contain 포함하다

UNIT 02

수능독해

1

글의 흐름으로 보아, 주어진 문장이 들어가기에 가장 적절한 곳은?

Owing to these types of cultural differences, misunderstandings can arise.

What deserves attention is the social custom of beginning a conversation with a question to check on the person's well-being, such as "How are you?", and a positive response, such as "Everything's going well." (①) Although this cultural norm demonstrates how society values hopefulness and a positive attitude, this norm is not found worldwide. (②) For example, in Japan, **it** is not socially acceptable **to express positive emotions in public**. (③) This is because humility is highly valued, and **it** is considered inappropriate **to deliberately attract attention**. (④) For example, to Japanese people, Americans who present themselves positively may seem conceited, whereas to Americans, Japanese people's reserved self-presentation may be interpreted as a lack of confidence. (⑤) **It** is important **to understand these cultural disparities for effective communication** and **to build relationships across cultures**.

* conceited: 오만한

2

다음 글의 밑줄 친 부분 중, 어법상 틀린 것은?

The leader of a movement is important. However, a theory ① introduced by entrepreneur Derek Sivers suggests that the leader's first follower is equally important. This is because the first follower makes the leader's ideas ② seem more credible. According to Sivers, **what turns a person with an idea into a leader** is the first follower. Both the leader and the first follower share an equal risk of ③ laughing at. After the first follower joins, however, **it** becomes far less risky for others **to join the movement**. At some point, as more and more people join, it actually becomes riskier ④ not to become part of the movement. So if you know of someone ⑤ doing great things alone, don't be afraid to become that person's first follower. You'll have a greater impact than you might expect.

정답 및 해설 p.8

3

(A), (B), (C)의 각 네모 안에서 문맥에 맞는 낱말로 가장 적절한 것은?

Why life insurance is needed to ensure the security of your family should be clear. And if you care about your family's future, you should do your research before purchasing a life insurance policy. A good policy will help them (A) [ethically / financially], while a bad one won't. With good life insurance, **it** is possible for your family **to continue living the same kind of lifestyle** even if something (B) [disastrous / vigorous] happens to you. For example, an effective insurance policy will ensure that your children can afford the high-quality education you initially had planned for them. Unfortunately, many families with great plans for the future find they are not able to (C) [pursue / recognize] this vision after the family's primary money-earner dies. Therefore, **it** would be wise for you **to get an effective life insurance policy as soon as possible**.

	(A)		(B)		(C)
①	ethically	……	disastrous	……	pursue
②	ethically	……	vigorous	……	recognize
③	financially	……	disastrous	……	pursue
④	financially	……	disastrous	……	recognize
⑤	financially	……	vigorous	……	pursue

---

1 owing to ~ 때문에 deserve ~할 가치가 있다 well-being 안부, 안녕 humility 겸손 inappropriate 부적절한 deliberately 의도적으로, 일부러 reserved 내성적인 self-presentation 자기 표현 disparity 차이

2 movement 움직임; *(조직적으로 벌이는) 운동 entrepreneur 사업가, 기업가 credible 믿을 수 있는 risk 위험(*a.* risky) impact 영향, 충격

3 insurance 보험 policy 정책; *보험 증권 afford (~할) 여유가 되다 high-quality 고품질의, 고급의 initially 처음에 vision 시력; *미래상 primary 주요한

4

Jean-Michel Basquiat에 관한 다음 글의 내용과 일치하지 않는 것은?

Jean-Michel Basquiat was a great American artist who was active in the 1970s and 1980s. **It** is not surprising **that his artwork is greatly admired today**. **How he began his career** shows that his rise to fame was unlikely and surprising. He drew his first drawings on pieces of extra paper from his father's workplace, and his mother encouraged him to develop his talents. In 1976, at the age of 16, he and his friend began calling themselves SAMO and started producing works of graffiti art. Their artwork got attention, but **it** was still difficult for Basquiat **to make a living**. Finally, in 1980, he was featured in an art show and won greater recognition. Critics loved the way he painted symbols and human figures. Today, just one of his paintings can sell for millions of dollars.

① 1970~1980년대에 활동했던 미국 화가이다.
② 16세에 친구와 그래피티 화가로 활동하기 시작했다.
③ 1980년에 미술 전시회에 출연했다.
④ 상징과 인물을 그리는 방식에서는 비평을 받았다.
⑤ 작품 중에는 수백만 달러를 호가하는 작품도 있다.

5

다음 글의 주제로 가장 적절한 것은?

Earning a lot of money at work is important, but it's not a crucial factor in doing your job. When you are unsatisfied, your physical and mental health can suffer. You go home feeling depressed about your work problems, and you hate going back. What's more, if you don't consider your work meaningful, **it**'s difficult **to keep your career moving forward**. The more satisfied with your job you are, the more likely **it** is **that you will achieve career advancement**. If you're not satisfied, you won't want to improve because you won't want to be there. **It**'s very hard **to feel motivated** when all you consider important is your salary and job security. Therefore, if you want to change your work situation, **it**'s important **to first discover what kind of work makes you feel satisfied**. **How much you earn** may matter, but not more than being satisfied with your job.

① Dissatisfaction can prevent success.
② Job satisfaction is related to money.
③ Meaningful work creates motivation.
④ Poor health is often caused by stress.
⑤ Changing jobs may lead to depression.

6 다음 글의 요지로 가장 적절한 것은?

At any large newsstand, you can find a variety of magazines to choose from. Some are devoted to particular subjects such as technology or cooking. But many feature content about celebrities, and a large number discuss nothing else. Apparently, editors have found that articles containing information about celebrities and the controversies often surrounding their lives sell better than those that discuss current events or other news. This distresses me because I am not at all interested in reading about the goings-on in the world of celebrities, no matter how scandalous they may be. **What I am expecting when I pick up magazines** is news about political developments or scientific breakthroughs that are meaningful to me, and I'm sure I'm not in the minority.

① 잡지는 신문에 비해 전문적인 내용을 다룬다.
② 언론은 대중들의 적극적인 참여를 원하고 있다.
③ 신문은 다른 매체보다 뉴스를 객관적으로 전달한다.
④ 잡지의 내용이 유명인에 대한 것으로 편중되어 있다.
⑤ 다양한 매체를 통해 대중의 알 권리가 확보되고 있다.

---

4 active 활동적인, 활발한 admire 존경하다 fame 명성 unlikely ~할 것 같지 않은, 예상 밖의 extra 여분의, 추가의 workplace 직장 graffiti (공공장소에 하는) 낙서, 그래피티 make a living 생계를 꾸리다 feature 특별히 포함하다; *출연하다 recognition 인식; *인정 critic 비평가 figure 형태, 형상

5 crucial 중대한, 결정적인 depressed 우울한 meaningful 의미 있는, 중요한 career 직업; *경력 advancement 발전, 진보 motivate 동기를 부여하다(*n.* motivation) security 보안; *안정 문제 dissatisfaction 불만 depression 우울증

6 newsstand 신문 가판대 devote 바치다, 헌신하다 content 내용 celebrity 유명인사 apparently 보아하니 controversy 논란, 논쟁 current 현재의 distress 괴롭히다 goings-on (이상한 · 부정직한) 행위[일] scandalous 스캔들[추문]을 담은, 불명예스러운 political 정치적인 breakthrough 돌파구; *큰 발전, 대발견 minority 소수

UNIT 02

REVIEW TEST

정답 및 해설 p.10

A

다음 중 어법상 옳은 표현을 고르시오.

1 (What / That) I made a mistake is too obvious to hide.

2 (What / That) surprised me was the gift that he made for me.

3 (That / Whether) our national soccer team wins or loses affects our schedule.

4 It is evident (what / that) he told the truth.

5 How expensive (is it / it is) makes no difference to me.

B

주어진 우리말과 같은 뜻이 되도록 괄호 안의 단어들을 바르게 배열하여 문장을 완성하시오.

1 자동차가 이산화탄소의 주요 원인이라는 점은 분명하다.
(clear, carbon dioxide, the major source of, cars, are, that)
→ It is ________________________________.

2 네가 아무 도움 없이 그곳에 가는 것이 가능하겠니?
(get there, possible, that, you, without any help, could)
→ Is it ________________________________?

C

주어진 우리말과 같은 뜻이 되도록 괄호 안의 단어들을 한 번씩만 사용하여 아래 빈칸을 완성하시오. (단, 필요한 경우 단어를 추가하거나 주어진 단어를 변형하시오.)

1 누가 먼저 그 소식을 알았는지가 중요하다.
(who, important, know, the news)
→ ________________ first (S) ________ (V) ________________ (S.C.).

2 수업에서 정말로 중요한 것은 교사와 학생들 사이의 상호작용이다.
(between, the interaction, in class, and, really matter, the teacher, what, the students)
→ ________________ (S) ________ (V) ________________________ (S.C.).

목적어 찾기

다양한 형태의 목적어를 파악하라!

목적어 목적어는 문장에서 동사의 대상이 된다. 예를 들어, love(사랑하다), hate(미워하다) 등의 동사는 행위의 대상이 없을 경우 문장의 의미가 불완전해진다. 이처럼 목적어를 필요로 하는 동사를 타동사라고 하며, 그중 수여동사는 간접목적어와 직접목적어라는 두 개의 목적어를 필요로 한다.

목적어의 다양한 형태 주어가 될 수 있는 명사 덩어리는 모두 목적어로 사용될 수 있다.

a I love **you**. 〈대명사〉 나는 너를 사랑한다.
b I like **to go there**. 〈to부정사구〉 나는 거기 가는 것을 좋아한다.
c I gave up **waiting for her**. 〈동명사구〉 나는 그녀를 기다리는 것을 포기했다.
d I think **that you should turn off the computer**. 〈명사절〉 나는 네가 컴퓨터를 꺼야 한다고 생각한다.
e I don't remember **how to play this game**. 〈의문사+to부정사구〉 나는 이 게임을 하는 방법을 기억하지 못한다.
f I will show **you** *the map of this area*. 〈간접목적어, 직접목적어〉 내가 너에게 이 지역의 지도를 보여 줄게.

UNIT 03 01 to부정사·동명사 목적어

구문 전략

- to부정사나 동명사를 목적어로 취하며, '~하는 것을'이라고 해석한다.
  ① to부정사를 목적어로 취하는 동사: want, decide, plan, refuse, promise, manage, tend, pretend 등
  ② 동명사를 목적어로 취하는 동사: enjoy, mind, admit, finish, avoid, deny, postpone 등
  ③ 둘 다 목적어로 취하면서 의미도 같은 동사: begin, start, hate, like, love, prefer, continue 등
  ④ 둘 다 목적어로 취하지만 의미가 달라지는 동사: forget, remember, regret, try 등

「forget to-v」 ~할 것을 잊다	「forget v-ing」 ~한 것을 잊다
「remember to-v」 ~할 것을 기억하다	「remember v-ing」 ~한 것을 기억하다
「regret to-v」 ~하게 되어 유감이다	「regret v-ing」 ~한 것을 후회하다
「try to-v」 ~하려고 애쓰다	「try v-ing」 시험 삼아 ~해 보다

EXERCISE 다음 문장의 목적어에 밑줄을 긋고, 문장을 해석하시오.

정답 및 해설 p.11

보기 I want to be called by my English name.
나는 내 영어 이름으로 불리기를 원한다.

1 They decided to learn yoga starting next month.

2 I enjoyed walking with my grandfather in the mountains.

3 I don't regret breaking up with her.

4 The company stopped donating to the charity last year.

5 He refused to discuss the question.

6 Remember to take these pills three times a day, after meals.

7 Do you prefer sending text messages?

GRAMMAR TIP

Q 동사만 목적어를 취하나요?

A 아니에요. 동사 이외에도 대상이 필요한 말은 목적어를 취할 수 있어요. 전치사가 바로 대표적인 경우죠.
I *remember* **going** there. → 동사 remember의 목적어
I am worried *about* **going** there. → 전치사 about의 목적어
두 문장에서 going은 모두 목적어예요. 주의할 점은 전치사의 목적어로 to부정사는 쓸 수 없고 명사나 동명사만 쓸 수 있다는 거예요.

UNIT 03
02 명사절 목적어

구문 전략

- that절: 주어, 동사를 파악한 후, 동사 뒤의 목적어 that절을 '~라[하]는 것을'이라고 해석한다.
(※ that은 자주 생략되므로 동사 뒤에 바로 절이 오기도 한다는 데 유의한다.)

Most people / don't know / (**that**) she is married.
S V O
대부분의 사람들은 / 모른다 / 그녀가 결혼한 것을

- 의문사나 if[whether]가 이끄는 절: if[whether]절은 '~인지 어떤지'라고 해석한다.

The police officer / asked / **if** there was a problem.
S V O
그 경찰관이 / 물었다 / 문제가 있는지를

EXERCISE 다음 문장의 목적어에 밑줄을 긋고, 문장을 해석하시오.

정답 및 해설 p.11

보기 We found that the window was broken.
우리는 창문이 깨진 것을 발견했다.

1 Most people don't know that there are many ways to go up the mountain.

2 I can't deny that the news shocked me.

3 Some people don't care how much noise they make in public places.

4 We don't understand why she is so angry now.

5 I can't remember whether we have met before.

6 Research shows that having a pet is beneficial for children.

GRAMMAR TIP

Q 가목적어 it과 진목적어란 무엇인가요?

A to부정사구, 명사절처럼 긴 목적어가 오면 목적어 자리에 가목적어 it을 쓰고 진목적어는 뒤로 보내요.
make, find, think, believe 등이 가목적어를 자주 취하는 동사들이에요.

- to부정사구가 진목적어인 경우
I find **it** hard *to learn Chinese*.
- 명사절이 진목적어인 경우
He made **it** clear *that he objected*.

UNIT 03

단문독해

1

밑줄 친 This가 가리키는 것이 무엇인지 우리말로 쓰시오.

When fostering an atmosphere of support and respect for people of various gender identities, using inclusive language is essential. This practice makes **it** easier for individuals **to break** out of traditional gender roles and biases, allowing them to express themselves fully in a comfortable and welcoming environment. Promoting inclusivity can be as simple as intentionally avoiding gender-specific terms like "guys", and replacing them with non-gendered alternatives like "everyone" or "folks". Making language more inclusive also involves **decreasing** the use of gendered pronouns such as "he" and "she". <u>This</u> can ensure **that our language does not exclude or marginalize individuals based on their gender**.

2

타인의 게시물에 '좋아요'를 누르는 것이 무엇과 같은지 다음 글에 있는 그대로 찾아 연속된 7단어의 완전한 문장으로 쓰시오.

Social networks may seem like they're for **socializing**, but this is not true. In fact, according to a new study, social media is similar to **observing** people who pass on the street. When you push "like," you are just showing awareness of others — not socializing. The study showed **that only one out of every 25 minutes spent on social networks is real communication, such as chatting and commenting**. This shows **that using social media isn't the same as real-world interaction**.

3

빈칸에 들어갈 적절한 말을 다음 글에 있는 그대로 찾아 1단어로 쓰시오.

Revealing your hidden face to an infant will surprise the infant every time. This is because infants have not yet acquired object permanence. Object permanence is the understanding that objects continue to __________ when they can no longer be seen. Infants are egocentric — they think **the world is limited to their perception of it**. To understand **that unseen objects still exist**, infants must be able to form mental representations of objects. As they grow older, they start **to develop** this ability.

* egocentric: 자기중심적인

정답 및 해설 p.12

4

미국에서 여성보다 남성 우울증 환자의 비율이 낮은 이유를 다음 글에서 찾아 우리말로 쓰시오.

In the United States, 19 million people suffer from depression every day, and the illness affects nearly one in five people over a lifetime. Statistics show **that although 20 percent of women have experienced depression, only 10 percent of men have.** However, this is probably due to the fact that men are more reluctant to seek mental health treatment than women, meaning **men's reported depression rate is inaccurate.**

5

밑줄 친 ⓐ, ⓑ가 가리키는 대상을 다음 글에 있는 그대로 찾아 각각 연속된 2단어로 쓰시오.

Mental distractions are things that are on your mind, such as an overdue library book or a disagreement with a classmate. ⓐ They can make **it** difficult **to focus** on your studying. To avoid this kind of situation, you should always try **to deal** with your everyday concerns before you start **to study**. You can just write down possible solutions so that you won't forget **to try** ⓑ them later. This will help you stop **worrying** about them and allow you to concentrate on studying.

ⓐ : ______________________ ⓑ : ______________________

---

1 foster 지지하다, 촉진하다 atmosphere 분위기 inclusive 포용적인, 포괄적인(*n.* inclusivity) intentionally 의도적으로 gender-specific 한쪽 성에 국한된 alternative 대안 pronoun 대명사 exclude 배제하다 marginalize 소외시키다

2 socialize ~와 사귀다, 교제하다 observe ~을 보다, 관찰하다 awareness 인식, 알고 있음 real-world 현실 세계의, 현실에 존재하는 interaction 상호 작용

3 reveal 드러내다 hidden 숨겨진, 비밀의 infant 유아 acquire 습득하다, 획득하다 object 물건, 사물 permanence 영구성, 영속성 perception 지각, 인식 unseen 눈에 보이지 않는 mental 정신의; *관념적인 representation 표현; *상상, 표상

4 suffer from ~로 고통 받다 depression 우울증 illness 질병 statistics 통계 be reluctant to-v ~을 꺼리다, 주저하다 treatment 치료 inaccurate 부정확한

5 distraction 집중을 방해하는 것 overdue 연체된 concentrate on ~에 집중하다

UNIT 03

수능독해

1

주어진 글 다음에 이어질 글의 순서로 가장 적절한 것은?

I will never forget my mother **emphasizing** the need to say "please" and "thank you" to others. Now that I am an adult working at a local coffee shop, I finally understand the significance of these simple words.

(A) One day, we learned **that she had passed away**. Hearing this news made me appreciate **how much her small act of kindness had meant to me and the other baristas**.

(B) It was demonstrated to me by one of my regular customers, an elderly woman called Mrs. Taylor. She always said a cheerful "good morning" to me when she reached the counter and said "thank you" as she was leaving.

(C) Mrs. Taylor was so genuine when she said these words, so I was inspired to continue her legacy of positive attitude by greeting my customers warmly and thanking them sincerely, even when we are busy. Such a small action can still make a difference in someone's day, just as it did when Mrs. Taylor did it to me.

① (A)–(C)–(B)
② (B)–(A)–(C)
③ (B)–(C)–(A)
④ (C)–(A)–(B)
⑤ (C)–(B)–(A)

2

다음 글에서 전체 흐름과 관계 <u>없는</u> 문장은?

Pine mushrooms are large and thick, with a pale-colored cap and stalk. They have a strong smell and are generally found in dry areas. Unlike most mushrooms, which tend **to grow** on or near any dying trees, pine mushrooms can only grow under specific conditions. ① As suggested by their name, they are only found beneath pine trees that are between 20 and 80 years old. ② Pine mushrooms are very nutritious and are believed to help prevent cancer and strengthen the immune system. ③ In order for them to grow roots, the temperature must be below 26 °C during the day and above 15 °C at night. ④ Mushroom collectors can only pick pine mushrooms once a year, as they don't grow back. ⑤ All of these requirements make **it** extremely difficult **to** artificially **cultivate** them.

* pine mushroom: 송이버섯 ** cap: (버섯의) 갓

정답 및 해설 p.13

3

다음 빈칸에 들어갈 말로 가장 적절한 것은?

The "cobra effect" happens when people attempt **to solve** a problem but their actions ____________________. It gets its name from an event that occurred during the British rule of India. Because many people in Delhi were dying from the bites of venomous cobras, the government wanted **to reduce** the number of these snakes in the wild. It decided **to offer** a reward for every cobra that was killed. Initially, because large numbers of cobras were being killed, this strategy seemed successful. Eventually, though, clever people began **breeding** cobras so that they could kill them and collect the reward. Once the government realized **what was happening**, it ended the program. And since dead cobras were then worthless, the breeders simply set their living ones free. As a result, the overall population of wild cobras actually increased.

* venomous: 독이 있는

① are against the law
② harm a small group
③ make the problem worse
④ do not cause any changes
⑤ are only successful sometimes

---

1 significance 의미, 중요성 pass away 세상을 떠나다, 죽다 appreciate (제대로) 깨닫다, 인식하다 genuine 진심인 inspire 영감을 주다 legacy 유산 make a difference 변화를 가져오다

2 pale-colored 옅은 색의 stalk 줄기 specific 구체적인; *특정한 condition 상태; *《*pl.*》 환경 beneath 아래(밑)에 nutritious 영양분이 많은 immune system 면역 체계 requirement 필요조건 artificially 인위적으로 cultivate 경작하다, 재배하다

3 reward 보상(금) strategy 계획, 전략 breed 새끼를 낳다; *사육하다, 재배하다 set free ~을 해방하다

4

(A), (B), (C)의 각 네모 안에서 어법에 맞는 표현으로 가장 적절한 것은?

My friend Erica is the most positive person I know. I once asked **how she managed to always be cheerful**. She replied, "Every morning, you have a choice: You can choose **to be** in a good mood or a bad mood. I always choose the good mood." Tragically, she was hit by a truck while (A) [riding / ridden] her bicycle last year. When she arrived at the hospital, the doctors didn't think **she would live**. But somehow, after several hours of surgery, she survived. I later asked her about the experience. She said she was (B) [terrifying / terrified] when she was brought into the operating room and saw the doctors' worried faces. So she made a joke. When they asked **if she was allergic to anything**, she said, "Yes, trucks." After that, the doctors relaxed and the surgery was a success. Erica's cheerful attitude had helped her (C) [survive / survived].

	(A)		(B)		(C)
①	riding	......	terrifying	......	survive
②	riding	......	terrified	......	survived
③	riding	......	terrified	......	survive
④	ridden	......	terrifying	......	survived
⑤	ridden	......	terrified	......	survived

5

다음 글의 제목으로 가장 적절한 것은?

Video can be a very effective form of media **for promoting** tourist destinations. It engages viewers and allows them to experience something in a way that is not possible through pictures or writing. For this reason, travel agencies often make videos that highlight the best aspects of certain travel destinations. These videos demonstrate **that a destination offers more than just a place to relax**. The advertisers try **to appeal** to every sense. For example, they can show a tropical island resort **by presenting** not just beautiful scenery but also delicious food, relaxing massages, waves rolling onto the beach, and more. Even the most passive viewer can't avoid **being** pulled into this world of total pleasure. Many of these viewers will eventually decide **to book** a trip.

① How Video Is Changing Advertising
② Video Marketing for Local Businesses
③ Travel Videos Sell Experiences, Not Trips
④ Advertising Tricks to Tempt Passive Viewers
⑤ What to Look for in a Luxury Travel Destination

6

다음 글의 내용을 한 문장으로 요약하고자 한다. 빈칸 (A), (B)에 들어갈 말로 가장 적절한 것은?

When people face difficult personal issues, they often want **to receive** advice from those they trust. But, surprisingly, they tend **to ignore** this advice. Psychologists have tried **to understand** why people engage in this type of behavior, which is called "egocentric advice discounting." In one study, participants were asked to guess the dates of certain events in history. Then researchers showed each participant another person's guesses. When the participants guessed the dates a second time, they tended **to revise** their guesses. However, their revisions were relatively small, and they continued **relying** on their original thought processes. Such research suggests **that giving advice is pointless in many ways**. While advice can be a form of support or encouragement, those receiving it are likely to do whatever they want regardless.

⇩

Researchers have found that people tend to ask for ____(A)____ that they eventually ____(B)____.

	(A)		(B)
①	advice	……	accept
②	advice	……	reject
③	support	……	admire
④	support	……	refuse
⑤	encouragement	……	appreciate

---

4 manage to-v (어떻게든) ~하다[해내다] cheerful 쾌활한, 씩씩한 reply 대답하다 mood 기분 tragically 비극적으로, 비참하게도 surgery 수술 operating room 수술실 allergic 알레르기가 있는 attitude 태도

5 promote 촉진하다; *홍보하다 tourist destination 관광지 engage (주의 · 관심을) 사로잡다 agency 대행사 highlight 강조하다 aspect 측면 demonstrate 증명하다; *보여주다 appeal 간청하다; *(사람의 마음에) 호소하다 present 주다; *보여주다 passive 수동적인 문제 tempt 유혹하다, 부추기다 luxury 호화로움

6 face 직면하다 ignore 무시하다, 못 본 척하다 psychologist 심리학자 engage in ~에 관여하다 egocentric 자기중심적인, 이기적인 discount 할인; *(무가치한 것으로) 치부하다, 무시하다 participant 참가자 revise 변경하다, 수정하다(*n.* revision) relatively 상대적으로 rely on ~에 기대다, 의존하다 pointless 무의미한, 할 가치가 없는 encouragement 격려 regardless 개의치 않고

UNIT 03

REVIEW TEST

정답 및 해설 p.15

A 다음 중 어법상 옳은 표현을 고르시오.

1 We discussed (that / whether) we could change the date of the picnic.

2 Please tell me (if / what) the museum is open on Mondays.

3 They advised me (that / if) I should be more careful.

4 I'm afraid (that / what) I can't come to your birthday party.

5 We haven't decided yet (where / whether) to go first in France.

B 주어진 우리말과 같은 뜻이 되도록 괄호 안의 단어들을 바르게 배열하여 문장을 완성하시오.

1 그 직원은 내가 그에게 나의 신분증을 보여 줄 수 있는지를 나에게 물었다.
(me, could, show, if, my ID card, I, him)
→ The clerk asked ________________________________.

2 유가는 우리가 어떻게 출퇴근을 해야 하는지에 직접적으로 영향을 미친다.
(commute, how, we, should)
→ The price of oil directly affects ________________________________.

C 주어진 우리말과 같은 뜻이 되도록 괄호 안의 단어들을 한 번씩만 사용하여 아래 빈칸을 완성하시오. (단, 필요한 경우 단어를 추가하거나 주어진 단어를 변형하시오.)

1 그들은 언젠가 다시 우리를 초대할 것이라고 나에게 약속했다.
(that, would, invite)
→ They promised ________ ________________________________ again someday.
S V I.O. D.O.

2 아무도 우리가 언제 떠나야 하는지를 모른다.
(when, know, leave, should)
→ No one ________ ________________________.
S V O

UNIT 04

보어 찾기

동사와 보어를 찾아 표시하고, 하나의 의미 덩어리로 파악하라!

보어 보어는 주어나 목적어의 의미를 보충하여 뜻을 완전하게 하는 역할을 하며, 주어를 보충 설명하는 주격보어와 목적어를 보충 설명하는 목적격보어가 있다.

주격보어와 목적격보어

〈주격보어〉

The restaurant(S) became(V) popular(S.C.) among local residents. 그 식당은 지역 주민들 사이에서 인기가 많아졌다.

〈목적격보어〉

My parents(S) helped(V) me(O) clean(O.C.) my room. 나의 부모님은 내가 방을 청소하는 것을 도와주셨다.

UNIT 04
01 주격보어

구문 전략

주어의 성질이나 상태를 설명하는 주격보어로는 (대)명사와 형용사, to부정사, 동명사, 분사, 전치사구 등이 쓰인다.

My dream / is / to become a singer. 나의 꿈은 가수가 되는 것이다.
S S.C.

He / was / surrounded by his fans. 그는 그의 팬들에게 둘러싸였다.
S S.C.

The book / is / about ancient art. 그 책은 고대 예술에 관한 것이다.
S S.C.

- 주어와 동사, 보어를 찾아 /로 나눈다.
- 이때 의미상으로 '주어(S)의 상태 = 주격보어(S.C.)'이며 'S는 S.C.이다'라고 해석한다.

EXERCISE 다음 문장에서 주격보어에 밑줄을 긋고, 문장을 해석하시오.

정답 및 해설 p.16

보기 She is kind, wise, and open-minded.
그녀는 친절하고 현명하며 개방적이다.

1 Food goes bad easily in summer.

2 After leaving school, he became a professional soccer player.

3 Her voice sounded very warm.

4 I will always feel grateful to that little boy.

5 Her lips turned blue with cold.

6 My hobby is collecting coins from all over the world.

7 She seemed surprised at the news.

8 He never stays angry for long.

GRAMMAR TIP

Q "He looks happy."는 '그는 행복하게 보인다.'라고 해석되는데 '행복하게'는 부사 happily를 써야 하지 않나요?

A 해석을 하면 그럴 것 같지만, look, become, turn 등의 동사가 「S+V+S.C.」 형태의 2형식 문장에 올 때 주격보어 자리에는 명사나 형용사 등이 쓰이며, 문법적으로 부사는 보어로 쓸 수 없어요.

UNIT 04
02 목적격보어

구문 전략

목적격보어는 목적어의 상태나 행위를 나타내는데, 동사에 따라 목적격보어의 형태가 다르므로 유의한다.
① 명사를 목적격보어로 취하는 동사: make, call, name, elect 등
② 형용사를 목적격보어로 취하는 동사: make, keep, leave, drive, find 등
③ to부정사를 목적격보어로 취하는 동사: allow, cause, enable, force, get, permit 등
④ 동사원형을 목적격보어로 취하는 동사: 사역동사(let, make, have), 지각동사(see, watch, hear, feel 등) (※ 사역동사와 지각동사는 분사를 목적격보어로 취하기도 한다.)

EXERCISE 다음 문장에서 목적격보어에 밑줄을 긋고, 문장을 해석하시오. 정답 및 해설 p.16

보기 I heard my name called.
나는 내 이름이 불리는 것을 들었다.

1 People consider the president a hero.

2 I want my coffee sweeter than this.

3 The noise from your house kept me awake all night.

4 I found him asleep in the bathroom.

5 The law will allow him to continue his protest.

6 I saw somebody taking my purse from my car.

7 She had her daughters clean up the mess themselves.

GRAMMAR TIP

Q 사역동사와 지각동사는 무엇인가요?

A 사역동사는 '누가 ~하게 시키다'라는 뜻을 가진 동사를 말하고, 지각동사는 감각을 느끼는 것과 관련된 동사를 말해요. 이들은 다양한 형태의 목적격보어를 취해요.

1. 사역동사의 목적격보어 – 동사원형/과거분사
   He *let* me **use** his pen. I *had* my car **washed**.
2. 지각동사의 목적격보어 – 동사원형/현재분사/과거분사
   She *watched* him **study** at his desk. I *heard* him **singing**.
   I *saw* him **taken** to the hospital.

UNIT 04

단문독해

1

①~③ 중 다음 글의 빈칸에 들어갈 말로 가장 적절한 것을 고르시오.

Owing to their sensitivity to changes in their surrounding environment, lichens are **valuable biological indicators of air pollution**. Lichens are **characterized by a symbiotic relationship between a fungus and an alga**. They are **reliant** on the air in their immediate vicinity for getting their necessary nutrients, so they are extremely **responsive** to air quality fluctuations. Lichens growing in places with high pollution may be of the gray-green crusty type only, or there may be few lichens able to survive in the area at all. ___________, a wide variety of lichens can be found in areas with cleaner air. By observing the types and abundance of lichens in a certain area, we can gain vital insights into the area's air quality.

* lichen: 이끼 ** fungus: 균류 *** alga: 조류

① Conversely ② Consequently ③ In summary

2

①~③ 중, 다음 글의 빈칸에 들어갈 말로 가장 적절한 것을 고르시오.

Owls have an ability to fly almost silently, which helps them **hunt** effectively at nighttime. Silent flight seems **to be** a benefit of their special wings. The front edge of an owl's wing has tiny spikes. These break up the air flow, which appears **to reduce** noise. Then the wing's flexible back edge causes the air **to flow** back together without any whistling or ripping noise. Combined, these features enable owls **to remain** ___________ until they are inches from their prey.

① efficient ② invisible ③ undetected

3

①~③ 중, 다음 글의 빈칸에 들어갈 말로 가장 적절한 것을 고르시오.

Many people believe that whether an egg's shell is **white** or **brown** has something to do with the quality, flavor, or nutritional value of the egg. Actually, this is ____________________. Instead, shell color simply depends on the breed of the hen that laid it. All eggs taste **the same** and share a similar nutritional value, regardless of what they may look like on the outside.

① a hidden truth ② common sense ③ a false assumption

정답 및 해설 p.16

4

빈칸에 들어갈 적절한 말을 다음 글에 있는 그대로 찾아 각각 1단어로 쓰시오.

Hundreds of years ago, scientists simply made guesses about how the world worked based on beliefs they already held. But Galileo Galilei was **different**. He is considered **one of the earliest modern scientists** because he helped introduce the idea of the experiment to scientific study. Using objective experiments instead of guesses and unproven beliefs, he discovered many things about the earth and our solar system.

⇨ Unlike most scientists of his time, Galileo Galilei relied on __________ experiments rather than __________ beliefs and guesses.

5

빈칸에 들어갈 적절한 말을 다음 글에 있는 그대로 찾아 각각 1단어로 쓰시오.

Sleeping late on weekends feels **good**, but it disrupts your sleep pattern. This is because you must go through all of the stages of sleep to wake up feeling **refreshed**. The final stage gets you **ready** to wake up, which is **why some people wake up right before their alarm goes off**. Sleeping late eliminates this stage, so you feel **tired** all day. This isn't **just bad** for your weekend — it also makes you **less productive** at school on Monday.

⇨ Although sleeping late seems like a positive thing, it leaves you feeling __________ for the rest of the day because it __________ the pattern of your sleep stages.

---

1 owing to ~ 때문에 sensitivity 민감성 indicator 지표, 기준 be characterized by ~에 의해 특징지어지다 symbiotic relationship 공생 관계 reliant 의존하는 vicinity 근처, 부근 responsive to ~에 즉각 반응하는, 민감한 fluctuation 변화, 변동 crusty 딱딱한 껍질이 있는 abundance 풍부함, 대량

2 effectively 효과적으로 edge 끝, 가장자리 spike 못, 뾰족한 것 flexible 융통성 있는; *유연한 whistle 휘파람을 불다; *쌩 날아가다 rip 찢다 feature 특색, 특징 prey 먹이, 사냥감 문제 efficient 유능한, 효율적인 invisible 보이지 않는 undetected 아무에게도 들키지 않는

3 shell 껍질 have something to do with ~와 관계가 있다 nutritional 영양상의 breed 품종 lay (알을) 낳다 regardless of ~에 관계없이 문제 common sense 상식 assumption 가정, 추측

4 objective 객관적인 unproven 증명되지 않은 discover 발견하다 solar system 태양계 문제 rely on ~에 의존하다

5 disrupt 방해하다, 지장을 주다 refreshed (기분이) 상쾌한 go off (경보기 등이) 울리다 eliminate 없애다, 제거하다 productive 생산적인, 결실 있는

UNIT 04

수능독해

1

다음 글의 밑줄 친 부분 중, 문맥상 낱말의 쓰임이 적절하지 않은 것은?

Countersignaling is **the term** given to a phenomenon in which people purposefully exhibit characteristics or attributes that seem **to contradict** their true social status. Countersignaling is **a way** to communicate that they do not find it ① necessary to flaunt their wealth or status because they are already affluent. For instance, a wealthy business executive may be found **wearing** casual attire rather than a suit, or the person may drive an ② average car, not a showy one. Research has shown that a person's reputation and status may actually be ③ diminished through countersignaling. For instance, in a luxury clothing shop, a customer may appear **to be** ④ wealthy if he or she is dressed casually instead of formally. Countersignaling also serves to show which values are **important** to people. This ⑤ allows them **to connect** with those who share similar values such as authenticity and humility, in contrast to others who prioritize material goods and social status.

2

다음 글의 제목으로 가장 적절한 것은?

Maintaining a careful balance between work and life is **a strange goal** to have. It suggests that our lives have two distinct sides, one that is **good** and another that is **bad**. Work is **the negative side**, and our personal lives are **the positive side**. Therefore, many people believe the meaning of life is **to balance** the darkness of work with the brightness of life. This, however, is not **true**. Work is not **the opposite of life** — it is **part of it**. In our personal lives, we all have ups and downs. Work is **the same**. We have moments of frustration in the office, but we also have moments of fulfillment. Living a good life isn't **about balance**. It's **about maximizing** the good moments, both at work and at home.

① Too Much Work Causes Misery
② Work: The Necessary Evil in Life
③ How to Fix Your Imbalanced Life
④ Strive for Happiness, Not Balance
⑤ Focus on Work to Achieve Success

정답 및 해설 p.17

3

주어진 글 다음에 이어질 글의 순서로 가장 적절한 것은?

For more than 20 years, archaeologists have been finding the fossils of predators in a Spanish cave. After discovering more than 18,000, they tried to understand why so many existed in a single location.

(A) This situation may have happened again and again, causing a vicious cycle. As the number of rotting bodies increased, the number of hungry predators they attracted likely did as well. This is probably **why nearly 98% of the remains belonged to healthy young-adult predators**.

(B) However, some young-adult predators likely entered the hole voluntarily, possibly searching for food or water. They became **trapped** and died of starvation, the smell of their rotting bodies attracting more predators into the cave and to their deaths.

(C) They inferred that there was a visible opening in the ground through which creatures could fall into the cave. Nevertheless, most animals were **smart** enough to avoid falling into it.

① (A)–(C)–(B)
② (B)–(A)–(C)
③ (B)–(C)–(A)
④ (C)–(A)–(B)
⑤ (C)–(B)–(A)

---

1 phenomenon 현상 purposefully 고의적으로 attribute 속성, 자질 flaunt 과시하다 affluent 부유한 attire 복장, 옷 reputation 평판 authenticity 진정성 humility 겸손 prioritize 우선시하다

2 distinct 뚜렷한; *별개의 ups and downs 기복 frustration 불만, 좌절감 fulfillment 이행, 완수; *성취 maximize 극대화하다 문제 misery 고통, 불행 imbalanced 불균형의 strive 노력하다, 분투하다

3 archaeologist 고고학자 fossil 화석 predator 포식자 vicious cycle 악순환 rot 썩다 attract 끌어들이다 remains 나머지; *유해 voluntarily 자발적으로 trap 덫, 함정; *가두다 starvation 기아, 굶주림 infer 추론하다 visible (눈에) 보이는 creature 생물 nevertheless 그럼에도 불구하고

4

다음 글의 주제로 가장 적절한 것은?

A utopia is **a perfect society**; a dystopia, on the other hand, is **the opposite**. In recent years, there have been **many movies about dystopias**, most of which have been **quite successful** in the box office. This is because after watching people **being strictly controlled** by a future government, we tend to look more closely at our own lives. "If we're not **careful**," we think, "we might end up like them." And when the people in the movie resist, it makes us **feel** better. We also wonder what it would be like to live in this kind of future world. Not only do we think that we would survive, we also strongly believe that we would fight back and change the world. With society being so unfair these days, thinking this way appeals to many people.

① why we are attracted to dystopian movies
② movies that describe future governments
③ how entertainment can manipulate people
④ what makes movies successful in the box office
⑤ the history of people fighting against governments

5

다음 글의 빈칸에 들어갈 말로 가장 적절한 것은?

Nobody enjoys waiting in line. These days, however, there are many situations in which it is **possible** to bypass long lines, usually by purchasing a VIP pass. Some people think having special VIP passes makes a lot of sense. It allows people **to choose** which resource they wish to spend, time or money. For the people who feel their time is **more valuable** than money, being able to save time by spending money is **a welcome option**. Some experts, however, have a different point of view. Rather than considering it **a nice convenience**, they see it as a serious social problem. By allowing people **to purchase** the right to skip past a line, they say, this practice is ______________________________.

① creating even longer lines than in the past
② dividing our society based only on money
③ making it easier to get things done quickly
④ punishing people who have busy schedules
⑤ taking away people's right to make a choice

6

다음 글의 내용을 한 문장으로 요약하고자 한다. 빈칸 (A), (B)에 들어갈 말로 가장 적절한 것은?

Although it may sound **strange**, scientists believe that modern chickens are descended from dinosaurs. Research has shown similarities in the eggs, bone structure and behavior of dinosaurs and chickens. However, their postures have little in common. Most dinosaurs stood upright and moved their thigh bones in order to walk. Chickens, on the other hand, are bent over and use their knees to walk. To learn more about these differences, researchers attached lizard-like tails to chickens. Their goal was **to see** if they could make the chickens **walk** like dinosaurs. When these fake tails were attached at a young age, the results were **impressive**. The tails caused the chicken's thigh bones **to become** more vertical. As a result, the chickens used their thighs more and their knees less when walking. This experiment helped researchers **gain** insight into the way dinosaurs moved.

⇩

Scientists found that chickens with fake tails stood more ____(A)____ and walked with movements that were ____(B)____ those of dinosaurs.

	(A)		(B)
①	bent	......	different from
②	quickly	......	better than
③	upright	......	similar to
④	strangely	......	copied by
⑤	frequently	......	slower than

---

4 box office 매표소; *흥행 성적, (흥행의) 매상 strictly 엄격하게 end up 결국 (어떤 처지에) 처하게 되다 resist 저항하다 unfair 불공평한 appeal 관심을 끌다 문제 manipulate 조종하다

5 bypass 우회하다, 건너뛰다 purchase 구입하다 VIP 주요 고객 make sense 의미가 통하다, 이해가 되다 resource 자원 option 선택(권) point of view 관점, 견해 convenience 편의, 편리(한 것) 문제 punish 처벌하다 take away ~을 가져가다, 빼앗다

6 be descended from ~의 후손이다 behavior 행동; *행동 방식, 작용 posture 자세 upright 똑바른 thigh 넓적다리 attach 붙이다 vertical 수직의 insight 통찰력; *이해, 간파

UNIT 04

REVIEW TEST

정답 및 해설 p.20

A 다음 중 어법상 옳은 표현을 고르시오.

1 My girlfriend got (angry / angrily) with me.

2 He went (blind / blindly) in his old age.

3 The teacher could not make herself (understanding / understood).

4 Where did you have your cards (printing / printed)?

5 I was (shocked / shocking) to hear about your team's defeat.

B 주어진 우리말과 같은 뜻이 되도록 괄호 안의 단어들을 바르게 배열하여 문장을 완성하시오.

1 갑자기 나는 집이 약간 흔들리는 것을 느꼈다.
(I, shake, the house, felt)
→ Suddenly, ________________________ a little.

2 그 정원에 있는 장미들은 향기롭다.
(sweet, smell, in the garden, the roses)
→ ________________________.

C 주어진 우리말과 같은 뜻이 되도록 괄호 안의 단어들을 한 번씩만 사용하여 아래 빈칸을 완성하시오. (단, 필요한 경우 단어를 추가하거나 주어진 단어를 변형하시오.)

1 햇빛 때문에 사람들의 피부는 더 검게 변했다.
(the people, the skin, the sunlight, darker, grow)
→ Because of ____________, ____________ (S) ____________ (V) ____________ (S.C.).

2 그는 내가 숙제하는 것을 도와주었다.
(help, my homework, do)
→ ____________ (S) ____________ (V) ____________ (O) ____________ (O.C.).

영문의 기본 구조

문장의 핵심 요소인 주어, 동사, 목적어, 보어를 찾아라!

동사의 종류와 문장의 형식

동사는 크게 자동사와 타동사로 나눌 수 있다. 영어 문장은 동사의 쓰임에 따라 아래와 같이 5가지 구조를 갖는다.

분류	동사의 종류	개념 및 예문
자동사 목적어를 필요로 하지 않는 동사	완전 자동사	목적어나 보어 없이 완전한 문장을 이루는 동사 Everything **changes**. 모든 것은 변한다. S V 〈1형식〉
	불완전 자동사	주격보어를 필요로 하는 동사 She **is** happy. 그녀는 행복하다. S V S.C. 〈2형식〉
타동사 목적어를 필요로 하는 동사	완전 타동사	목적어를 필요로 하는 동사 I **ate** an apple. 나는 사과를 먹었다. S V O 〈3형식〉
	수여동사	직접목적어와 간접목적어를 모두 필요로 하는 동사 He **gave** me a book. 그는 나에게 책을 주었다. S V I.O. D.O. 〈4형식〉
	불완전 타동사	목적어와 목적격보어를 모두 필요로 하는 동사 I **found** the documentary interesting. S V O O.C. 나는 그 다큐멘터리가 흥미롭다고 생각했다. 〈5형식〉

Subject 주어
Verb 동사
Object 목적어
Indirect **O**bject 간접목적어
Direct **O**bject 직접목적어
Subjective **C**omplement 주격보어
Objective **C**omplement 목적격보어

1·2·3형식 문장

구문 전략

- 1형식: 「S+V」의 형태이며, 1형식 동사는 목적어나 보어를 필요로 하지 않는다.
- 2형식: 「S+V+S.C.」의 형태이며, 〈S=S.C.〉의 관계가 성립한다. 이때 주격보어로는 (대)명사와 형용사 및 그 상당어구(to부정사, 동명사, 분사, 전치사구 등)가 쓰인다.
- 3형식: 「S+V+O」의 형태이며, 목적어로는 (대)명사, 명사 상당어구(to부정사, 동명사 등)가 쓰인다.

EXERCISE 문장의 주요 성분에 밑줄을 그어 S, V, S.C., O를 표시하고, 문장을 해석하시오. 정답 및 해설 p.20

보기 She goes to school with Kate.
S V
그녀는 Kate와 함께 학교에 간다.

1 Many beautiful flowers bloom in spring.

2 I am very busy from morning to night.

3 The travel business looks promising.

4 I have always respected my parents.

5 The situation remains unchanged.

6 The early bird catches the worm.

7 On the way to his office, he dropped his phone on the sidewalk.

8 The meeting ended at two in the afternoon.

9 In the springtime, the weather changes very often.

GRAMMAR TIP

Q rise와 raise는 어떤 차이가 있나요?

A 형태도 비슷하고 의미도 비슷하지만 rise는 자동사, raise는 타동사예요.

- rise (-rose-risen) 오르다, 일어나다 ex) The sun **rises** in the east.
- raise (-raised-raised) 올리다, 들어 올리다 ex) They **raised** their hands.

이밖에도 형태는 비슷하지만 의미와 쓰임이 다른 동사들을 한번 정리해 볼까요?

- lie-lied-lied 거짓말하다
- lie-lay-lain 놓여 있다, 눕다
- lay-laid-laid 놓다, 두다
- find-found-found 찾다
- found-founded-founded 설립하다

UNIT 05

02 4·5형식 문장

구문 전략

- 4형식: 「S+V+I.O.+D.O.」의 형태이며, 4형식 동사는 수여동사라고 하며 간접목적어와 직접목적어를 필요로 한다. 우리말의 '~에게'에 해당하는 것이 간접목적어, '…을/를'에 해당하는 것이 직접목적어이다.
- 5형식: 「S+V+O+O.C.」의 형태이며, 5형식 동사는 목적격보어를 필요로 한다. 목적어와 목적격보어는 의미상으로 〈O=O.C.〉의 관계이고, 목적격보어로는 동사에 따라 명사, 형용사, to부정사, 동사원형, 분사 등이 올 수 있다.

EXERCISE 문장의 주요 성분에 밑줄을 그어 S, V, O, I.O., D.O., O.C.를 표시하고, 문장을 해석하시오. 정답 및 해설 p.20

보기 He convinced us that he could do it.
S V I.O. D.O.
그는 그가 그것을 할 수 있다는 것을 우리에게 납득시켰다.

1 Things that he said made us laugh.

2 I had my sister take care of my cats.

3 She showed us that she could play the piano.

4 We saw Mary waiting for us at the gate.

5 I found the window broken when I came back from my vacation.

6 He often tells me interesting stories.

7 The government will allow them to advertise on television.

8 Myra sent me a note thanking me for dinner.

GRAMMAR TIP

Q 4형식 문장을 3형식 문장으로 바꿀 수 있나요?

A 동사의 종류에 따라 전치사를 달리 사용하여 4형식 문장을 3형식 문장으로 바꿀 수 있어요.

I gave him a book. 〈4형식〉 ⇨ I gave a book to him. 〈3형식〉
S V I.O. D.O. S V O

① to를 사용하는 동사 – give, send, show, read, teach, sell, tell 등
② for를 사용하는 동사 – make, order, find, buy, cook, spare 등
③ of를 사용하는 동사 – ask, inquire 등

UNIT 05

단문독해

1

①~③ 중, 다음 글의 빈칸에 들어갈 말로 가장 적절한 것을 고르시오.

Some meetings **motivate attendees**, while others **bore them**. So what **makes a meeting great**? The first step is careful planning. A meeting must start with a clear set of objectives. It also requires a leader who can take charge and keep everyone on topic. Finally, you must anticipate problems. If you feel someone is going to react strongly to a certain issue, speak to him or her beforehand. This can **help you avoid** __________ that might otherwise **prevent your meeting from going** smoothly.

① conflicts　　② approval　　③ extra work

2

①~③ 중, 밑줄 친 these가 가리키는 것을 고르시오.

There are about 30,000 of these in each of your cells. Everyone's **are** slightly **different**, so these **make each person unique**. One or more of these might determine whether your hair is straight or curly, how tall you grow to be, or the color of your eyes. You inherit these from your parents, **which is** perhaps **why you have your mother's smile**.

① genes　　② organs　　③ bones

3

다음 글에서 페퍼민트 기름이 가지고 있는 효과를 찾아 우리말로 쓰시오.

A team of researchers **performed an experiment** with oil from the peppermint plant. When they poured some of the oil into water containing young mosquitoes, they **discovered that it killed them**. Next, a group of human subjects was used to test the effectiveness of peppermint oil as a mosquito repellent. After applying the oil and spending a night out in the open, eight out of ten volunteers reported that they did not **get any mosquito bites**.

* repellent: 방충제

정답 및 해설 p.21

4 빈칸에 들어갈 적절한 말을 다음 글에 있는 그대로 찾아 각각 연속된 2단어로 쓰시오.

A recent experiment conducted by psychologists showed that babies can tell the difference between right and wrong. They **showed some babies between the ages of six months and one year an animation**. In the video, a red ball tried to climb a hill. A yellow square helped the ball, but a green triangle tried to stop it. Afterward, they **had the babies choose one of the shapes**. More than 80% selected the __________ __________ over the __________ __________.

5 빈칸에 들어갈 적절한 말을 다음 글에서 있는 그대로 찾아 각각 1단어로 쓰시오.

Modern consumers frequently **find themselves yielding** to the allure of short-term savings without considering the long-term effect on their finances. Car buyers may opt for the least expensive model, failing to consider factors such as maintenance and the vehicle's fuel efficiency. Likewise, for those purchasing a home, it **becomes crucial** to account for ongoing expenses such as heating and cooling costs, property taxes, and repairs. For example, a newer and more energy-efficient home may **come with a higher price tag** but would **lead to savings** in the long run due to lower energy bills. Consumers must **consider the initial cost** as well as **pay their attention** to the overall expenditure involved in ownership.

⇨ Consumers need to take into account both the __________ cost and the __________ expenses associated with owning something.

---

1 motivate ~에 동기를 주다 attendee 참석자 objective 목표 take charge (~의) 책임을 지다 anticipate 예상하다 react 반응하다 issue 논점, 쟁점 beforehand 사전에, 미리 otherwise (만약) 그렇지 않으면[않았다면] smoothly 부드럽게, 순조롭게 **문제** conflict 갈등 approval 승인, 찬성
2 cell 세포 slightly 약간 unique 유일무이한 determine 결정하다 curly 곱슬곱슬한 inherit 물려받다 **문제** gene 유전자 organ 장기, 기관
3 perform 수행하다 subject 피실험자 effectiveness 유효성, 효과적임 apply 신청하다; *(페인트 · 크림 등을) 바르다 in the open 야외에서 volunteer 지원자 bite 무는 행위; *물린 자국
4 conduct 수행하다 psychologist 심리학자 tell 말하다; *구별하다
5 yield to ~에 굴복하다 allure 유혹 short-term 단기적인 long-term 장기적인 finance 재정 opt for ~을 선택하다 maintenance 유지 보수 fuel efficiency 연비 property tax 재산세 initial 초기의 expenditure 비용, 지출

UNIT 05

수능독해

1

cuttlefish에 관한 다음 글의 내용과 일치하지 않는 것은?

People sometimes **call cuttlefish chameleons of the sea** because of their ability to change their skin color. In spite of their name, cuttlefish aren't actually fish, belonging instead to the same family as squid and octopuses. Their blood, which is bluish-green in color because it contains copper, is pumped through their body by three hearts. Two of these are dedicated to moving blood to the animal's gills, while the purpose of the third heart **is to circulate** blood to the organs in the rest of the body. Cuttlefish are well adapted for life on the seafloor, where they hunt fish. Their bodies **have a unique internal shell** called a cuttlebone, which is often used to introduce calcium into the diets of canaries and parrots.

* cuttlefish: 갑오징어 ** gill: 아가미

① 피부색을 바꾸는 능력 때문에 바다의 카멜레온으로 불린다.
② 오징어나 문어와 같은 과의 생물이다.
③ 피에 구리 성분이 들어 있어 청록색을 띤다.
④ 두 개의 심장을 통해 온몸으로 혈액을 순환한다.
⑤ cuttlebone은 새의 먹이로 쓰이기도 한다.

2

다음 글의 목적으로 가장 적절한 것은?

We **had an opportunity** to review your application for our open position, and an interview has been scheduled for you on Wednesday, July 31, at 3 p.m. You will be meeting with Ms. Parsons, head of the personnel department. Her office is located on the 18th floor of the administrative building in suite 1820. I am confident that you will **find her to be very knowledgeable** about our company and its role in the international marketplace. Following your interview, you will be asked to complete an hour-long examination designed to assess your experience with standard industry procedures. Please contact me if you are unable to make the appointment or have any questions. Thank you for your interest in our company.

① 직원 채용을 홍보하려고
② 변경된 회사 방침을 소개하려고
③ 면접 및 시험 일정을 알려 주려고
④ 신임 대표의 취임식을 알리려고
⑤ 사무실 위치 이전을 안내하려고

정답 및 해설 p.22

3

다음 빈칸에 들어갈 말로 가장 적절한 것은?

In 1962, Rachel Carson published *Silent Spring*, a book that **offers us valuable insights** into the negative impact of using pesticides. The book **discusses the effects** of these chemicals on the natural world, including the health of both humans and wildlife. The title means a world in which we have no birds as a consequence of the irresponsible use of pesticides. Using her research and talent for writing, the author was able to communicate to a large audience and argue that the widespread use of pesticides **was causing significant harm** to the environment. *Silent Spring* **sparked a heated debate** about how pesticides should be used. Although the pesticide industry attempted to discredit Carson, her book **had a profound impact** on environmental protection campaigns and government policies and **helped the public to shape** their ideas about pesticides, resulting in the launch of the U.S. Environmental Protection Agency and a ban on a toxic pesticide known as DDT. *Silent Spring* **inspired a generation of environmentalists** as well as **triggered a movement** that continues today. The book **serves** as a stark warning about ____________________________________.

① wasting resources without using them to protect the ecosystem
② overestimating the importance of banning the use of pesticides
③ prioritizing economic growth over upholding ecological balance
④ assuming others will take responsibility for protecting the nature
⑤ neglecting our responsibility for protecting the natural environment

---

1 in spite of ~에도 불구하고 family 가족; *(동식물 분류상의) 과(科) bluish 푸르스름한 copper 구리 dedicated to ~에 전념하는; *(특정한 목적에) 사용되는 circulate 순환시키다 adapt 조정하다; *적응하다 internal 내부의, 체내의

2 application 지원서, 신청서 personnel department 인사부 administrative 행정의 suite 스위트(연결된 몇 개의 방으로 이루어진 공간) confident 확신하는 knowledgeable 아는것이 많은 marketplace 시장 complete 완료하다; *작성하다 examination 조사, 검사, 시험 assess 평가하다 standard 기준; *표준의 procedure 절차 appointment 약속

3 pesticide 살충제 wildlife 야생동물 spark 불러일으키다 discredit 신빙성을 떨어뜨리다 profound 지대한, 심오한 launch 출범, 출시 trigger 촉발하다 serve 역할을 하다 stark 단호한, 강력한 문제 resource 자원 uphold 유지하다, 지키다

4

다음 글의 밑줄 친 부분 중, 어법상 틀린 것은?

Have you ever **wondered why snakes have forked tongues**? Their special tongues **have a unique purpose**; that is, they're used not for tasting but rather for smelling. ① How it works **is** pretty amazing. There's a sense organ ② located in the roof of a snake's mouth that processes information about scents. When the snake quickly extends its tongue, ③ what it's doing **is collecting** tiny scent particles in the air that might **give it clues** about nearby prey, or even a possible mate. Having a forked tongue **makes everything easier** for snakes, since it lets them ④ to know which direction a scent is coming from. Depending upon ⑤ whether the smell is of food or of a potential mate, the snake can then choose to strike or pursue.

5

다음 글에서 전체 흐름과 관계 없는 문장은?

During snowstorms, what many people notice **is** how quiet they seem compared to rainstorms. This is because rain is a liquid, so it **falls** quickly and makes a loud sound when it hits a surface. Snow, on the other hand, is a solid, so snowflakes **float** quietly to the ground. Furthermore, snowflakes contain open spaces that **act** as an obstacle to sound. ① This is because sound **travels** in waves and **needs to vibrate** the molecules in a solid, liquid or gas in order to continue moving. ② Unlike solids, liquids and gases will spread out to completely fill any empty space. ③ Another factor is the cooler air temperature during snowstorms, which **makes sound waves move** more slowly. ④ After snowstorms, as the fallen snow **begins to melt and change** shape, the quiet, peaceful mood **changes**. ⑤ The snowflakes turn to ice, which actually **makes sounds louder**, as it reflects sound waves.

6 다음 글의 제목으로 가장 적절한 것은?

While it's almost impossible to find a place to stay in America for free, Amr Arafa's apartment **is available**. However, the door is only open for refugees and victims of domestic violence. Arafa was inspired to start helping vulnerable people by his experience of moving to the US from Egypt to attend graduate school in 2005. He had nowhere to stay and only $1,000. He was in a desperate situation, but a Clark Atlanta University professor **hosted him** until he was able to find a place of his own. He never forgot the professor's kindness or how good it felt to have a safe place to stay. His feelings of appreciation **drove him to create a platform** called EmergencyBnB that **helps people in need find** free temporary shelter. While Arafa does not anticipate that EmergencyBnB will solve the refugee crisis, he hopes that it will make a difference in the lives of vulnerable individuals throughout America.

① Free Apartments for Travelers
② Amr Arafa: From Refugee to Professor
③ Helping Others As He Was Once Helped
④ EmergencyBnB: Homeless Helping Homeless
⑤ EmergencyBnB: The Only Solution to the Refugee Problem

---

4 forked 갈라진 sense organ 감각 기관 process 진행, 과정; *처리하다 scent 향기, 냄새 extend 더 크게 만들다; *(신체 일부분을) 내밀다, 뻗치다 particle 입자 clue 단서 prey 먹이 mate 친구; *(새 · 동물의) 짝 potential 잠재적인 strike 치다; *공격하다 pursue 추구하다, 쫓다

5 snowstorm 눈보라 rainstorm 폭풍우, 호우 surface 표면 solid 고체, 고형물 snowflake 눈송이 float (물 위나 공중에) 뜨다 obstacle 장애(물) vibrate 떨다; *진동시키다 molecule 분자 spread out 몸을 뻗다; *더 널리 퍼지다 factor 요인, 인자 reflect 반사하다, 비추다

6 refugee 난민, 망명자 victim 피해자 domestic violence 가정 폭력 inspire 격려하다 vulnerable 취약한, 연약한 desperate 자포자기한; *극심한 host ~을 주최하다; *재워주다 appreciation 감상; *감사 platform 발판, 기반; *플랫폼 temporary 일시적인, 임시의 shelter 주거지, 거처 anticipate 예상하다, 기대하다 crisis 위기

UNIT 05

REVIEW TEST

정답 및 해설 p.24

A 다음 중 어법상 옳은 표현을 고르시오.

1 The flower smells very (sweet / sweetly).

2 They had (raised / risen) the white flag in surrender.

3 He watched the smoke (raise / rise) from his cigarette.

4 Fiber is (found / founded) in cereals, beans, fruit and vegetables.

5 The Independent Labour Party was (found / founded) in Bradford on January 13, 1893.

B 주어진 우리말과 같은 뜻이 되도록 괄호 안의 단어들을 바르게 배열하여 문장을 완성하시오.

1 나는 그에게 그가 즉시 가야만 한다고 말했다.
(go at once, told, he, that, must, him, I)
→ ____.

2 우리는 Gray 씨를 그 회의의 의장으로 선출했다.
(elected, the chairman, the meeting, we, of, Mr. Gray)
→ ____.

C 주어진 우리말과 같은 뜻이 되도록 괄호 안의 단어들을 한 번씩만 사용하여 아래 빈칸을 완성하시오. (단, 필요한 경우 단어를 추가하거나 주어진 단어를 변형하시오.)

1 검은 정장을 입은 그 여자는 바빠 보인다.
(busy, the black suit, wearing, look)
→ The woman ______________________ (S) ____________ (V) ____________ (S.C.).

2 당신이 인천국제공항에 도착하면 제게 알려 주세요.
(arrive at, Incheon International Airport, let, know, when)
→ ____________ (V) ____________ (O) ____________ (O.C.) ______________________________ (부사절).

UNIT 06

형용사적 수식어구 1

명사를 수식하는 형용사적 수식어구를 파악하라!

수식어구 문장의 주요 성분인 주어, 동사, 목적어, 보어를 설명하거나 한정하는 말을 수식어(구)라고 한다. 수식어에는 형용사적 수식어와 부사적 수식어가 있으며, 문장의 형식에는 영향을 미치지 않는다.

Birds **sing**. 〈1형식〉
S V

[Tiny] **birds** [sitting on a tall tree in the forest near my town] **sing** [beautifully]. 〈1형식〉
S V

형용사적 수식어구 형용사적 수식어구는 (대)명사를 수식한다. 형용사가 단독으로 명사를 앞에서 수식하는 경우를 제외하면, 형용사구, 전치사구, 분사구, to부정사구 등이 다른 어구를 동반하여 명사를 뒤에서 수식하는 경우가 많다. 또한 -thing, -body, -one으로 끝나는 대명사를 수식할 때에도 형용사는 뒤에서 수식한다.

- 형용사구
  substances [**present** in food products] [식품에 존재하는] 물질들
- 전치사구
  a violinist [**of** great talent] [재능이 뛰어난] 바이올린 연주자
- 분사구
  foreigners [**interested** in the Korean language] [한국어에 관심 있는] 외국인들
- to부정사구
  efforts [**to preserve** rare plants] [희귀 식물들을 보존하려는] 노력들

형용사구·전치사구·to부정사구

구문 전략

- 명사 뒤에 형용사구, 전치사구, to부정사구가 나올 경우, 구에 속한 요소들이 어디까지인지 파악하고 괄호로 묶는다.
- 형용사구, 전치사구, to부정사구를 명사(구)의 수식어구로 파악하여 하나의 덩어리로 해석한다.

EXERCISE 밑줄 친 명사(구)를 수식하는 형용사적 수식어구를 찾아 괄호로 묶고, 문장을 해석하시오. 정답 및 해설 p.25

보기 The boy [at the desk over there] is my younger brother.
저기 책상에 있는 소년이 나의 남동생이다.

1 The movie is a good opportunity to learn about the history of the Middle Ages.

2 Tom has grown up in an atmosphere favorable to emotional development.

3 The difference between male and female literacy rates is greater in poor countries.

4 One local broadcasting station sponsored a concert to raise money for charity.

5 The new lecture about the relationship between science and education will begin next month.

6 The best way for you to live a happy and satisfying life is to get involved in doing things that make you happy and satisfied.

7 Students' aptitudes in various subjects should be accurately tested.

GRAMMAR TIP

Q to부정사가 형용사적 기능을 하는 다른 경우는 없나요?

A 앞에 있는 명사를 수식해 주는 한정적 용법만이 아니라 불완전 자동사나 be동사 다음에 쓰여 주격보어 역할을 하는 서술적 용법으로도 사용될 수 있어요. 「be to-v」는 〈예정〉, 〈의무〉, 〈가능〉, 〈의도〉, 〈운명〉 등의 의미로 해석돼요.

The sentence **seems to be** grammatically correct. 〈주격보어〉
이 문장은 문법적으로 맞는 것처럼 보인다.
He **is to arrive** here today. 〈예정〉
그는 오늘 여기에 도착할 예정이다.
You **are to obey** your parents. 〈의무〉
당신은 부모님께 순종해야 한다.

UNIT 06
02 현재분사·과거분사

구문 전략

- 명사 뒤에 온 현재분사(v-ing)나 과거분사(v-ed)가 앞의 명사를 수식하는지 확인한다.
- 분사(구)가 주어 뒤에서 주어를 수식하는 경우, 괄호로 묶은 후 문장의 동사를 파악한다. 특히, 과거분사가 주어 뒤에서 주어를 수식하는 경우, 동사의 과거형과 혼동될 수 있으므로 주의한다.
- 명사를 수식하는 어구가 현재분사(구)이면 명사와 분사구의 관계를 능동으로, 과거분사(구)이면 수동으로 해석한다.
- 현재분사(구)와 과거분사(구)를 명사(구)의 수식어로 파악하여 하나의 덩어리로 해석한다.

EXERCISE 밑줄 친 명사(구)를 수식하는 분사구를 찾아 괄호로 묶고, 문장을 해석하시오. 정답 및 해설 p.25

보기 The woman was wearing a wedding dress [made of expensive material].
그 여자는 값비싼 소재로 만들어진 웨딩드레스를 입고 있었다.

1 She will explain the research done last week.

2 Sally found a wooden box containing many kinds of coins.

3 The child injured in the car accident was immediately taken to the hospital.

4 The police officers investigating the murder have arrested three suspects.

5 Most of the colleagues invited to his birthday party didn't come.

6 I know the man standing by the window.

7 This is a letter written by my youngest son.

GRAMMAR TIP

Q1 현재분사와 과거분사는 어떻게 다르죠?

A1

현재분사(v-ing) – 능동/진행	과거분사(v-ed) – 수동/완료
〈능동〉 an **exciting** game 흥분하게 만드는 경기	〈수동〉 an **excited** man 흥분한 남자
〈진행〉 a **falling** leaf 떨어지는 나뭇잎	〈완료〉 a **fallen** leaf 떨어진 나뭇잎

Q2 과거분사와 동사의 과거형은 어떻게 구분하나요?

A2 동사의 과거형인지 과거분사인지 불분명할 때는 앞에 나온 명사와의 관계를 수동의 의미로 해석해 보세요. 해석이 자연스러우면 명사를 수식하는 과거분사랍니다.

The files **stored** on the computer disappeared.
- 과거분사로 해석 → 컴퓨터에 저장된 파일 (O)
- 동사의 과거형으로 해석 → 파일이 컴퓨터에 저장했다 (X)

UNIT 06

단문독해

1

빈칸에 들어갈 적절한 말을 다음 글에 있는 그대로 찾아 1단어로 쓰시오.

According to Mihaly Csikszentmihalyi, a **respected** psychologist and author, people can achieve happiness through immersing themselves in and focusing on a challenging task, a state of mind **known as "flow"**. Csikszentmihalyi's book, *Flow: The Psychology of Optimal Experience*, argues that the most fulfilling times **in our lives** are not **passive, receptive, and relaxing** moments. Instead, they happen when people voluntarily stretch their mind or body to the limit to accomplish an activity that is **difficult and worthwhile**. The pursuit of pleasure can result in a feeling **of emptiness and boredom**. Therefore, optimizing one's experience and increasing happiness is achievable through seeking out __________.

2

①~③ 중, 임시 교사가 느꼈을 심정을 고르시오.

The substitute teacher entered the classroom and informed the 25 high school students **sitting in class** that the regular teacher was ill and would not be in school that day. Immediately, the class erupted in cheers and applause. The substitute, attempting to restore order, demanded that the students calm down, but they simply ignored him and talked loudly among themselves.

① satisfied ② frustrated ③ impressed

3

빈칸에 공통으로 들어갈 적절한 말을 다음 글에 있는 그대로 찾아 1단어로 쓰시오.

Even though the two words are often used to mean the same thing, envy and jealousy actually represent two distinct emotions **brought about by different kinds of situations**. Envy occurs when someone else possesses something you do not have and the fact that you do not have it causes you pain or frustration. Jealousy, on the other hand, refers to the feeling **of fear** you experience when you think you might lose something you possess to another person.

⇨ While envy is a painful feeling about things you don't __________, jealousy is a fear of losing things you do __________.

정답 및 해설 p.25

4 다음 글에서 필자가 생각하는 교육의 목표는 무엇인지 우리말로 쓰시오.

In education, inspiration and motivation are the most important tools **for success**. A teaching style that emphasizes memorization and test preparation does not motivate or inspire. In fact, it often destroys a student's desire **to learn**. This is unacceptable, as the goal **of education** should be to encourage students to continue seeking knowledge throughout their lives. In other words, true education should inspire students to pursue a lifetime **of learning**.

5 ①~③ 중, 다음 글의 빈칸에 들어갈 말로 가장 적절한 것을 고르시오.

During a job interview, you should avoid presenting yourself as a well-rounded worker **with skills in many areas**. While you do want to show that you have numerous skills, your first priority should be showing your __________. If you fail to do so, you may give the impression that you can't do anything particularly well. Therefore, try to explain exactly what kind of tasks you can do best, focusing on your strongest skills. Doing so will make you stand out compared to the other applicants, and your chances **of getting the job** will increase.

① honesty ② specialties ③ faithfulness

---

1 immerse 몰두하다 challenging 도전적인 fulfilling 성취감을 주는 receptive 수용적인 voluntarily 자발적으로 worthwhile 가치 있는 pleasure 쾌락, 즐거움 emptiness 공허함 boredom 지루함 optimize 최적화하다 seek out 추구하다

2 substitute 대리(인), 대용품 inform 알리다, 통지하다 regular 정기적인; *정규의 erupt 분출하다; *감정을 터뜨리다 applause 박수 attempt 시도하다, 노력하다 restore 회복시키다 order 순서; *질서 calm 차분한; *차분해지다 문제 frustrated 좌절감을 느끼는 impressed 감명을 받은

3 envy 부러움, 선망 jealousy 질투 represent 대신하다; *나타내다 distinct 별개의, 다른 bring about ~을 초래하다 possess 소유하다 frustration 불만, 좌절감 refer to ~을 언급하다 문제 painful 아픈, 고통스러운

4 inspiration 영감; *격려(*v.* inspire) motivation 자극; *동기 부여(*v.* motivate) emphasize 강조하다 memorization 암기 preparation 준비 destroy 파괴하다 desire 욕구, 갈망 unacceptable 받아들일 수 없는 seek 찾다, 추구하다 pursue 추구하다

5 well-rounded 다재다능한 numerous 많은 priority 우선 사항 impression 인상 particularly 특별히 stand out 두드러지다, 쉽게 눈에 띄다 applicant 지원자 문제 specialty 《*pl.*》 전문분야, 전공 faithfulness 충실함

UNIT 06

수능독해

1

다음 글의 요지로 가장 적절한 것은?

Exploring the concept **of innate musicality** in humans is subject **of fascination** for many researchers. It is widely accepted that our ability **to learn** languages is innate; however, the degree to which music is inborn is still a subject **of inquiry**. Diverse cultural perspectives **in the perception** and methods **of "singing"** also make the understanding **of this phenomenon** more difficult. However, it is reasonable to assume that everyone has the capacity **to acquire** basic skills in music, including singing competence, rhythm identification, and the perception **of simple melodic patterns**. Although the potential **to achieve** musical mastery is not attainable for all individuals, just as not everyone who acquires language can become a great public speaker, the potential **for musical expression** appears to be universal. At a societal level, how music is valued and encouraged varies, from an emphasis on participation **in music-making** by the masses to prioritizing listening to the performances of professional musicians.

① 모든 사회마다 음악이 장려되는 방식은 다르다.
② 음악성은 모든 인간이 타고난 보편적 성향이다.
③ 조기 언어 교육과 마찬가지로 조기 음악 교육이 중요하다.
④ 음악적 잠재력을 달성하기 위해서는 부단한 노력이 필요하다.
⑤ 언어 습득과 기본적인 음악적 기술의 습득은 밀접한 관련이 있다.

2

글의 흐름으로 보아, 주어진 문장이 들어가기에 가장 적절한 곳은?

> However, there is a big difference between being a misophonia sufferer and simply disliking certain sounds.

Misophonia is a condition **characterized** by the appearance **of negative emotions** in response **to everyday sounds made by others**. Those **suffering from misophonia** can experience sudden anger or anxiety at the sound of someone **chewing** or **breathing loudly**. (①) To others, it may seem as if these people are just easily distracted and annoyed. (②) Misophonia causes real suffering and often drives people to avoid social contact. (③) It has even been responsible for people quitting their jobs or getting divorced. (④) It is believed to be caused by the way the brain processes certain sounds. (⑤) An error **in this processing** causes the brain to react to a small sound as if it were something much louder.

정답 및 해설 p.27

3

다음 글의 내용을 한 문장으로 요약하고자 한다. 빈칸 (A), (B)에 들어갈 말로 가장 적절한 것은?

A team of researchers asked two groups of participants to fill out a questionnaire with a pen held in their mouth in one of two different positions. The participants **holding it in the "lip position"** were forced to frown, while people **holding it in the "teeth position"** were forced to smile. The researchers did not explain the real purpose of the study, telling the participants that they were trying to find out how difficult it was for people **without the use of their hands** to write. In the questionnaire, the participants were asked to rate how funny a cartoon was, which was the real objective of the test. As the researchers expected, the participants **in the "teeth position" group** rated the cartoon significantly more amusing than those **in the "lip position" group**.

⇩

Researchers found that ____(A)____ expressions have a significant effect on a person's ____(B)____.

(A)		(B)
① facial	......	health
② facial	......	emotions
③ repetitive	......	judgment
④ physical	......	intelligence
⑤ physical	......	appearance

---

1 innate 타고난 musicality 음악성 fascination 매력 inquiry 연구 diverse 다양한 perspective 관점 competence 능력 identification 구별, 식별(v. identify) attainable 달성할 수 있는 universal 보편적인 prioritize 우선순위를 두다

2 condition 상태; *질환 characterize ~의 특징이 되다 appearance 겉모습; *나타남, 출현 in response to ~에 응하여 anxiety 불안, 염려 chew 씹다, 물어뜯다 distracted 산만해진 annoyed 짜증이 난 get divorced 이혼하다 process 처리하다, 가공하다 react 반응하다

3 questionnaire 설문지 frown 얼굴을 찌푸리다 rate 평가하다 objective 목적 significantly 상당히(a. significant) amusing 재미있는
문제 facial 얼굴의 repetitive 반복적인 judgment 판단 intelligence 지능

4

다음 글의 제목으로 가장 적절한 것은?

There are many tools **available to mathematicians trying to solve problems**. Randomness is one of these. At first glance, randomness would seem to be of little use. However, it is helpful in many situations. For example, a mathematician may need to prove that an object **with a certain property** exists, such as a shape **containing certain angles**. A direct strategy is to search for an example **of an object with the properties** you're looking for. But this is not an efficient way **to prove something exists**. A better method is to select an object from a certain category at random. If you can show that there is even a tiny chance that the random object contains the required properties, then you have proved that the object exists.

① How to Solve Random Problems
② The True Goal of Mathematicians
③ Putting Randomness to Good Use
④ A Common Mathematical Mistake
⑤ Proving the World Is Not Random

5

다음 글의 요지로 가장 적절한 것은?

Throughout the day, your feelings and thoughts **about yourself** will probably change now and then depending on your experiences. Your boss's reaction **to your sales report**, the treatment you receive from friends and family, and the daily changes **in your romantic relationship** can all affect how you view yourself at a particular moment in time. However, self-esteem refers to something **more basic than these ordinary fluctuations in mood**. If you are someone **with high self-esteem**, then no matter what occurs during your day, you will usually maintain a positive self-image. In contrast, if your self-esteem is inherently low, you will be much more susceptible to the ups and downs of everyday life, and your feelings **about yourself** will likely alternate dramatically between positive and negative.

* fluctuation: 동요

① 감정 표현을 많이 할수록 자부심이 높아진다.
② 과거의 경험이 현재의 감정에 영향을 끼친다.
③ 감정적 동요를 겪는 것은 일반적인 현상이다.
④ 근본적인 자부심은 감정처럼 쉽게 변하지 않는다.
⑤ 직업적 성취를 통해 긍정적인 자아상을 유지할 수 있다.

6

(A), (B), (C)의 각 네모 안에서 어법에 맞는 표현으로 가장 적절한 것은?

Spring has been abnormally cold and rainy this year, causing all kinds of problems **for the region's agriculture industry**. From fruit growers to beekeepers, everyone seems to be suffering financially. In fact, the local government has announced that it may offer assistance to area bee farms, due to the fact that a large number of their insects (A) [have / has] frozen to death. Because so many worker bees have died, small larvae have been left (B) [uncaring / uncared] for, and queen bees are producing fewer eggs. The government also announced a plan **to offer millions of dollars in aid to local fruit growers** (C) [that / whose] crops were damaged. According to a spokesperson, the government is going to offer up to $500,000 to each farm, depending on the extent of the damage.

	(A)		(B)		(C)
①	have	……	uncaring	……	whose
②	have	……	uncared	……	that
③	have	……	uncared	……	whose
④	has	……	uncaring	……	that
⑤	has	……	uncared	……	whose

---

4 mathematician 수학자 randomness 무작위성, 임의(*a.* random) at first glance 처음에는, 언뜻 보기에는 property 재산; *(사물의) 속성 angle 각도 strategy 전략 efficient 효율적인 category 범주

5 now and then 때때로, 가끔 reaction 반응 treatment 치료; *대우 particular 특정한 self-esteem 자부심 ordinary 보통의, 일상적인 inherently 선천적으로 susceptible 민감한 alternate 번갈아 (나오게) 하다; *~의 사이를 오락가락하다 dramatically 극적으로, 급격히

6 abnormally 비정상적으로 region 지방, 지역 agriculture 농업 financially 재정적으로 assistance 도움, 지원 larva 유충(《*pl.*》 larvae) aid 원조, 지원 spokesperson 대변인 extent 정도[규모]

UNIT 06

REVIEW TEST

정답 및 해설 p.29

A 빈칸에 들어갈 어법상 옳은 표현을 고르시오.

1 People __________ the street were stopped by the police officers.
① cross ② crossing ③ crossed

2 I need someone __________ after my cat next week.
① looks ② to look ③ looked

3 There is a bag __________ of toys for the children.
① full ② is full ③ be full

4 The activities of human beings __________ harmful effects on the environment.
① have ② having ③ to have

B 주어진 우리말과 같은 뜻이 되도록 괄호 안의 단어들을 바르게 배열하여 문장을 완성하시오.

1 인터넷을 사용하는 사람들의 수가 증가해 오고 있다.
(the Internet, has been, people, increasing, the number of, using)
→ ____.

2 산문과 운문의 한 가지 중요한 차이점은 작가의 언어 사용이다.
(prose and poetry, the author's use, between, one, difference, is, of language, significant)
→ ____.

C 주어진 우리말과 같은 뜻이 되도록 괄호 안의 단어들을 한 번씩만 사용하여 아래 빈칸을 완성하시오. (단, 필요한 경우 단어를 추가하거나 주어진 단어를 변형하시오.)

1 우리 마을 근처에 위치한 그 섬들은 매우 아름답다.
(my village, near, locate)
→ The islands ____________________ __________ very beautiful.
S V S.C.

2 그의 어머니는 그에게 최신 휴대전화를 사 준다는 약속을 하셨다.
(to buy, made, the latest cell phone model, him)
→ His mother __________ a promise ______________________________.
S V O

형용사적 수식어구 2

핵심 명사를 수식하는 관계사절을 찾아 괄호로 묶어라!

관계사

관계사에는 대명사 및 접속사의 역할을 하는 관계대명사와, 부사 및 접속사의 역할을 하는 관계부사가 있다. 관계사는 앞에 나온 명사(선행사)를 수식하는 형용사절을 이끈다.

1. 관계대명사의 종류

선행사 / 격	주격	목적격	소유격
사람	who / that	who(m) / that	whose
사물	which / that	which / that	whose / of which

2. 관계부사의 종류

선행사	관계부사	선행사	관계부사
장소 (the place)	where	이유 (the reason)	why
시간 (the time)	when	방법 (the way)	how

※ 관계부사 how와 그 선행사 the way는 함께 쓸 수 없다.
※ 관계부사 where, when, why, how 대신에 that을 쓸 수 있다.

UNIT 07

01 관계대명사절

구문 전략

- 주어, 목적어, 보어의 역할을 하는 명사를 찾아 표시한다.
- 그 명사(선행사)를 뒤에서 수식하는 who, which, whose, whom, that 등의 관계대명사가 이끄는 절을 괄호로 묶는다.
- 명사 뒤에 곧바로 「주어+동사」 형태의 절이 나올 경우에는 목적격 관계대명사가 생략된 것이다.
- 관계대명사절을 명사(선행사)의 수식어로 파악하여 하나의 덩어리로 해석한다.

EXERCISE 밑줄 친 명사(구)를 수식하는 관계대명사절을 찾아 괄호로 묶고, 문장을 해석하시오. 정답 및 해설 p.29

보기 The man [who lives downstairs] is a doctor.
아래층에 사는 그 남자는 의사이다.

1 The house that I showed you yesterday has just been sold.

2 He got married to a beautiful woman whose eyes are dark blue.

3 The girl you met at the library was Jane.

4 The man who I believed was sincere and trustworthy told me a lie.

5 They were impressed by a painting at the exhibition whose colors seemed to be alive.

6 Some creatures have colors that help them merge with their surroundings.

7 The scientists wanted to study the common attitudes that women have about men.

GRAMMAR TIP

Q1 what도 관계대명사로 쓰이나요?

A1 네. 그런데 what은 선행사를 포함하는 관계대명사이기 때문에 형용사절이 아니라 명사절을 이끌고, '~하는 것'이라고 해석해요.
ex) I don't believe what you said. 나는 네가 말한 것을 믿지 않는다.

Q2 관계대명사 앞에 콤마(,)가 있는 경우에는 어떻게 해석하나요?

A2 선행사와 관계대명사 사이에 콤마(,)가 있는 경우 관계대명사의 계속적 용법이라고 해요. 선행사나 앞 절 전체에 대해 부연설명을 하며, 이때 관계대명사는 문맥에 따라 다양한 접속사의 의미를 취할 수 있으므로 바르게 이해하기 위해서는 앞뒤 내용의 흐름을 잘 따져 보아야 해요.
ex) He has a son, who is a teacher. 그는 아들이 하나 있는데, 그는 교사이다.
(= and he)

UNIT 07
02 관계부사절

구문 전략

- 장소, 시간, 이유, 방법 등을 나타내는 명사를 찾아 표시한다.
- 그 명사(선행사)를 뒤에서 수식하는 where, when, why, how 등의 관계부사가 이끄는 절을 괄호로 묶는다.
- 장소, 시간, 이유를 나타내는 선행사와 관계부사는 둘 중 하나를 생략할 수 있다.
- 방법을 나타내는 선행사 the way와 관계부사 how는 함께 쓸 수 없으며 둘 중 하나를 반드시 생략해야 한다.
- 관계부사절을 명사(선행사)의 수식어로 파악하여 하나의 덩어리로 해석한다.

EXERCISE 밑줄 친 명사(구)를 수식하는 관계부사절을 찾아 괄호로 묶고, 문장을 해석하시오. 정답 및 해설 p.29

보기 Summer is the time of year [when the weather is the hottest].
여름은 일 년 중 날씨가 가장 더울 때이다.

1 I will never forget the moment when I first saw you on the street.

2 I know the main reason why those countries continue to be so poor.

3 The house where I was born was destroyed in an earthquake ten years ago.

4 At the end of February, I left the company where I had worked for over 20 years.

5 The way he works is efficient enough to allow him to get things done on time.

6 Mary was upset by the changes in the town where she had grown up.

7 I want to know the reason why they said nothing about the accident.

GRAMMAR TIP

Q 관계대명사와 관계부사가 와야 하는 자리를 쉽게 구별하는 방법은 없나요?

A 관계대명사절에서는 주어나 목적어 등의 역할을 하는 (대)명사가 빠진 채 그 역할을 관계대명사가 대신해요. 반면에 관계부사는 부사의 역할을 대신하므로 관계부사절에는 완전한 문장이 와요.

ex) This is a company ___(a)___ produces electronics.
주어가 없는 불완전한 문장구조
→ (a)는 관계대명사(which[that])의 자리

ex) This is the company ___(b)___ he works.
「주어+동사」의 완전한 문장
→ (b)는 관계부사(where)의 자리

UNIT 07

단문독해

1

①~③ 중 다음 글의 빈칸에 들어갈 말로 가장 적절한 것을 고르시오.

Different parenting styles, **which are influenced by upbringing**, impact individuals' attitudes toward raising children. Upon becoming parents, people adjust or copy the parenting techniques **that they were exposed to** as children. Certain techniques are passed on through learned behavior, cultural customs, and social pressure, and these are reflected in the attitudes of new parents. Through understanding the __________ of parenting styles, people can consciously incorporate the ones that work well and seek areas that need to be improved. By doing so, new parents can break cycles of abuse and foster a healthy environment **where parents adapt techniques to their experiences**.

① difficulty ② complexity ③ transmission

2

빈칸에 들어갈 적절한 말을 다음 글에 있는 그대로 찾아 각각 1단어로 쓰시오.

Once you've learned to ride a bicycle, you're unlikely to ever forget how. This is because the ability is stored in your procedural memory**, which is the part of your long-term memory that handles routines performed on a regular basis**. Riding a bike involves many different small actions. By keeping information about them in your procedural memory, you can perform these actions without any conscious thought. This is **why you can easily ride a bike after many years**.

* procedural memory: 절차 기억

⇨ People rarely __________ how to do things that have been __________ in their procedural memory.

3

다음 글의 빈칸에 공통으로 들어갈 적절한 말을 주어진 철자로 시작하여 1단어로 쓰시오.

Canadian paper money includes a special feature **which is similar to Braille**. In the upper right-hand corner of the bills are raised dots **that help b__________ people determine the value of the bills**. Likewise, euros possess textured foil **that varies according to the different bills**. In fact, over 100 countries around the globe have added features such as these in order to help the b__________.

* Braille: 점자

정답 및 해설 p.30

4

빈칸에 들어갈 적절한 말을 다음 글에 있는 그대로 찾아 연속된 5단어로 쓰시오.

According to a survey, the most important aspect of a happy marriage is not how much financial security you have, but how much housework you do. The survey found that couples **who distribute the household chores evenly** are more likely to have a happy relationship. More traditional ideas of what contributes to a happy marriage, such as the amount of wealth and how many children the couple has, were less important.

⇨ In order to have a happy marriage, it is important to ________ ________ ________ ________ ________.

5

열매의 과육이 하는 역할을 다음 글에서 찾아 우리말로 쓰시오.

Plants **that produce fruit** do so in order to protect their seeds. Deep inside, covered by the flesh of the fruit, the seeds develop without interference from the outside world. We can tell when the seeds are ready to be sowed, because that is **when the fruit turns ripe**. When it does, birds and other animals **that eat the fruit** take in the seeds, carry them around, and distribute them throughout the area, enabling the plant population to increase.

---

1 parent 아이를 기르다 upbringing 양육 attitude 태도 adjust 조정하다 consciously 의식적으로 incorporate 통합하다 abuse 학대 foster 만들다, 증진하다 문제 complexity 복잡함 transmit 전달하다(*n.* transmission)

2 store 저장하다, 기억하다 long-term memory 장기 기억 handle 다루다, 처리하다 routine 규칙적으로 하는 일, 일상 on a regular basis 정기적으로 conscious 의식하는, 의식이 있는 문제 rarely 좀처럼 ~하지 않는

3 include 포함하다 feature 특징 bill 고지서; *지폐 raised 높인; *도드라진 determine 알아내다, 밝히다 value 가치; *값 likewise 마찬가지로 possess 소유하다, 지니다 textured 특별한 질감이 나게 만든 foil 금속 박 vary 다르다, 바꾸다

4 aspect 측면 marriage 결혼 financial 재정적인 security 보안, 안보; *(재정상의) 안정 distribute 분배하다 household 가구, 가정 chore 허드렛일 evenly 고르게 contribute 기여하다 wealth 부, 재산

5 produce 생산하다; *(열매를) 맺다 flesh 살; *과육 interference 방해 sow 씨를 뿌리다 ripe 익은 distribute 분배하다; *퍼뜨리다 population 인구; *개체 수

UNIT 07

수능독해

1

다음 빈칸에 들어갈 말로 가장 적절한 것은?

The influence of money on our lives is considerable and is shaped by a variety of factors, including our family history and the way **in which we were brought up**. The messages **which we receive about money as children** can heavily influence the financial habits we have in adulthood. This is because the behavior and attitudes modeled by our parents and other members of the family directly and indirectly teach us how to view money. For example, children growing up in homes **where there is constant financial stress or arguments** can form negative perceptions about money **that carry over into their own financial decisions later in life**. In contrast, children raised in financially stable families **where money is discussed in a positive and healthy way** may face fewer challenges when it comes to managing money. Acknowledging the __________ between our upbringing and our attitudes toward money is essential to being in control of our financial health and securing our future.

① mismatch ② temptation ③ connection
④ complexity ⑤ distinction

2

fire whirl에 관한 다음 글의 내용과 일치하지 않는 것은?

Fire whirls are rotating columns of flames and wind **that can rise up out of wildfires**. They are sometimes referred to as "firenadoes," a combination of the words "fire" and "tornado." They occur when strong surface winds meet the heated air above the fire, **which causes them to rapidly rise and swirl**. Although fire whirls aren't actually tornadoes, their winds can reach speeds of 160 km/h and their temperatures can rise above 1,000 °C. Most fire whirls don't last for more than a few minutes, but some can last for an hour or more. They can cause serious damage, knocking down trees and spreading the wildfire. Unfortunately, due to their high heat and strong winds, there is little **that firefighters can do** but wait for them to end.

① 불과 토네이도의 합성어로 불리기도 한다.
② 강한 지상풍과 뜨거운 공기가 만날 때 발생한다.
③ 실제 토네이도의 일종은 아니다.
④ 대부분 몇 분간 지속되고 사라진다.
⑤ 진압하는 데 많은 소방 인력이 필요하다.

정답 및 해설 p.31

3

다음 글의 요지로 가장 적절한 것은?

Crime investigation dramas on TV often have scenes **where detectives solve cases using made-up technology**. These shows tend to create false perceptions about how forensic disciplines really work. On such a show, you might see a team of detectives use a computer to analyze a voice recording. The phrase "100% match" appears on the screen. However, any real forensics expert can tell you that this situation is pure fantasy. Scientifically speaking, a 100% match is something **that cannot happen**. The recording would have to be compared to every voice in the world in order for a match to be certain. Even if investigators knew the recording would match one of two possible voices, there would still be a small margin of error. This is just one of the ways **in which crime dramas are unrealistic**.

① 범죄 수사 드라마는 법의학의 발전에 기여한다.
② 법의학의 기초를 배울 수 있는 교육 기관이 필요하다.
③ 범죄 수사 드라마 속 과학 수사와 실제 법의학은 다르다.
④ 음성 녹음을 분석할 수 있는 전문 수사관을 양성해야 한다.
⑤ 범죄 수사의 정확성을 높이기 위해 법의학 연구를 지원해야 한다.

---

1 considerable 상당한 financial 재정적인 adulthood 성인기 model ~을 만들다, 형성하다 constant 지속적인 carry over into ~에 까지 계속 영향을 주다 stable 안정적인 acknowledge ~을 인정하다 secure 안정시키다

2 rotate 회전하다 column 기둥 (모양의 것) flame 불길, 불꽃 combination 조합[결합] rapidly 빨리, 급속히 swirl 빙빙 돌다, 소용돌이치다 knock down ~을 때려눕히다 spread 펼치다; *확산시키다

3 crime 범죄 investigation 수사, 조사 detective 형사, 수사관 made-up 지어낸, 가짜의 perception 지각, 자각 forensic 법의학적인, 범죄 과학 수사의 discipline 규율; *지식 분야 analyze 분석하다 phrase 구(절) match 경기, 시합; *일치 pure 순수한; *완전한 margin of error 오차 범위 unrealistic 비현실적인

4

주어진 글 다음에 이어질 글의 순서로 가장 적절한 것은?

> Every ocean on Earth conceals a mysterious world, with frigid temperatures and creatures **that glow with eerie colored light**.

(A) Yet many of the animals seem to produce light for no obvious reason. The explanation for this behavior remains a midwater mystery **which future scientists will have to solve**.

(B) By far their most remarkable discovery yet is that nearly all midwater animals possess the ability to produce light, **which is known as bioluminescence**. Scientists believe they do this to attract a mate, find prey, hide themselves, or scare away predators.

(C) This world is known as the "midwater." Scientists have recently started exploring it, using special submarines with spotlights to observe plants and animals **that no one has ever seen before**.

* midwater: 중층수 ** bioluminescence: 생물발광 현상

① (A)–(B)–(C)
② (B)–(A)–(C)
③ (B)–(C)–(A)
④ (C)–(A)–(B)
⑤ (C)–(B)–(A)

5

다음 글에서 전체의 흐름과 관계 <u>없는</u> 문장은?

It is well known that the nature of your friends is a major factor in determining just how happy and satisfied you are with your life. ① Your friends even have the ability to affect your health. ② These days, people are increasingly turning to their friends when they need support or understanding, instead of communicating their concerns to relatives as they once did. ③ It is extremely important to keep in touch with relatives **who live a long way off**, whether they are immediate family or distant relatives. ④ As friends have become more important in our lives, this has escalated our desire to make more of them. ⑤ Although friendships often develop impulsively between two individuals **who share a common interest or experience**, there are certain techniques **that can be used through which you'll grow** closer to those you wish to befriend.

6

다음 글의 내용을 한 문장으로 요약하고자 한다. 빈칸 (A), (B)에 들어갈 말로 가장 적절한 것은?

Parents often feel guilty when they are unable to comfort their children in person. In their eyes, talking on the phone doesn't have the same effect. To test this belief, researchers conducted an experiment on some young girls. The girls, **whose ages were between 7 and 12**, were asked to make a presentation in front of many strangers, a situation designed to cause stress. Afterwards, they were divided into three groups. The first group was comforted by their mothers in person, the second group was comforted over the phone, and the third group was not comforted at all. The researchers then checked their level of a calming hormone called oxytocin. Against expectations, all of the girls **who were comforted by their mothers**, whether in person or over the phone, showed approximately the same levels of oxytocin.

⇩

It would appear that ____(A)____ comfort from a parent provides as much ____(B)____ as comfort given through direct interaction.

	(A)		(B)
①	mental	······	stimulus
②	mental	······	relief
③	vocal	······	stimulus
④	vocal	······	stress
⑤	vocal	······	relief

---

4 conceal 숨기다 mysterious 불가사의한(*n.* mystery) frigid 몹시 추운 glow 빛을 내다 eerie 괴상한, 으스스한 obvious 분명한 explanation 설명 by far 단연코 remarkable 주목할 만한 discovery 발견 possess 갖추다, 소유하다 attract 끌다; *매혹하다 prey 먹이 predator 포식자 submarine 잠수함 observe 관찰하다

5 nature 본질, 특성 turn to ~에 의지하다 support 지지, 격려 concern 걱정 relative 친척 keep in touch with ~와 계속 연락하다 a long way off 멀리 떨어진 immediate 즉각적인; *직접적인 distant (관계 등이) 먼 escalate 차츰 올리다 impulsively 충동적으로 befriend 친구가 되어 주다

6 guilty 죄책감을 느끼는 comfort 위로(하다) in person 직접 conduct 행동하다; *실시하다, 수행하다 make a presentation 발표하다 calming 진정시키는 expectation 기대; *예상 approximately 대략적으로 문제 interaction 상호작용 stimulus 자극 relief 안도, 위안

UNIT 07
REVIEW TEST

정답 및 해설 p.33

A 다음 밑줄 친 부분에서 어법상 틀린 곳을 찾아서 바르게 고치시오.

1 The road that we took it through the forest was narrow and steep.

2 John went to see a friend whom father is the president of his college.

3 I am very fond of the way how he speaks and acts.

4 It is important to be polite to people who lives in the same building.

5 This is the very place where I have long desired to visit.

B 주어진 우리말과 같은 뜻이 되도록 괄호 안의 단어들을 바르게 배열하여 문장을 완성하시오.

1 이것은 그것의 잎이 차를 만드는 데 쓰이는 식물이다.
(a plant, are used for, leaves, is, making tea, this, whose)
→ ____.

2 네가 방해받지 않을 것 같은 조용한 장소에서 일을 하는 게 어떠니?
(likely to, where, a quiet place, be disturbed, are, you, not)
→ How about working in ________________________________?

C 주어진 우리말과 같은 뜻이 되도록 괄호 안의 단어들을 한 번씩만 사용하여 아래 빈칸을 완성하시오. (단, 필요한 경우 단어를 추가하거나 주어진 단어를 변형하시오.)

1 내 삼촌은 타이어를 만드는 회사를 운영하신다.
(which, run, a company, produce tires)
→ My uncle (S) __________ (V) ______________________________ (O).

2 그 회사는 그들의 연말 파티를 할 날을 결정했다.
(when, would, their year-end party, have, decide on, the day)
→ The company (S) __________ (V) ______________________________ (O).

부사적 수식어구 1

부사적 수식어구를 찾아 괄호로 묶어라!

부사 부사는 동사·형용사·부사·문장 전체를 수식하는 역할을 한다.

increase rapidly	급속히 증가하다	〈동사 increase 수식〉
really cold	정말 추운	〈형용사 cold 수식〉
very quickly	매우 빨리	〈부사 quickly 수식〉
Unfortunately, I don't have her number.	불행히도, 나는 그녀의 전화번호를 모른다.	〈문장 전체를 수식〉

부사적 수식어구 부사적 수식어구는 동사·형용사·부사·문장을 수식하며, 그 형태로는 부사, 부사구(전치사구, to부정사구, 분사구문), 부사절(시간·이유·조건 등을 나타내는 접속사가 이끄는 절 p.129참고)이 있다.

We closed our eyes **without saying a word.** 〈전치사구〉
He joined a fitness club **to lose weight.** 〈to부정사구〉
She learned to play the piano **when she was young.** 〈부사절(시간)〉

UNIT 08

01 전치사구

구문 전략

- 동사 수식

  If you follow my advice, you will solve the problem [with ease].

  내 충고를 따른다면, 너는 문제를 쉽게 해결할 것이다.
- 형용사나 부사 수식

  The subway system is still inconvenient [for the disabled].

  지하철 체계는 아직 장애인들에게 불편하다.
- 문장 전체 수식

  [To my surprise], she lost 10 kg. 놀랍게도, 그녀는 몸무게를 10킬로그램 줄였다.

EXERCISE 밑줄 친 부분을 수식하는 전치사구를 괄호로 묶고, 문장을 해석하시오. 정답 및 해설 p.34

보기 I waited for the announcement [in the lobby of the building].
나는 그 건물의 로비에서 안내 방송을 기다렸다.

1 You can't make an omelette without breaking eggs.

2 He came to the meeting despite feeling sick.

3 If you exercise on a daily basis, you can develop strong muscles.

4 The question was very hard for the beginners in our English class.

5 The old man stood silently at the door.

6 By doing this, we are able to protect the earth.

7 Taking too many vitamins is not good for your health.

GRAMMAR TIP

Q 전치사구는 부사적 수식어구로만 쓰이나요?

A 전치사구는 부사적 수식어구뿐만 아니라 형용사적 수식어구로도 쓰일 수 있어요.

1. 부사적 수식어구로 쓰이는 경우: 동사 · 형용사 · 부사 · 문장 전체를 수식하면서 〈시간〉, 〈이유〉, 〈방법〉, 〈장소〉 등을 나타냄
   ex) We can spend more time **in Florida**. 〈동사 spend를 수식〉
2. 형용사적 수식어구로 쓰이는 경우: 주어 · 목적어 · 보어가 되는 명사, 대명사를 수식함
   ex) Some people **in the city** are complaining about the new policy. 〈명사 Some people을 수식〉

UNIT 08

02 to부정사구

구문 전략

부사적 수식어구로 쓰이는 to부정사는 주로 동사를 수식하며 '~하기 위해'라는 의미를 나타낸다. 그 외에도 형용사, 다른 부사 등을 수식하여 여러 의미를 나타내므로 문맥 속에서 다양한 to부정사의 의미를 파악한다.

I came home early **to make** dinner.	〈목적〉 ~하기 위해
I am so glad **to see** you here.	〈감정의 원인〉 ~하여
He must be clever **to think** of so many good ideas.	〈판단의 근거〉 ~하다니
To hear him speak, you would think that he wrote the book.	〈조건〉 ~하면
The ugly duckling grew up **to be** a swan.	〈결과〉 ~한 결과
To be honest, I don't like it.	〈문장 전체 수식〉
This river is dangerous **to swim** in.	〈형용사 dangerous 수식〉
He walks too fast for me **to keep** up with him.	〈부사 fast 수식〉

EXERCISE 밑줄 친 to부정사구에 유의하여 문장을 해석하시오.

정답 및 해설 p.34

보기 Some stores put perfume in the air to make customers comfortable.
어떤 상점들은 고객들을 편안하게 만들기 위해 공기 중에 향수를 뿌린다.

1 I called Sarah, one of my best friends, to get her advice.

2 He was too young to understand the whole story.

3 She is strong enough to swim across the Han River.

4 He must be mad to say something like that.

5 I am ready to accept any comments about my presentation.

6 We proposed our ideas, only to be rejected by the president.

7 You must be surprised to see my present.

GRAMMAR TIP

Q 어떻게 하면 to부정사를 잘 해석할 수 있을까요?

A to부정사는 문맥에 따라 명사, 형용사, 부사 등으로 다양하게 쓰이기 때문에 문맥을 통해 수식 관계를 파악하는 연습이 필요해요. 또한 to부정사와 관련된 아래의 주요 표현을 알아 두면 편리해요.

- too+형용사[부사]+to-v: 너무 ~해서 …할 수 없는(= …하기에는 너무 ~한)
- be likely to-v: ~할 것 같다
- seem to-v: ~인 것 같다
- be about to-v: 막 ~하려고 하다
- 형용사[부사]+enough to-v: ~할 만큼 충분히 …한
- in order to-v: ~하기 위하여

UNIT
08

단문독해

1

빈칸에 들어갈 적절한 말을 다음 글에 있는 그대로 찾아 각각 1단어로 쓰시오.

Ocean acidification takes place when seawater absorbs carbon dioxide, which results in lower pH levels and higher acidity in the water, which is harmful to marine animals. The oceans are absorbing increasing levels of carbon dioxide **from human activities**, making the pH levels decrease **at an alarming rate. Since the Industrial Revolution**, the acidity level of water at the oceans' surface has been raised **by about 30%**, and this trend is expected to continue. **In order to protect** marine environments and **avoid** the serious consequences of ocean acidity, we must work together **to cut** emissions from carbon dioxide.

* acidification: 산성화

⇨ Ocean acidification harms marine animals; reducing __________ from carbon dioxide is crucial so as to __________ the oceans.

2

빈칸에 들어갈 적절한 말을 각각 다음 글에 있는 그대로 찾아 각각 1단어, 연속된 2단어, 1단어로 쓰시오.

Before you get out of bed **in the morning**, try stretching each section of your limbs **for 15 seconds**. Begin **by stretching your fingers**, then move on to your hand, wrist, and arm. Repeat this process **with the other arm**. Now it's time to stretch your toes, feet, ankles, and legs. This simple exercise warms up your muscles and promotes better blood flow throughout your entire body.

⇨ __________ your limbs for a short time __________ __________ your body's muscles and __________ your blood flow.

3

빈칸에 들어갈 적절한 말을 다음 글에 있는 그대로 찾아 연속된 5단어로 쓰시오.

When you purchase a book, you obtain ownership of it, just as you pay **to possess** electronics, clothes, furniture, or other goods. But **to truly possess** the book, you must make it a part of you. The best way to do this is by writing your own personal notes **in it** as you read. Book lovers refer to this act as taking full ownership of the book.

⇨ You can take complete ownership of a book by __________ __________ __________ __________ __________ in it while you read.

4

①~③ 중, 빈칸에 들어갈 말로 가장 적절한 것을 고르시오.

The trap-jaw ant, a large predator, is often defeated by *Formica archboldi*, a small ant native **to the USA**. These smaller ants kill trap-jaw ants **with toxic acid** and then decorate their nests **with their heads**. This unusual behavior is due to the fact that ants rely on scents **to distinguish** friends from enemies. They use the heads **to disguise** themselves with the scent of trap-jaw ants. This allows them to __________ **on other trap-jaw ants** or scare away predators.

* trap-jaw ant: 집게 턱 개미

① sneak up　　② drop in　　③ look down

5

빈칸에 들어갈 적절한 말을 다음 글에 있는 그대로 찾아 각각 연속된 2단어로 쓰시오.

Some companies hire temporary workers **to cut** costs **by paying lower wages**. Security and cleaning crews are often hired **on a temporary basis**. They are not protected **by the same rules** as full-time, regular workers, so they receive fewer benefits as well as lower wages. Their employers also cut their bonuses and holiday time **to save** money.

⇨ Temporary workers have the disadvantages of __________ __________ and __________ __________. In addition, their companies reduce their bonuses and __________ __________ to cut costs.

---

1 take place 일어나다, 발생하다　absorb 흡수하다　carbon dioxide 이산화탄소　marine 해양의　surface 표면　consequence 결과　emission 배출　문제 crucial 중요한

2 section 부분　limb 팔다리　wrist 손목　ankle 발목　muscle 근육　promote 촉진하다

3 purchase 구매하다　obtain 획득하다　ownership 소유권　electronics 전자 공학; *전자 제품　possess 소유하다　refer to A as B A를 B라고 일컫다　문제 complete 완벽한; *완전한

4 defeat 패배시키다, 물리치다　native 태어난 곳의, 토착의　toxic 유독성의　acid 산　rely on ~에 의존하다　scent 향기, 냄새　distinguish 구별하다　disguise 변장하다　문제 sneak up 몰래 다가가다　drop in 잠깐 들르다　look down on ~을 얕보다

5 hire 고용하다　temporary 임시의　cut 자르다; *(비용 등을) 삭감하다, 줄이다　wage 임금　crew 직원　benefit 이익, 혜택　employer 고용주　문제 disadvantage 불리한 점; *불이익

UNIT 08

수능독해

1

다음 글의 제목으로 가장 적절한 것은?

What is the most effective way to fight stress? **As a general rule**, the harder we fight, the more stressed we become. That's why many people in the Netherlands believe the best strategy is to do nothing. This is known as *niksen*. In the Dutch language, *niksen* simply means "to be idle." **Instead of constantly thinking** about what needs to be done next, people who practice *niksen* take time to enjoy doing nothing. They may listen to music or just stare out the window for a while. Practicing *niksen* regularly is a useful way to stay mentally healthy. It allows your brain to relax and recover from the stress it experiences daily. *Niksen* also helps people become more creative. When we are doing nothing, the brain has time to process information uninterrupted and may come up with new ideas.

① The Benefits of Being Idle
② The Dark Side of Creativity
③ A Dutch Epidemic of Stress
④ Niksen: Focus on the Future
⑤ Identifying the Causes of Stress

2

글의 흐름으로 보아, 주어진 문장이 들어가기에 가장 적절한 곳은?

> Likewise, different spatial metaphors exist **to describe time**, with Mandarin speakers using a vertical orientation and English speakers using terms associated with a horizontal aspect.

The concept that our perception of the world is influenced **by language** is known as linguistic determinism. Our thoughts and actions are indeed influenced by language. (①) For example, our language has an effect on how we categorize and identify events. (②) Furthermore, it impacts how we navigate **through space and time**. (③) One instance of linguistic determinism is demonstrated **in the different ways** in which colors are perceived by speakers of different languages. (④) Speakers of languages with separate words for light and dark blue, like Russian, can distinguish between these two colors more quickly than those whose language does not have this differentiation. (⑤) The degree of linguistic determination's effect may be disputed **by some researchers**, but many studies have provided support for the idea that language does subtly shape the way that people understand their world.

정답 및 해설 p.35

3

(A), (B), (C)의 각 네모 안에서 어법에 맞는 표현으로 가장 적절한 것은?

Because of the way goats eat, large amounts of sand are the usual accompaniment **to a meal of grass and other plants**. Despite this, goats' teeth don't seem (A) [wear / to wear] down. Researchers decided to find out why. Using CT scans, they discovered that the sand collects **in the goats' lower stomachs** rather than being evenly distributed. This is important because goats have four stomach sections. Large chunks of food end up in the upper stomach, (B) [which / where] they are expelled back up into the mouth **to be chewed** again. Smaller pieces, on the other hand, go straight to the lower stomachs **to be digested**. Therefore, the sand is not brought back up **for rechewing**. The researchers believe the upper stomach "washes" the sand away, (C) [saving / saved] the goat's teeth from wear.

	(A)		(B)		(C)
①	wear	······	which	······	saving
②	wear	······	which	······	saved
③	to wear	······	which	······	saving
④	to wear	······	where	······	saved
⑤	to wear	······	where	······	saving

---

1 strategy 전략 idle 게으른, 나태한; *빈둥거리는 constantly 끊임없이 practice 연습하다; *실천하다 stare 빤히 쳐다보다, 응시하다 regularly 규칙적으로 mentally 정신적으로 recover 회복되다 uninterrupted 중단되지 않는 문제 epidemic 유행병; *급속한 확산 identify 확인하다

2 spatial 공간적인 metaphor 비유 vertical 수직적인 orientation 방향 horizontal 수평적인 categorize ~을 분류하다 navigate 탐색하다 perceive 인지하다 separate 구별된, 개개의 distinguish 구별하다 differentiation 구별, 구분 subtly 미묘하게

3 accompaniment 반주; *반찬 wear down 마모되다 distribute 분배하다; *나누어 퍼뜨리다 chunk 덩어리 expel 내쫓다 digest 소화하다

4

다음 빈칸에 들어갈 말로 가장 적절한 것은?

Approximately 200,000 years ago, a flock of white-throated rails from Madagascar flew across the ocean to a remote island and settled there. Because the island had plenty of food and no predators, they no longer had a need to fly. Over time, these birds evolved **to become flightless**, **only to be wiped out by a flood about 136,000 years ago**. New research on fossils taken from the island shows that after the flooding ended, a second flock of white-throated rails flew to the island. Like the previous flock, they eventually lost their ability to fly. This is a rare example of a phenomenon called iterative evolution, in which species or subspecies that are nearly identical ________________________.

* white-throated rail: 흰멱뜸부기 ** iterative evolution: 반복 진화

① migrate from place to place in a similar pattern
② evolve from the same ancestor at different times
③ go extinct from the same type of natural disaster
④ compete for a habitat that offers ideal conditions
⑤ lose the ability to protect themselves from predators

5

다음 글에서 필자가 주장하는 바로 가장 적절한 것은?

It is common to find yourself in situations in which you feel you have to quickly come up with a fake excuse **to get** out of something you don't want to do. Maybe you're invited **to a coworker's party** and just don't have the time. Or your boss asks if you'll volunteer to work **on Saturday** when you know you don't need to. So out come the excuses. "I can't! I have a family funeral to go to." Or, "I'm having a tooth pulled that day. Sorry." The next time you find yourself in this kind of situation and are getting ready **to make** up a fake excuse, stop. There's no need to justify why you can't make it or to adjust your schedule **to accommodate** someone else's. You don't have to say "yes," but you don't have to lie either.

① 자신과의 약속을 철저히 지켜라.
② 좋은 제안은 상대보다 먼저 하라.
③ 주위 사람을 적으로 만들지 말라.
④ 다른 사람의 부탁을 중요하게 여겨라.
⑤ 하기 싫은 일에 대해서 핑계 없이 거절하라.

6

(A), (B), (C)의 각 네모 안에서 문맥에 맞는 낱말로 가장 적절한 것은?

Sometimes an object's shape is as important as the material it is made of. Have you ever tried squeezing the ends of an egg **between the palms of your hands**? It doesn't break! If you squeeze it **in the middle**, though, you'll end up **with a mess on your hands**. The reason for this is the egg's special shape, which minimizes strain by (A) [distorting / distributing] weight evenly around the shell. You may have noticed that eggs are never stored (B) [horizontally / vertically]. Rather, cartons are designed so that the ends of the eggs always point up. And when hens incubate their eggs, the eggs are positioned **in the same way**, with their narrower end pointing upwards. **Thanks to this design**, hens can sit on their eggs **without breaking them**. So while eggshells are fragile, their special shape makes them (C) [strong / weak] in certain conditions.

	(A)		(B)		(C)
①	distorting	……	horizontally	……	strong
②	distorting	……	vertically	……	strong
③	distributing	……	horizontally	……	weak
④	distributing	……	vertically	……	weak
⑤	distributing	……	horizontally	……	strong

---

4 approximately 대략, 거의 flock 떼, 무리 remote 외진, 외딴 settle (분쟁 등을) 해결하다; *정착하다 evolve 진화하다 flightless 날지 못하는 wipe out ~을 완전히 파괴하다, 없애버리다 fossil 화석 previous 이전의 rare 드문, 희귀한 phenomenon 현상 subspecies 변종, 아종 identical 동일한, 똑같은 문제 migrate 이동하다 ancestor 조상, 선조 extinct 멸종된, 사라진 disaster 재해, 재난 habitat 서식지

5 excuse 용서하다; *변명 coworker 동료 volunteer 자원 봉사자; *자원하다 funeral 장례식 make up ~을 꾸미다, 지어내다 justify 정당화하다 adjust 조정하다 accommodate 공간을 제공하다, 수용하다; *(환경 등에) 맞추다

6 material 재료 squeeze 꽉 짜다[쥐다] minimize 최소화하다 strain 부담; *압력 evenly 고르게, 균등하게 shell (달걀 · 견과류 등의 딱딱한) 껍데기[껍질] carton 갑[통], 상자 point 가리키다; *(특정 방향으로) 향하다 incubate (알을) 품다 eggshell 달걀 껍질 fragile 부서지기 쉬운

UNIT 08
REVIEW TEST

정답 및 해설 p.38

A 다음 중 어법상 옳은 표현을 고르시오.

1 "To boost" means to lift or raise by (push / pushing) from behind or below.

2 Two men were needed (to / for) operate the machine.

3 I am writing to (congratulate / congratulating) you on your excellent performance in the contest.

4 People are killing whales (not to / without) considering what future consequences this will have.

B 주어진 우리말과 같은 뜻이 되도록 괄호 안의 단어들을 바르게 배열하여 문장을 완성하시오.

1 당신은 중간고사에서의 성적에 만족합니까?
(satisfied, you, with, on, your score, the midterm test, are)
→ ______________________________?

2 그 돈은 아프리카에 더 많은 학교를 짓는 데 사용되었다.
(in Africa, to build, more schools, was, the money, used)
→ ______________________________.

C 주어진 우리말과 같은 뜻이 되도록 괄호 안의 단어들을 한 번씩만 사용하여 아래 빈칸을 완성하시오. (단, 필요한 경우 단어를 추가하거나 주어진 단어를 변형하시오.)

1 나는 동네 도서관에서 3일간 봉사활동을 했다.
(three days, the local library, volunteer, at)
→ I ________ ______________ ______________.
S V 부사적 수식어구 (장소) 부사적 수식어구 (시간)

2 지난 10년간 당신과 함께 일해서 좋습니다.
(to have worked with, the last 10 years, happy)
→ I ________ ________ ______________ ______________.
S V S.C. 부사적 수식어구 부사적 수식어구 (시간)

부사적 수식어구 2 문맥을 통해 분사구문의 의미를 파악하라!

분사구문 분사구문은 「접속사+주어+동사」의 부사절을 분사가 이끄는 부사구로 나타낸 구문이며, 주절을 수식한다. 문맥에 따라 〈이유·시간·양보·조건·부대상황(동시동작/연속동작)〉 등으로 해석할 수 있다.

분사구문 만드는 방법 As I was tired, I went to bed early. 나는 피곤했기 때문에, 일찍 잠자리에 들었다.

① 접속사를 지운다.

→ ~~As~~ I was tired, I went to bed early.

② 부사절과 주절의 주어가 같으면 부사절의 주어를 지우고, 같지 않을 경우 그대로 둔다.

→ ~~As I~~ was tired, I went to bed early.

③ 주절과 시제가 같을 때 부사절의 동사를 현재분사(v-ing)의 형태로 바꾼다. 주절보다 시제가 앞서는 경우 완료형인 having v-ed의 형태로 바꾼다. 이때, being과 having been은 생략할 수 있다.

→ (Being) Tired, I went to bed early.

UNIT 09

01 분사구문 해석하기

구문 전략

Having no money with me, I can't help you.
→ **Because** I have no money with me, I can't help you.
나는 가진 돈이 없기 때문에 너를 도와줄 수 없다.

- 접속사와 주어가 생략된 분사구문을 의미상 하나의 절로 이해한다.
- 분사구문과 주절의 내용을 자연스럽게 연결하는 접속사를 생각해 본다. 접속사는 대개 생략하지만, 분사구문이 나타내는 뜻을 명확히 하기 위해 밝히는 경우도 있다.
- 과거분사로 시작하는 경우, 분사 앞에 being이 생략된 형태이므로 수동의 의미로 해석한다.

EXERCISE 빈칸에 들어갈 가장 알맞은 접속사를 고르시오.

정답 및 해설 p.38

1 Hearing the news, she turned pale with fright.
→ ___________ she heard the news, she turned pale with fright.
① Even if ② When ③ Unless

2 Turning to the right, you will find the house.
→ ___________ you turn to the right, you will find the house.
① Even though ② If ③ Since

3 Knowing the risks, she went into the jungle anyway.
→ ___________ she knew the risks, she went into the jungle anyway.
① As ② When ③ Although

4 Wounded in the legs, she could not walk.
→ ___________ she was wounded in the legs, she could not walk.
① Because ② While ③ Though

5 Traveling by train, you're not required to wear a seat belt.
→ ___________ you travel by train, you're not required to wear a seat belt.
① Since ② Because ③ When

GRAMMAR TIP

Q1 완료형 분사구문이란 무엇인가요?
A1 주절의 시제보다 이전에 일어난 일을 나타내며 「having v-ed」의 형태로 써요.
Having finished lunch, we went shopping. (→ *After we had finished* lunch, we went shopping.)

Q2 분사구문의 부정은 어떻게 표현하나요?
A2 분사 바로 앞에 not이나 never를 붙이면 돼요.
Not knowing what to say, I remained silent. (→ *Since I didn't know* what to say, I remained silent.)

UNIT 09
02

부대상황을 나타내는 분사구문

구문 전략

- 동시동작 / 연속동작의 부대상황
  가장 빈번히 사용되는 분사구문으로 동시에 일어나고 있는 동작이나 상황을 나타내거나 동작이나 사건이 잇따라 일어나는 연속동작의 의미를 나타낸다.
  Smiling brightly, she extended her hand. 밝게 웃으면서 그녀는 손을 내밀었다. 〈동시동작〉
  We started our trip in the morning, **arriving** in Seoul at noon.
  우리는 아침에 여행을 시작해서 정오에 서울에 도착했다. 〈연속동작〉
- 「with+목적어+현재분사[과거분사]」
  '~을[이] 하는[된] 채로, ~을[이] …하며[되어]'의 의미이며, 이때 분사 앞의 목적어가 의미상 주어이다. 목적어와 분사가 능동의 관계이면 현재분사를 수동의 관계이면 과거분사를 쓴다.
  She stood there **with her hair blowing in the wind.**
  머리카락이 바람에 날리며 그녀는 그곳에 서 있었다. 〈능동〉
  He was sitting **with his head tilted back.** 그는 고개가 뒤로 젖혀진 채 앉아 있었다. 〈수동〉

EXERCISE 밑줄 친 부분에 유의하여 문장을 해석하시오. 정답 및 해설 p.38

보기 He walked out of the room, singing a song.
그는 노래를 부르며 방에서 걸어 나갔다.

1 He was reading a book, his wife knitting beside him.

2 They supported him, saying that he was right.

3 I snored during class, making everyone laugh.

4 Chloe sat on the sofa with her cat sleeping on her lap.

5 She was talking to her son with her arms crossed.

6 Drinking coffee at a cafe, they talked about their vacation plans.

GRAMMAR TIP

Q 분사구문의 의미상 주어와 주절의 주어가 서로 다른 경우에는 어떻게 하나요?

A 분사구문의 주어가 주절의 주어와 다른 경우 주어를 생략하지 않고 그대로 남겨 두는데, 이런 구문을 **독립분사구문**이라고 해요.
It being sunny, we went for a walk. (It ≠ we)
분사구문의 의미상 주어가 막연한 일반인(we, you, they, people)일 경우에는 주어를 생략하기도 하는데, 이런 구문을 **비인칭 독립분사구문**이라고 해요.

- generally speaking: 일반적으로 말하면
- judging from ~: ~로 판단하건대
- supposing that ~: ~라고 가정하면
- considering: ~을 고려하면

UNIT 09

단문독해

1

①~③ 중, 다음 글에 묘사된 Alaska의 분위기로 가장 적절한 것을 고르시오.

Alaska is one of the few places where people can experience untouched wilderness and escape from hectic daily life. The icy cold air is energizing, and the sight of a star-filled sky cannot be expressed with words. Alaska's beauty is such that visiting it is a humbling experience, **making one feel small and insignificant in the best possible way**. Free from the distractions of light pollution from the city, the darkness of Alaska's wilderness is deep and endless. **Sitting alone on a dock**, one can enjoy the surrounding calmness without being hindered by life's responsibilities. With vast stretches of uninhabited land, Alaska makes it possible to discover a clear mind and a hopeful heart.

* dock: 부두

① dull ② dynamic ③ peaceful

2

①~③ 중, 빈칸에 들어갈 말로 가장 적절한 것을 고르시오.

In 1968, the Apollo 8 mission carried humans to the moon for the first time. Bill Anders, the mission's photographer, took a picture now called "Earthrise." The photograph, **showing Earth rising over the moon**, was stunning. **Hanging in a shadow and suspended in the middle of nothing**, Earth seems as small as a Christmas tree ornament. When people looked at this photograph, they saw their planet as __________ for the first time. Rather than seeing a collection of continents and oceans, they viewed it as a single thing.

① a whole world ② an alien place ③ a strange shape

3

필자의 가족이 zero-waste lifestyle을 위해 시행한 것을 우리말로 쓰시오.

Moving to a new city, a family got rid of 80% of their possessions. But instead of missing them, the family felt free for the first time. Soon, they wondered if they could take the idea even further. **After learning about the impact garbage has on the environment and why it is so important that we reduce it**, they decided on a zero-waste lifestyle. They stopped buying products with plastic packaging and used reusable containers instead. It was a great success. In one whole year, the entire family produced so little trash that it could fit in a single jar.

4 밑줄 친 it이 가리키는 내용을 다음 글에 있는 그대로 찾아 연속된 9단어로 쓰시오.

Whether it's two friends chatting together or a stranger asking directions on the street, talking to someone with your hands in your pockets is common in America. **Generally speaking**, this is a way to show you are at ease. In Korea, though, it is likely to be considered rude, especially if you are speaking to an older person. They may assume you are showing disrespect or don't care about what they are saying.

5 밑줄 친 sound journey에서 참가자들이 하는 활동이 무엇인지 우리말로 쓰시오.

Rachel Cohen is a talented musician, and she uses her skills to help children with ADD. To help them prepare to learn, she takes them on what she calls a "sound journey." The children all lie down on the floor **with their eyes closed** and listen to the sounds of the music she plays. She believes that when the children concentrate on the music, they become much calmer. Later, this experience helps them focus better on their schoolwork.

* ADD(attention deficit disorder): 주의력 결핍 장애

---

1 untouched 손닿지 않은 wilderness 황야 hectic 바쁜, 번잡한 energizing 활기를 불어넣는 humbling 겸손한 insignificant 사소한, 중요하지 않은 distraction 방해 hinder 방해하다 vast 광활한 uninhabited 사람이 거주하지 않는
2 mission 임무 stunning 굉장히 아름다운; 깜짝 놀랄 shadow 그림자; *어둠 suspend 매달다, 걸다 ornament 장식품 collection 수집품; *무리, 더미 continent 대륙 single 단 하나의 문제 alien 생경한
3 possession 《pl.》 소유물, 소지품 have an impact on ~에 영향을 주다 garbage 쓰레기 packaging 포장재; *포장 reusable 재사용할 수 있는 container 그릇, 용기 entire 전체의
4 direction 방향[쪽]; *《pl.》 지시, 길 안내 at ease 마음이 편안한 rude 무례한 assume 가정하다, 추측하다 disrespect 무례, 결례
5 talented 재능 있는 prepare 준비하다 lie 눕다 concentrate on ~에 집중하다 schoolwork 학업

UNIT 09

수능독해

1

다음 글의 내용과 일치하지 않는 것은?

French sociologist Émile Durkheim and German sociologist Max Weber held opposing views of society reflecting their unique sociological perspectives. Durkheim stressed the significance of social institutions and the public good. He argued that society was more important than individuals, **advocating for moral education to counter increasing individualism**. He believed that human behavior should be driven by a focus on collective societal benefits, **with people seeking** outcomes that help everyone. Conversely, while Weber did acknowledge the function of social structures, he emphasized the individuality. He believed that society was shaped by the values of individuals. Weber recognized that modernization had caused an increase in individualism, **leading to a fragmented social order**. His work also explored the impact of authority, **highlighting different forms of authority and their impact on social cohesion**. We can gain insight into the intricate workings of our society, **with Durkheim emphasizing** society at the institutional level, and **Weber highlighting** the role of individuals.

① Durkheim과 Weber는 사회에 대한 상반된 견해를 가지고 있었다.
② Durkheim은 개인주의에 대항하기 위해 도덕 교육을 옹호했다.
③ Weber는 사회 구조의 기능을 인정했으나 개인의 주체성을 강조했다.
④ Weber는 개인주의의 증가가 분열된 사회 질서로 이어졌다고 인식했다.
⑤ Durkheim은 개인의 역할을 강조했으나 Weber는 제도적 차원에서 사회를 강조했다.

2

다음 글의 밑줄 친 부분 중, 어법상 틀린 것은?

The quill pen was a writing instrument ① that remained in use for a long period of time. ② Introducing some time around 700 AD, this pen was made from the quill of a feather, which was pulled from the left wing of a bird. It was important ③ to use a quill from the left wing because this meant that the feather would curve over the back of the hand **when used by right-handed writers**. Most quills were taken from geese, but those of the swan were ④ more highly prized, **being scarce and thus expensive**. If the goal was to make fine line drawings, however, crow quills offered the best results, followed by ⑤ those of the eagle, owl, and hawk.

* quill: (날개 · 꼬리 등의 단단한) 깃

3

주어진 글 다음에 이어질 글의 순서로 가장 적절한 것은?

> There's a big difference between a patent and a trademark, but most people don't know what it is.

(A) **Aware of the power of trademarks to promote their products**, companies work very hard to protect them and keep other businesses from using them without permission.

(B) On the other hand, trademarks are names or symbols that are used to identify products and give them a distinct identity in the minds of consumers. Kleenex and Jell-O are examples of trademarks, as is the lion's head that represents MGM Pictures.

(C) **Typically granted for a period of 17 years**, patents protect both a product's name and the method for manufacturing it. For instance, the electric razor was patented in 1928 by inventor Jacob Schick. He did this so he could have complete control over his creation.

① (A)–(C)–(B)
② (B)–(A)–(C)
③ (B)–(C)–(A)
④ (C)–(A)–(B)
⑤ (C)–(B)–(A)

---

1 opposing 상반된, 반대되는 stress 강조하다 significance 중요 institution 제도 public good 공익 advocate 옹호하다 counter 대항하다 modernization 현대화 fragmented 분열된 cohesion 결속력 intricate 복잡한

2 instrument 도구 curve 곡선을 이루다; *구부러지다 highly 매우 prized 가치 있는, 소중한 scarce 부족한, 드문 fine 좋은; *(선 등이) 가는 crow 까마귀 hawk 매

3 patent 특허; ~의 특허를 얻다 trademark 상표 promote (판매를) 촉진하다 permission 허가 identify 식별하다 distinct 뚜렷한, 분명한 identity 신원, 정체; *정체성 represent 대표하다; *상징하다 grant 주다; *인정하다 manufacture 제조하다 razor 면도기 control 지배(권), 감독(권)

4

다음 글에 드러난 'he'의 심경 변화로 가장 적절한 것은?

A fisherman was coming back home for the night, **rowing his boat up the river**. **Exhausted**, he set down the oars for a moment and lay down on the bottom of the boat, **looking up at the sky**. The moon was so bright that he had to close his eyes halfway to look at it. After a few seconds, he felt himself nodding off. The night was quiet and the breeze calm, so he decided to throw the anchor overboard and rest. Everything was still. But before long, his boat began gliding back and forth, faster and faster, **first touching one bank and then the other**. It felt as if some powerful creature was beneath him, **trying to pull him and his boat under the water**.

① thrilled → confused
② delighted → annoyed
③ tired → frightened
④ upset → confident
⑤ appreciated → embarrassed

5

글의 흐름으로 보아, 주어진 문장이 들어가기에 가장 적절한 곳은?

However, this experience can be much more complicated for adopted teens.

It is normal for teens to go through a process of self-discovery during adolescence, **figuring out what kind of person they are and who they want to become**. (①) Such a journey is difficult for anyone to make, **requiring a lot of time and effort**. (②) This is because, **being teens**, they are curious about where they came from and thus want to learn more about their birth parents. (③) The biggest question they long to ask is why they were given up for adoption in the first place. (④) They seek the answer to this question not because they resent their adoptive family, but simply because they need to know. (⑤) Such curiosity is natural for anyone who desires to fully understand themselves.

6 다음 글의 내용을 한 문장으로 요약하고자 한다. 빈칸 (A), (B)에 들어갈 말로 가장 적절한 것은?

There are many animals whose skin is similar in color to their natural surroundings, which helps them blend in and remain hidden. Others, however, have brilliantly colored skin, **with deep yellows, oranges, and pinks covering** their bodies. This noticeable coloration is a warning to predators that these animals are poisonous. If predators attempt to eat these creatures, they will get a terrible taste in their mouth or even get sick and die. Interestingly, there are certain species that have evolved skin colors closely imitating those of poisonous animals, even though they themselves are not toxic. This strategy proves effective at fooling potential attackers. Since predators avoid eating brightly colored animals, **assuming they are poisonous**, the imitators are able to escape being killed.

⇩

Predators ____(A)____ prey with bright coloration, even though some such animals are merely imitating the appearance of truly ____(B)____ species.

	(A)		(B)
①	avoid	······	violent
②	avoid	······	poisonous
③	avoid	······	harmless
④	mimic	······	poisonous
⑤	mimic	······	violent

---

4 row (노를) 젓다 exhausted 기진맥진한 oar 노 nod off 깜빡 졸다 breeze 산들바람 anchor 닻 overboard 배 밖으로, (배 밖의) 물속으로 still 조용한, 고요한 glide 미끄러지듯 가다 bank 둑, 제방 beneath 아래[밑]에 문제 confused 혼란스러워 하는 delighted 아주 기뻐하는 annoyed 짜증이 난 embarrassed 당황한

5 complicated 복잡한 adopt 입양하다(*n.* adoption *a.* adoptive) go through 겪다, 경험하다 self-discovery 자기 발견 adolescence 사춘기 figure out ~을 이해하다 long 긴; *간절히 바라다 give up for adoption ~을 입양 보내다 in the first place 먼저 resent 분노하다, 원망하다 curiosity 호기심 desire 바라다, 원하다

6 blend in (주위 환경에) 섞여들다 brilliantly 찬란히, 번쩍번쩍하게 noticeable 뚜렷한 coloration (생물의) 천연색 poisonous 독성이 있는 species 종(種) evolve 진화시키다 imitate 모방하다, 흉내 내다 toxic 독성이 있는 prove 증명하다; *(~임이) 입증되다 potential 잠재적인 문제 merely 단지 mimic 흉내를 내다

UNIT 09 REVIEW TEST

정답 및 해설 p.42

A 다음 중 어법상 옳은 표현을 고르시오.

1 She was standing alone, with her fingers (tapping / tapped) at the window.

2 She fell asleep with all the lights (turning / turned) on.

3 She was running with her hair (waving / waved) in the wind.

4 He went out for a walk with his dog (following / followed) him.

5 She was sitting on the bench with her eyes (closing / closed).

6 He stood still, with his eyes (fixing / fixed) on something in the shadows.

B 주어진 우리말과 같은 뜻이 되도록 괄호 안의 단어들을 바르게 배열하여 문장을 완성하시오.

1 교실에 들어갔을 때 나는 두 학생이 거기에서 공부하고 있는 것을 발견했다.
(found, were, entering, the classroom, two students, studying there)
→ ______________________, I ______________________.

2 비가 내리기 시작해서 우리는 집에 있어야만 했다.
(had to, the rain, beginning, stay home, to fall)
→ ______________________, we ______________________.

C 주어진 우리말과 같은 뜻이 되도록 괄호 안의 단어들을 한 번씩만 사용하여 아래 빈칸을 완성하시오. (단, 필요한 경우 단어를 추가하거나 주어진 단어를 변형하시오.)

1 다른 조건들이 같다면 이 원리는 여전히 타당하다.
(true, all other conditions, equal, this principle, remain)
→ ______________________ (부사적 수식어구 (분사구문)), ____________ (S) ____________ (V) ____________ (S.C.).

2 그의 억양으로 판단하건대, 그는 다른 나라 출신임이 틀림없다.
(judging from, from another country, must be, accent)
→ ______________________ (부사적 수식어구 (분사구문)), ____________ (S) ____________ (V) ____________ (S.C.).

UNIT 10

동사의 바른 해석 1

가정법의 의미를 파악하고 조동사의 쓰임을 구별하라!

가정법 가정법은 어떤 일을 가정하여 가상의 일을 진술할 때의 동사 형태를 말한다.

① 가정법 과거: 현재의 사실과 반대되는 일이나 실현 가능성이 희박한 일을 가정

② 가정법 과거완료: 과거의 사실과 반대되는 일이나 실현하지 못한 일을 가정

③ should / were to 가정법: 미래 실현 가능성이 희박하거나 불가능한 일을 가정

④ 혼합 가정법: 과거에 실현되지 못한 일이 현재에 영향을 미칠 때, 과거 일과 현재 사실을 반대로 가정

조동사

can	〈가능〉 You **can** get it if you really want it.	네가 정말 원하면 그것을 얻을 수 있다.
	〈허가〉 **Can** I talk to you for a minute?	잠시 너와 이야기할 수 있을까?
	〈추측〉 The results **can** be dangerous.	그 결과는 위험할 수도 있다.
could	〈can의 과거〉 I **could** dance at that time.	나는 그때 춤을 출 수 있었다.
	〈약한 추측〉 There **could** be snow tomorrow.	내일 눈이 올 수도 있다.
will	〈미래〉 Tomorrow **will** be better.	내일은 더 나을 것이다.
	〈의지〉 I **will** make this project perfect.	나는 이 프로젝트를 완벽하게 만들겠다.
would	〈will의 과거〉 I knew that she **would** come.	나는 그녀가 올 것을 알았다.
	〈과거의 습관〉 He **would** often daydream.	그는 종종 공상에 잠기곤 했다.
shall	〈허가 · 의지 · 제안〉 **Shall** we dance?	우리 춤출까요?
should	〈의무 · 충고〉 You **should** remember this number.	너는 이 숫자를 기억해야 한다.
may	〈허가〉 You **may** come if you wish.	네가 원한다면 와도 좋다.
	〈약한 추측〉 She **may** call you.	그녀가 네게 전화할 수도 있다.
might	〈허가〉 **Might** I use your cell phone?	네 휴대전화를 써도 될까?
	〈약한 추측〉 It **might** be wrong.	그것은 틀릴지도 모른다.
must	〈강한 의무〉 You **must** realize it.	너는 그것을 깨달아야만 한다.
	〈강한 추측〉 It **must** be raining outside.	밖에 비가 오고 있음이 틀림없다.

UNIT 10

01 가정법

구문 전략

- 가정법 과거: 「If+S+동사의 과거형, S+조동사의 과거형+동사원형」
  If I **were** you, I **would take** the opportunity. 내가 너라면, 나는 그 기회를 잡을 것이다.
- 가정법 과거완료: 「If+S+had v-ed, S+조동사의 과거형+have v-ed」
  If he **had been** more thoughtful, he **could have avoided** the problem.
  그가 좀 더 사려 깊었다면, 그 문제를 피할 수 있었을 텐데.
- should / were to 가정법: 「If+S+should+동사원형, S+조동사(의 과거형)+동사원형」 / 「If+S+were to+동사원형, S+조동사의 과거형+동사원형」
  If you **should find** a four-leaf clover, something lucky **will happen**.
  당신이 네잎 클로버를 발견한다면 운이 좋은 일이 일어날 것이다.
  If the sun **were to rise** in the west, I **would** not **change** my mind.
  해가 서쪽에서 뜬다고 해도, 나는 내 마음을 바꾸지 않을 것이다.
- 혼합 가정법: 「If+S+had v-ed, S+조동사의 과거형+동사원형」
  If I **had** not **broken** my leg, I **would be** skiing there now.
  내가 다리를 다치지 않았었다면, 나는 지금 그곳에서 스키를 타고 있을 텐데.

EXERCISE 다음 가정법 문장에 유의하여 질문에 해당하는 답을 고르시오.

정답 및 해설 p.42

1 If my car weren't small, it could carry more people.
ⓐ Is my car small? [Yes / No] ⓑ Can it carry more people? [Yes / No]

2 If I hadn't had the accident yesterday, I would have visited her.
ⓐ Did I have an accident yesterday? [Yes / No] ⓑ Did I visit her? [Yes / No]

3 If he hadn't saved her then, she would not be alive now.
ⓐ Did he save her? [Yes / No] ⓑ Is she alive now? [Yes / No]

4 Without his help, I could never have finished the project.
ⓐ Did he help me? [Yes / No] ⓑ Did I finish the project? [Yes / No]

GRAMMAR TIP

Q 가정법은 꼭 if와 함께 쓰이나요?
A 아니요. I wish, as if[though], Without[But for] 등 if가 없는 문장에도 가정법이 쓰여요.

I wish I could help you. 내가 너를 도울 수 있으면 좋을 텐데.
They spoke **as if** they **were** college students. 그들은 마치 대학생인 것처럼 말했다.
Without you, **I couldn't have succeeded**. 네가 없었다면, 나는 성공하지 못했을 것이다.
Had I had more money, **I could have bought** it. (← If I had had more money, ...)
내가 돈이 좀 더 많았다면, 나는 그것을 살 수 있었을 텐데.

UNIT 10 02 주요 조동사 표현

구문 전략

- 조동사의 관용 표현

「cannot help v-ing」 ~하지 않을 수 없다 (= cannot but+동사원형)
「may[might] well」 ~하는 것도 당연하다 「may[might] as well」 ~하는 편이 낫다
「would like to-v」 ~하고 싶다 「would rather ~ (than …)」 (…하느니) 차라리 ~하겠다

- 「조동사+have v-ed」의 의미

「cannot have v-ed」 ~이었을 리가 없다 「must have v-ed」 ~했[이]었음이 틀림없다
「should have v-ed」 ~했어야 했는데 (하지 않았다) 「may have v-ed」 ~했을지도 모른다
「would have v-ed」 ~했을 텐데 「could have v-ed」 ~할 수 있었을 텐데

- 조동사와 유사한 쓰임을 가진 표현

「have to-v」 ~해야 한다 「be going to-v」 ~할 것이다 「ought to-v」 ~해야 한다
「used to-v」 ~하곤 했다 「had better+동사원형」 ~하는 편이 낫다

EXERCISE 밑줄 친 조동사 표현에 유의하여 문장을 해석하시오.

정답 및 해설 p.42

1 She may well be proud of her son, who is both kind and talented.

2 I can't help changing the schedule due to the bad weather.

3 I should have attended the meeting yesterday.

4 I would rather hurt myself than ever make you cry.

5 Would you like to leave a message?

6 The traffic is too heavy. We had better use the subway.

7 We might as well stay longer since it is raining.

8 I used to get information from the newspaper, but now I read the news online.

GRAMMAR TIP

Q 조동사 뒤에는 동사원형만 오나요?

A 네. can, must, shall, may, will 등의 조동사 뒤에는 주어의 인칭에 관계없이 항상 동사원형이 쓰여요.
She can't **expect** more. (○) She can't expects more. (X)
과거에 대한 추측, 유감 등을 표현하기 위해 「조동사+have v-ed」를 쓰는 것도 바로 이런 이유에서랍니다.
I should **have told** the truth. (○) I should told the truth. (X)

UNIT 10

단문독해

1

대학 생활에서 활동적으로 되기 위한 노력으로 필자가 제시한 구체적인 방법을 우리말로 쓰시오.

If people **underwent** the adjustment to life as a new college student, it **could be** challenging. One common mistake **would be** withdrawing to your room to avoid social situations. However, it is not a good strategy to wait for others to seek them out. Instead, they **should** make an effort to be active in college life. Rather than staying in their room, they **should** introduce themselves to others in their residence hall, initiate conversations, and reach out to students who seem to be alone. There are plenty of groups on campus for new students to join, and doing so helps them to avoid isolation and meet new people.

2

빈칸에 들어갈 적절한 말을 다음 글에 있는 그대로 찾아 각각 서로 다른 1단어로 쓰시오.

It is believed that humans' earliest ancestors **used to** live in trees and walk on both their arms and legs. However, they later began to walk upright on only their legs due to a change in terrain. This **may have begun** in eastern and southern Africa. The rocky landscape was likely beneficial to our ancestors, as it gave them shelter and opportunities to trap the animals they used for food. At the same time, it **would have required** an upright posture to easily scramble and climb over the broken ground.

⇨ The __________ in ancient times, which offered benefits in terms of finding __________ and trapping food, __________ our ancestors to walk on two legs.

3

빈칸에 들어갈 적절한 말을 다음 글에 있는 그대로 찾아 각각 서로 다른 1단어로 쓰시오.

Imagine a bat that is intelligent. It can hear, but it is confused when it sees humans dancing to music. That's because, unlike humans, bats can only hear one pitch. **If** this bat **were** able to hear different pitches, it **would know** what human hearing is like. However, it can't even imagine human hearing. In order to have a concept, one **must have experienced** it. After all, how **could** you **understand** happiness **if** you **had never been** happy?

⇨ Although bats can hear, they can't __________ human hearing because they haven't __________ it.

정답 및 해설 p.42

4

밑줄 친 <u>certain times</u>에 해당하는 네 가지를 다음 글에서 찾아 우리말로 쓰시오.

According to doctors, hand washing is very important, but few people know how to do it properly. Ideally, people **should** wash their hands eight times a day for about 30 seconds each time. Experts also indicate that there are <u>certain times</u> people **ought to** wash their hands: before touching a baby and after coughing, going outdoors, or coming into contact with things like money or animals.

5

다음 글에서 필자가 후회하고 있는 내용을 우리말로 쓰시오.

There are some important things I **wish** I **had known** when I first graduated from high school. **Had** I **known** them, I **might** never **have found** myself owing as much money as I do. My biggest problem was spending money without thinking carefully first. These days, however, I always pause and take a deep breath before I buy anything. This gives me time to stop myself from doing anything foolish. That really **would have been** useful when I was 19 years old.

---

1 undergo 겪다 adjustment 적응 withdraw 틀어박히다, 철수하다 residence hall 기숙사 initiate 시작하다 reach out 손을 내밀다, 연락하다 isolation 고립

2 ancestor 조상 upright 똑바른 terrain 지형 rocky 바위투성이의 landscape 풍경, 경치 beneficial 이로운 shelter 피신처 trap 덫; *덫으로 잡다 posture 자세 scramble 재빨리 움직이다 broken 깨진; *지형이 험한 <u>**문제**</u> in terms of ~의 측면에서

3 intelligent 총명한; *지능이 있는 confused 혼란스러워하는 pitch 음의 높이 hearing 청력, 청각 concept 개념 indirectly 간접적으로

4 properly 제대로 ideally 이상적으로 come into contact with ~와 접촉하다

5 graduate from ~을 졸업하다 owe 빚지고 있다 pause 잠시 멈추다 take a deep breath 심호흡하다

UNIT 10

수능독해

1

다음 글의 밑줄 친 부분 중, 어법상 틀린 것은?

One method in which individuals **can** signal loyalty is by closely identifying ① themselves with the person or thing to which they are loyal. This **could** be expressed in various ways, and the person **might** regard the object of their loyalty **as if** it **were** another part of themselves, ② displaying their actions and emotions **as if** the person or thing **were** intertwined with their identity. For instance, a spectator who **may** have loyalty to a certain sports team might feel proud when the team wins or ③ disappointed when it loses. The team is such a part of their identity that they **may** interpret its success or failure as their own, despite not ④ making any meaningful contribution to the outcome. This feeling of connection to the object of loyalty **might** be more than simple support through common rituals; it **could** be a strong bond ⑤ which the object of loyalty is fully incorporated into the person's identity.

2

tree kangaroos에 관한 다음 글의 내용과 일치하지 않는 것은?

The largest tree-dwelling animals found in Oceania are tree kangaroos, which in the wild **can** reach weights of up to 14 kilograms. Along with their unusual size, these creatures are notable for having an impressive digestive system. By analyzing their diet and the contents found in their stomachs, scientists have determined that tree kangaroos **can** consume food that **would** likely kill other animals. Although other animals possess digestive enzymes that help detoxify poisons in some of the foods they eat, tree kangaroos have an unusual tolerance for toxins that scientists do not fully understand. In the wild, it is believed they survive by eating mostly rainforest leaves, but captive tree kangaroos have been known to try eggs, insects, small birds, and other meat.

* enzyme: 효소

① 오세아니아에서 나무에 서식하는 가장 큰 동물이다.
② 최대 14킬로그램까지 무게가 나간다.
③ 독성에 강한 이유가 완전히 밝혀지지 않았다.
④ 야생에서 주로 곤충을 먹이로 삼는다.
⑤ 작은 조류나 다른 고기를 먹기도 한다.

정답 및 해설 p.44

3 다음 글의 제목으로 가장 적절한 것은?

Boredom once afforded us essential moments of reflection that helped make our lives more meaningful. For example, the long drive home from work after a frustrating day **could** offer us the chance to calm down. Feelings of homesickness experienced at the airport before a flight **might** remind us what truly matters in our life. Unfortunately, moments such as these are no longer empty time for thinking. We have filled them up with electronic gadgets and distractions. And we are too preoccupied with our smartphone games and text message alerts to realize what we are giving up — a part of our humanity. As human beings, our purpose is not merely survival. Boredom permits us to exit the external world so that we can reflect on an internal one.

① The Joy of Driving
② The Benefits of Boredom
③ What Makes Humans Special
④ Exploring One's Internal World
⑤ Information Technology and Family Lives

---

1 loyalty 충성심 be intertwined with ~와 밀접한 관련이 있다 spectator 관중 interpret 해석하다 contribution 기여 ritual 의식 절차 bond 유대감 be incorporated into ~에 통합되다

2 dwell 거주하다 up to (수·정도)까지 notable for ~로 유명한 impressive 인상적인 digestive 소화의 analyze 분석하다 determine 알아내다, 밝히다 consume 소모하다; *먹다, 섭취하다 detoxify 해독하다, 독성을 없애다 tolerance 관용; *내성 toxin 독소 captive 사로잡힌, 억류된

3 boredom 지루함 afford ~할 여유가 있다; *제공하다 essential 필수의, 가장 중요한 reflection 반사, 반영; *숙고 frustrating 불만스러운, 좌절감을 주는 homesickness 향수병 remind 상기시키다 electronic 전자의 gadget 간단한 기계 장치 distraction 집중을 방해하는 것; *오락거리 preoccupied 사로잡힌, 정신이 팔린 alert 경계 태세; *경보 humanity 인류, 인간; *인간성 merely 한낱, 그저, 단지 permit 허락하다 external 외부의 reflect on ~을 반성하다, 되돌아보다 internal 내부의

4

다음 글의 밑줄 친 부분 중, 문맥상 낱말의 쓰임이 적절하지 않은 것은?

The term *jamais vu* means "never seen" in French. In psychology, it refers to a feeling that something is ① unfamiliar even though it has been experienced many times before. It most commonly occurs when a person briefly ② fails to recognize a word that he or she already knows. Now, a researcher has found that *jamais vu* occurs when the brain becomes ③ fatigued. If a person focuses on a word for too long, his or her brain gets tired and the word begins to ④ maintain its meaning. In an experiment, he had subjects write the same word 30 times in 60 seconds. Afterward, 68% of the subjects reported that they had experienced *jamais vu*. One participant said she felt **as if** she **had been** spelling something else, while another reported that he **couldn't help doubting** that he was writing the ⑤ correct word.

* jamais vu: 미시감

5

다음 글의 요지로 가장 적절한 것은?

What if all the adults in our community **took** a direct interest in ensuring that every child in our community wasn't being abused? And **what if** our government **offered** a range of prevention programs? Along with helping individuals in need, these programs **could** focus on changing undesirable social behavior by educating the general public. **If** all this **happened**, it **would** likely result in an improved system. It **would** protect our children from abuse and neglect not just in their home environments but in every part of their lives. In the past, our child abuse prevention strategies focused on homes and families rather than communities and society as a whole. That, however, needs to change. Abuse prevention **should** move beyond the existing child welfare system and into the sectors of the everyday world where children spend much of their time.

① 아동 복지 프로그램을 위한 재정 지원이 시급하다.
② 모든 지역 자치 단체에 아동 복지 전문가가 필요하다.
③ 아동 학대는 절대적으로 막아야 할 반사회적 범죄이다.
④ 지역사회 구성원은 다양한 교육의 기회를 보장받아야 한다.
⑤ 아동 학대 예방 노력은 지역과 사회 차원으로 확대돼야 한다.

6

글의 흐름으로 보아, 주어진 문장이 들어가기에 가장 적절한 곳은?

Yet, in spite of this, some people have a critical view of PB products.

You **may have noticed** that products at some supermarkets are now labeled with the store's name. Such items without the names of familiar brands are known in Korea as PB products — private brand. These items are produced specially for the store and distributed by the store itself. (①) As a result, they don't require much advertising, since they're sold only to customers that shop at that specific store. (②) In addition, the supermarkets are supplied with PB products at a lower price because they **can** buy in bulk. (③) Together, these advantages result in products that are available to consumers at a lower cost. (④) They complain that competing companies have little choice but to produce low-cost, poor-quality goods that **can** compete with cheap PB products. (⑤) They believe that this reduces the options available to consumers in the long run.

---

4 term 용어, 말 psychology 심리학 refer to ~을 나타내다 briefly 잠시 recognize 알아보다, 인식하다 fatigued 피로한 maintain 유지하다 subject 주제; *실험 대상자 spell 철자를 말하다[쓰다] doubt 의심하다

5 ensure 반드시 ~하게 하다, 보장하다 abuse 학대하다; 학대 a range of 다양한 prevention 예방, 방지 undesirable 원하지 않는; *바람직하지 않은 result in (결과적으로) ~을 야기하다 neglect 방치 welfare 복지 sector 부문[분야]

6 in spite of ~에도 불구하고 critical 비판적인 label 표[라벨]; *라벨을 붙이다 private 사유의, 개인 소유의 distribute 분배하다, 유통시키다 advertising 광고 supply 공급하다 in bulk 대량으로 compete 경쟁하다, 겨루다 have little[no] choice but to-v ~할 수밖에 없다 option 선택(권) in the long run 결국에는

UNIT 10

REVIEW TEST

정답 및 해설 p.46

A

[ ] 안의 동사와 적절한 조동사를 함께 활용하여 주어진 우리말과 같은 뜻이 되도록 쓰시오.

1 Your grandmother ________________ [be] beautiful when she was young.
→ 네 할머니께서는 젊었을 때 미인이셨음이 틀림없어.

2 It ________________ [be] dangerous to throw away unwanted medicine.
→ 못 쓰는 약을 버리는 것은 위험할 수 있다.

3 If she had not been honest, I ________________ [not, employ] her.
→ 만약 그녀가 정직하지 않았더라면, 나는 그녀를 채용하지 않았을 것이다.

4 I ________________ [help, wonder] what she was doing.
→ 나는 그녀가 무엇을 하고 있는지를 궁금해하지 않을 수가 없었다.

5 He ________________ [be] angry. She made him wait for a long time.
→ 그가 화내는 것도 당연하다. 그녀는 그를 오랫동안 기다리게 했다.

B

주어진 우리말과 같은 뜻이 되도록 괄호 안의 단어들을 바르게 배열하여 문장을 완성하시오.

1 나는 그 시험을 위해 좀 더 공부했어야 했다.
(should, I, studied more, have, for the test)
→ ____.

2 나에게 충분한 시간이 있다면, 나는 숙제를 끝낼 수 있을 텐데.
(the homework, I, enough, I, time, finish, had, could)
→ If ________________________, ________________________.

C

주어진 우리말과 같은 뜻이 되도록 괄호 안의 단어들을 한 번씩만 사용하여 아래 빈칸을 완성하시오. (단, 필요한 경우 단어를 추가하거나 주어진 단어를 변형하시오.)

1 의사의 말을 들었더라면 나는 더 좋아졌을 텐데.
(the doctor, would, feel better, listen to)
→ If I ________________________, I ________________________.
(If: 접속사 / I ______: 종속절 / I ______: 주절)

2 Manchester United가 어젯밤에 그 경기를 졌을 리가 없다.
(last night, cannot, lose, the game)
→ Manchester United ________________ ________________ ________________.
(Manchester United: S / V / O / 부사구)

동사의 바른 해석 2

수동태에서 주어와 술어의 관계를 파악하라!

능동태와 수동태

일반적으로 능동태는 '~하다'라는 의미로 주어가 자발적으로 움직이는 것을 나타내며, 수동태는 '~되다, ~당하다'라는 의미로 주어가 다른 대상에 의해 움직여지는 것을 나타낸다.

수동태 만드는 방법

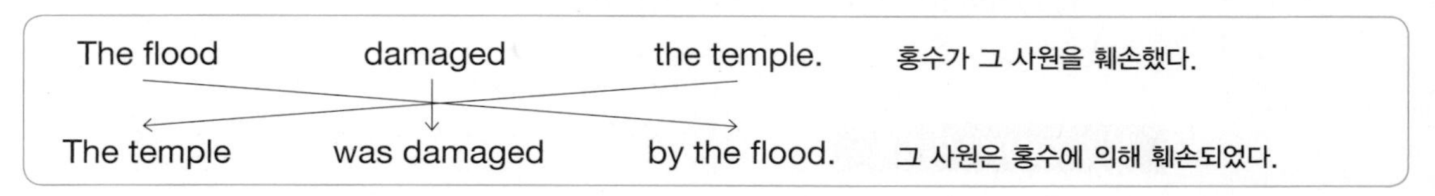

The flood damaged the temple. 홍수가 그 사원을 훼손했다.
The temple was damaged by the flood. 그 사원은 홍수에 의해 훼손되었다.

① 능동태의 목적어를 수동태의 주어 자리에 놓는다.
② 능동태의 동사를 「be동사+v-ed」로 바꾼다. 이때 be동사는 주어의 인칭과 능동태의 시제에 맞춘다. be동사 대신 get을 사용하기도 한다.
③ 능동태의 주어는 일반적으로 문장의 끝에 「by+목적격」의 형태로 쓴다. 능동태의 주어가 일반인이거나 중요하지 않으면 「by+목적격」은 생략하기도 한다.

수동태의 의미와 구조

구문 전략

- 「be동사[get]+v-ed」를 하나의 동사 덩어리로 파악하여 '~되다, ~당하다'라고 해석한다. 아래 예문에서 was called는 하나의 동사 덩어리로 '불렸다'라고 해석한다.
  He / **was called** / Uncle John (by us). 그는 (우리에 의해서) Uncle John이라고 불렸다.
  S　V
- 목적어가 절인 경우에는 보통 가주어 it을 주어로 하는 수동태로 나타낸다.
  They know that he is rich. = It **is known** that he is rich (by them).
  그는 (그들에게) 부자라고 알려져 있다.

EXERCISE 「be동사[get]+v-ed」에 밑줄을 긋고, 문장을 해석하시오.

정답 및 해설 p.47

보기 Spanish is spoken in Mexico.
스페인어는 멕시코에서 말해진다.

1 The telephone was invented by Alexander Graham Bell.

2 I was given this watch by my mother.

3 David got hurt when he tried to break up the fight.

4 Horses can be seen on the streets of New York.

5 It is expected that the company will lose money this year.

6 There was a fire, but the picture didn't get damaged.

7 The tickets might already be sold out.

8 When the Olympic Games began about 2,000 years ago in Olympia, women were forbidden to set foot in the stadium.

GRAMMAR TIP

Q 모든 문장을 수동태로 쓸 수 있나요?

A 아니요. 수동태 문장을 만들기 위해서는 행위의 대상이 되는 목적어가 꼭 필요하기 때문에 목적어가 있는 문장, 즉 3, 4, 5형식 문장만 수동태로 바꿀 수 있어요. 하지만 목적어를 취하는 동사라 하더라도 상태를 나타내는 일부 타동사 등은 수동태로 쓸 수 없어요. 예를 들면, resemble, cost, suit, lack, fit, have 등은 수동태로 쓸 수 없죠.
ex) He resembles his mother. → His mother is resembled by him. (X)

UNIT 11 02

수동태의 응용

구문 전략

- 「have been v-ed」나 「be being v-ed」처럼 복잡한 동사는 우선 그 구조가 어떻게 이루어진 것인지를 이해하고 전체를 하나의 의미 덩어리로 해석한다.
- 「have been v-ed」는 완료형 「have v-ed」와 수동태 「be동사+v-ed」가 합쳐진 구문이다.
  The cake **has** just **been baked**. 그 케이크는 갓 구워졌다.
- 「be being v-ed」는 진행형 「be동사+v-ing」와 수동태 「be동사+v-ed」가 합쳐진 구문이다.
  This issue **is** still **being discussed**. 이 문제는 아직 논의되고 있다.

EXERCISE 「have[has] been v-ed」, 「be being v-ed」에 밑줄을 긋고, 문장을 해석하시오. 정답 및 해설 p.47

보기 Every effort is being made to save the victims.
피해자들을 구하기 위해 모든 노력이 이루어지고 있다.

1 An apartment complex is being built near my house.

2 All this money is being used to help thousands of homeless people around the world.

3 The amount of natural gas and electricity used has been reduced by 50 percent.

4 Please wait while your gift is being wrapped.

5 Since high school, they have been involved in many events.

6 Personal information has been collected without permission.

7 The government has been concerned about the dangerous level of air pollution in the city.

GRAMMAR TIP

Q 수동태 문장 끝에 쓰는 「by+목적격」의 전치사는 꼭 by만 쓰나요?

A 아니에요. 일반적으로 by를 쓰지만 with, at, in, of, to, about 등 다른 전치사를 쓰는 경우도 있답니다.

- with를 사용하는 경우
  be filled with / be crowded with / be covered with / be satisfied with
- at을 사용하는 경우
  be surprised at / be shocked at / be astonished at
- 그 외의 경우
  be interested in / be composed of / be[get] married to / be worried about

UNIT 11

단문독해

1

①~③ 중, 다음 글의 빈칸에 들어갈 말로 가장 적절한 것을 고르시오.

A considerable number of nonverbal signals **are used** by people, and these signals are foundational to communication. They include facial expressions, body postures, and gestures. In recent research, it **has been shown** that the way in which we **are perceived** can **be influenced** by the nonverbal behaviors we exhibit. For instance, a person standing upright with an open posture seems to be confident and powerful, while one stooped over seems ________. Eye contact can also communicate a range of messages from interest and curiosity to dominance and aggression. By using nonverbal signals effectively, we can improve our communication and have some control over the way others perceive us.

① submissive ② outgoing ③ aggressive

2

ⓐ~ⓔ를 밑줄 친 (A), (B)와 연관 있는 것끼리 묶으시오.

Cardboard **has been used** to make (A) a new kind of bicycle. It is different from (B) a normal bike in many ways. The cardboard **is composed** of ⓐ special organic materials that make the bike waterproof and fireproof. The tires **are made** of ⓑ recycled rubber, and a car timing belt **is used** instead of ⓒ a heavy chain. Even the brake mechanism and the wheel and pedal bearings **are made** of ⓓ reprocessed materials. The cardboard bike **is estimated** to weigh 65 percent less than the average ⓔ metal bicycle.

* timing belt: 타이밍 벨트 * bearing: 베어링

(A): ____________________ (B): ____________________

3

로마인들은 로마를 휩쓴 흑사병의 원인이 무엇이라고 믿었는지 다음 글에서 있는 그대로 찾아 2단어로 쓰시오.

In ancient Rome, it **was thought** that sneezing provided evil spirits with an opportunity to enter the body. Sneezing was also one of the first symptoms of the plague. So, when Rome **was seized** by a deadly outbreak of the plague, people attributed it to evil spirits. To combat the spread of the disease, the pope instructed people to pray. In response, people began using the phrase "God bless you" to help protect sneezers from the illness.

정답 및 해설 p.47

4

오늘날 사용되는 코카콜라의 중국식 이름과 그 의미를 각각 다음 글에 있는 그대로 찾아 쓰시오.

When the brand name Coca-Cola **was** first **translated** into Chinese, it came out sounding like ke-kou-ke-la. This was close to the phonetic sounds of the name. But the translation that **had been chosen** meant "bite the wax tadpole" or "female horse stuffed with wax." After much research, Coke came up with a better alternative, ko-kou-ko-le, which **is** still **used** in China today. The new name can **be** loosely **translated** as "happiness in the mouth."

5

밑줄 친 the main factor가 가리키는 내용을 다음 글에 있는 그대로 찾아 연속된 8단어의 명사구로 쓰시오.

You might think that sunlight is the main factor that influences when a flower blooms. Actually, it **is determined** by the amount of uninterrupted darkness the plant receives. Plants that flower during long periods of darkness and brief periods of sunlight **are known** as short-day plants. Daisies and poppies are examples of plants that have the opposite requirements. These plants, which bloom when days are long and nights are short, **are called** long-day plants.

* poppy: 【식물】 양귀비

---

1 nonverbal 비언어적 foundational 기본의, 기초적인 posture 자세 upright 똑바로 confident 자신 있는 stoop (몸을) 구부리다, 구부정한 자세를 하다 dominance 우월함 aggression 공격성, 공격

2 cardboard 판지 be composed of ~로 구성되다 organic 유기농의; *유기체의 material 물질, 재료 waterproof 방수의 fireproof 방화[내화성]의 rubber 고무 brake 브레이크, 제동 장치 mechanism 기계 장치 reprocess 재가공하다, 재생하다 estimate 추정하다 weigh 무게가 ~이다

3 ancient 고대의 sneeze 재채기하다 symptom 증상 the plague 흑사병 seize 붙잡다; *덮치다, 엄습하다 deadly 치명적인 outbreak 발발, 발생 attribute A to B A를 B의 탓으로 돌리다 combat 싸우다, 막다 spread 펼치다; *확산, 전파 pope 교황 instruct 지시하다 pray 기도하다 phrase 구(절); *문구

4 translate 번역하다(*n.* translation) come out 생산되다 phonetic 음성의, 발음 그대로의 translation 번역(된 것), 번역물[본] wax 밀랍, 왁스 tadpole 올챙이 stuff 채워 넣다 come up with ~을 생각해내다 alternative 대안 loosely 느슨하게; *대략

5 influence 영향(력); *영향을 미치다 uninterrupted 방해 받지 않는, 연속적인 requirement 필요조건, 요건

UNIT 11

수능독해

1

다음 글의 제목으로 가장 적절한 것은?

In recent studies, it **has been shown** that learned helplessness may **be developed** in rats that have electric shocks inflicted on them out of their control. Rats suffering from a state of learned helplessness show symptoms similar to those of depression, such as a decrease in social interaction and appetite as well as diminished learning and memory function. Learned helplessness **is** often **utilized** by researchers working with rats to demonstrate a model of depression in animals. This gives us insights into the mechanism underlying depression. Research has shown that, in rats, learned helplessness **is associated** with higher levels of cortisol, a stress hormone. Moreover, applications of some antidepressant drugs **have been found** to effectively reverse the negative effects of learned helplessness. The prevention of depression in rats requires predictability and control over their environment. Actions such as allowing the rats to turn off the electric shocks to facilitate environmental control may improve their mental health and prevent learned helplessness from developing.

* antidepressant: 항우울제

① The Impact of Electric Shocks on Rat Behavior
② What Is the Role of Social Interaction in Rat Depression?
③ Are Antidepressant Drugs Effective on Memory Function?
④ Even Rats Can Take Care of Their Cortisol Levels Themselves
⑤ Learned Helplessness in Rats: Insights into Depression and Preventive Measures

2

다음 글의 밑줄 친 부분 중, 어법상 <u>틀린</u> 것은?

In 1993, Robert Young, a researcher with the department of psychology at the University of Texas, ① <u>discovered</u> that our perception of others **is influenced** by their names. The results of several experiments conducted among college-aged subjects demonstrated that people with names that were more common in the past than they are now ② <u>were</u> assumed to be less popular and intelligent than people with names that are more common now than they were in the past. Similarly, we develop expectations about people based on their appearance, ③ <u>as though</u> looks and behavior must match. Perhaps this is ④ <u>why</u> we **are shocked** when someone acts in a way that doesn't fit his or her appearance. For example, we wouldn't ⑤ <u>be expected</u> someone with an innocent face to behave violently.

3

다음 도표의 내용과 일치하지 않는 것은?

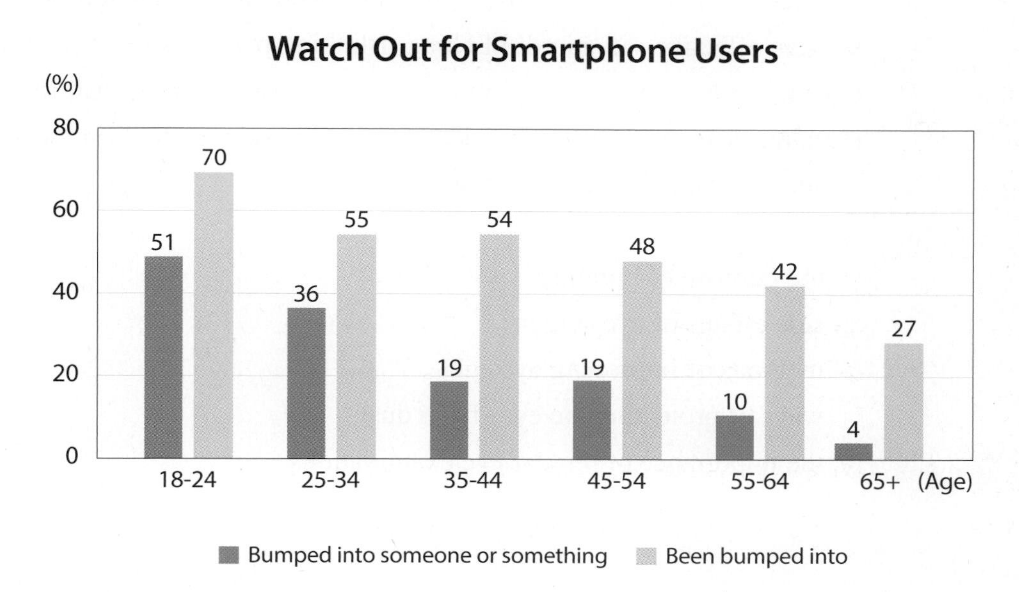

The graph above shows the percentage of American cell phone owners who have bumped into someone or something while using a cell phone, or **have been bumped into** by someone using a cell phone. The data **is arranged** by age group. ① The percentage of both types of incidents decreased with age. ② The percentage of cell phone owners who **have been bumped into** by someone was the highest among the 18-to-24 age group, with 70% of individuals reporting that this had occurred. ③ Also, more than a half of that same age group reported bumping into someone or something, which was more than any other age group. ④ The percentage of cell phone owners aged 25 to 34 who bumped into someone or something was the same as the percentages of the 35-to-44 and 45-to-54 age groups combined. ⑤ Finally, cell phone owners 65 and older had the lowest percentage of bumping into someone or something while using their phones.

---

1 learned helplessness 학습된 무력감 inflict on ~에 영향을 주다 appetite 식욕 demonstrate 증명하다 insight 통찰력 underlying 근본적인, 근원적인 application 적용, 활용 reverse 반전시키다 predictability 예측 가능성 facilitate 용이하게 하다

2 perception 인식, 인지 conduct 수행하다, 실시하다 subject 주제; *실험 대상자 demonstrate 보여 주다 intelligent 똑똑한 expectation 예상 innocent 무죄인; *순진한 violently 격렬하게; *난폭하게

3 bump into ~와 부딪치다 arrange 마련하다; *배열하다 incident 사고, 사건 combine 결합하다

4

다음 글의 주제로 가장 적절한 것은?

Blinking is something that we do unconsciously to shield our eyes from harm. The majority of the human eyeball **is protected** by a bony socket. Yet a portion of it — approximately one-tenth of the total eyeball — **is exposed** when our eyes are open. This leaves the eye, one of the most sensitive and delicate organs in the body, vulnerable to a variety of irritants and particles floating in the air. Fortunately, our eyes **are equipped** with an effective safeguard: blinking. Blinking performs two functions that help protect our vision. First, it lubricates the exposed portion of the eyeball to ensure that our sight remains clear. And, second, it deposits a thin layer of fluid on the exposed surface that protects it from particles in the air.

* lubricate: 매끄럽게 하다

① the purpose of blinking
② side effects of eye surgery
③ methods of improving eyesight
④ ways of protecting the eyes from dust
⑤ the importance of regular eye examinations

5

글의 흐름으로 보아, 주어진 문장이 들어가기에 가장 적절한 곳은?

In this position, the cat's body functions almost like a parachute, increasing its air resistance.

Sabrina, a cat that fell from a 32-story building and landed on concrete, suffered only a chipped tooth and a mild lung injury. (①) The ability of cats to fall gracefully, and relatively unharmed, from great heights **is** not fully **understood** by humans, though high-speed cameras have revealed some details. (②) As a cat falls, it first twists its body to put itself in an upright position. (③) Next, it extends all four legs outward. (④) As a result, the cat **is slowed** during its descent. (⑤) It is a successful strategy; compared to humans, who fall at an average speed of 195 km per hour, cats drop quite slowly, averaging speeds of about 96 km per hour.

6

다음 빈칸에 들어갈 말로 가장 적절한 것은?

The fruit of the mango tree **has been appreciated** by the people of India for about 3,000 years. We know this to be the case because their beliefs about the ______________________________ of this fruit **were recorded** in important ancient texts. Throughout parts of India, the mango **is considered** to represent many positive things, including good luck, fertility, love, and wealth. Its leaves **are used** for decoration during wedding ceremonies, as they **are said** to ensure that new couples will have lots of children. Additionally, as a testament to the fruit's cultural significance, references to the mango can **be seen** in Indian art, design, poetry, and architecture.

① rich nutrients
② various names
③ delicious tastes
④ economic benefits
⑤ symbolic meanings

---

4 blink 눈을 깜박이다 unconsciously 무의식적으로 shield 보호하다, 가리다 majority 대부분, 대다수 eyeball 안구 bony 앙상한; *뼈의 socket 콘센트; *구멍 portion 부분 sensitive 세심한; *민감한 delicate 연약한, 부서지기 쉬운 vulnerable 상처 입기 쉬운 irritant 자극물 particle 입자 safeguard 보호 수단 vision 시력 deposit 예금하다; *두다 fluid 액체, 수분 문제 side effect 부작용 surgery 수술 eyesight 시력 examination 시험; *검사

5 parachute 낙하산 resistance 저항 chip 이가 빠지다 lung 폐 gracefully 우아하게 relatively 상대적으로 height 높이 reveal 드러내다 twist 휘다; *비틀다 extend 뻗다, 내밀다 outward 바깥쪽으로 descent 하강, 하락

6 appreciate 진가를 알아보다, 인정하다 throughout 도처에 represent 나타내다, 의미하다 fertility 비옥; *다산 ceremony 의식, 예식 testament 증거 significance 중요성 reference 참고; *언급 architecture 건축 양식 문제 nutrient 영양소 symbolic 상징적인

UNIT 11

REVIEW TEST

정답 및 해설 p.51

A 다음 중 어법상 옳은 표현을 고르시오.

1 He became deeply (depressing / depressed) and (was sent / sent) to a mental hospital for treatment.

2 More than 22 species of birds can (be found / find) on the island.

3 The fact that underwater volcanic activity (was created / created) Dokdo surprised me.

4 The manager in charge of the program (was asked / asked) me to come to his office for an interview.

5 I was fortunate enough to (be selected / select) as the Korean participant for the summer volunteer program.

B 주어진 우리말과 같은 뜻이 되도록 괄호 안의 단어들을 바르게 배열하여 문장을 완성하시오.

1 그의 가방은 내일 공항으로 운반될 것이다.
(be, the airport, will, to, taken)
→ His bag ______________________ tomorrow.

2 적포도주가 심장마비를 예방할 수도 있다고 여겨진다.
(red wine, believed, that, may, heart attacks, prevent)
→ It is ______________________.

C 주어진 우리말과 같은 뜻이 되도록 괄호 안의 단어들을 한 번씩만 사용하여 아래 빈칸을 완성하시오. (단, 필요한 경우 단어를 추가하거나 주어진 단어를 변형하시오.)

1 우리가 찾고 있는 캠프장은 시골 지역에 위치해 있다.
(look for, locate, a rural area, that)
→ The campsite ______________ (S) ______________ (V) ______________ (부사적 수식어구).

2 그는 홀어머니에 의해 길러졌다.
(his widowed mother, bring up)
→ He (S) ______________ (V) ______________ (부사적 수식어구).

UNIT 12

동사의 바른 해석 3

진행형과 완료형의 쓰임과 의미를 파악하자!

동사의 시제

	현재	과거	미래
기본시제	현재시제 She **studies** these days.	과거시제 She **studied** last night.	미래시제 She **will study** tomorrow.
진행형	현재진행형 She **is studying** right now.	과거진행형 She **was studying** when they arrived.	미래진행형 She **will be studying** when they arrive.
완료형	현재완료형 She **has** already **studied** chapter 12.	과거완료형 She **had** already **studied** chapter 12 before they arrived.	미래완료형 She **will** already **have studied** chapter 12 before they arrive.
완료진행형	현재완료진행형 She **has been studying** for two hours.	과거완료진행형 She **had been studying** for two hours before they arrived.	미래완료진행형 She **will have been studying** for two hours by the time they arrive.

UNIT 12

01 진행형

구문 전략

- 현재진행 「am[are, is] v-ing」: 현재 진행 중인 동작 · 사건이나 현재의 반복적인 동작
- 과거진행 「was[were] v-ing」: 과거의 특정 시점에 진행 중이던 동작 · 사건
- 미래진행 「will[shall] be v-ing」: 미래의 특정 시점에 진행 중일 동작 · 사건
- 현재완료진행 「have[has] been v-ing」: 과거부터 현재까지 계속 진행 중인 동작 · 사건
- 과거완료진행 「had been v-ing」: 과거 이전부터 과거까지 계속 진행 중이었던 동작 · 사건
- 미래완료진행 「will[shall] have been v-ing」: 미래에 진행 중일 동작 · 사건

EXERCISE 주어진 동사를 우리말 의미에 알맞은 시제로 바꾸어 빈칸에 쓰시오. 정답 및 해설 p.51

1 Why __________ you __________ at me? Is there something wrong? (look)
왜 나를 보고 있는 거니? 잘못된 거라도 있니?

2 I ____________________ the thunder during the storm last night because I ____________________. (not hear, sleep)
나는 자고 있었기 때문에 지난밤 폭풍우가 치는 동안 천둥소리를 듣지 못했다.

3 We ____________________ for Nancy for the last two hours, but she still hasn't arrived. (wait)
우리는 지난 두 시간 동안 Nancy를 기다리고 있는 중이지만, 그녀는 아직 도착하지 않았다.

4 Columbus ____________________ for a shorter route to Asia when he discovered the New World by mistake. (search)
Columbus가 우연히 신세계를 발견했을 때, 그는 아시아로 가는 더 가까운 항로를 찾고 있었다.

5 The teacher asked Jack a question, but he couldn't answer because he __________ __________ for the last ten minutes. (daydream)
그 교사는 Jack에게 질문을 했지만, 그는 지난 10분 동안 공상에 빠져있었기 때문에 대답할 수 없었다.

6 Next year at this time, I ____________________ exactly what I am doing now. (do)
내년 이맘때, 나는 내가 지금 하고 있는 것을 그대로 하고 있을 것이다.

7 We ____________________ here for six years this coming October. (work)
우리는 다가오는 10월이면 6년 동안 여기서 일하고 있는 중일 것이다.

GRAMMAR TIP

Q 현재진행형의 다른 쓰임은 없나요?

A 1. 미래시제 대용: 가까운 미래의 예정된 일을 말할 때
Spring **is coming** soon.

2. 불만이나 비난: always 등의 빈도부사와 함께 쓰여 바람직하지 않은 반복적 행위에 대한 불만이나 비난을 표현할 때
He **is** always **bragging** about himself.

UNIT 12
02 완료형

구문 전략

- 완료: 어떤 동작이 기준 시점까지 끝났음을 나타냄 I **have** *already* **eaten** dinner.
- 경험: 기준 시점까지 경험의 유무 또는 횟수를 나타냄
  I **have been** to Vancouver *twice*.
- 계속: 어떤 상태가 기준 시점까지 지속됨을 나타냄 She **has been** ill *for* two months.
- 결과: 어떤 동작의 결과가 기준 시점까지 영향을 미침을 나타냄
  He **has gone** to America.
- 대과거: 과거의 특정 시점보다 앞선 시점의 동작 · 상태를 나타냄
  When he *arrived*, the bus **had left**.

EXERCISE 주어진 동사를 우리말 의미에 알맞은 시제로 바꾸어 빈칸에 쓰시오.

정답 및 해설 p.51

1 I ____________________ English since I came here. (learn)
여기에 온 이래로 나는 영어를 공부해 왔다.

2 So far this week, I ______________ two tests and a quiz. (have)
이번 주까지 나는 두 번의 시험과 한 번의 쪽지 시험을 보았다.

3 I ____________________ well since those noisy people moved next door. (not sleep)
나는 저 시끄러운 사람들이 옆집으로 이사 온 이후로 잠을 잘 자지 못하고 있다.

4 The science of medicine __________ a great deal in the 19th century. (advance)
의학은 19세기에 상당히 진보했다.

5 I ____________________ any of Picasso's paintings before I visited the art museum. (never see)
나는 그 미술관을 방문하기 전까지 피카소의 어떤 그림도 본 적이 없었다.

6 The United States _______________ the same form of government for more than 200 years. (have)
미국은 200년 넘게 동일한 형태의 정부를 가져왔다.

7 I ____________________ pepperoni pizza, so I think I will order one. (never have)
나는 페퍼로니 피자를 먹어 본 적이 없어서, 그것을 주문할 생각이다.

GRAMMAR TIP

Q 완료형과 함께 쓰이는 부사(구)에는 어떤 것들이 있나요?

A 다음 부사(구)들은 완료형과 함께 쓰여요.
1. 완료: already, yet, lately, this week, just 등
2. 계속: for, since, always, these days, all day, all one's life 등
3. 경험: ever, never, before, often, once, twice, ~ times, seldom 등
단, just now, ago, yesterday, last night[week] 등과 같이 명백한 과거를 나타내는 부사(구)들과 의문사 when은 현재완료시제가 아닌 과거시제와 함께 써요.
I finished my homework yesterday. (O) I have finished my homework **yesterday**. (X)
When did you go to Jeju Island? (O) **When** have you been to Jeju Island? (X)

UNIT 12 단문독해

1

①~③ 중, 글에서 노인이 느꼈을 심정을 고르시오.

One day, a boy **was walking** home after school when he saw someone sitting on a bench. It was an elderly man who was shivering because he **was wearing** a very thin jacket and the weather was freezing. The boy remembered that there was an extra coat at his house, and he raced there to get it. He ran back to the park with the coat. The elderly man **was sitting** on the same bench, and the boy approached him and gave him the coat, saying that he hoped that it would keep the man warm. The man received the coat thankfully and put it on right away. The boy felt good about what he **had done**, and he realized that small acts of kindness can be a great help to others.

① grateful　　② regretful　　③ disappointed

2

①~③ 중, 빈칸에 들어갈 말로 가장 적절한 것을 고르시오.

Many experts these days **are focusing** on an increasingly troubling issue: Modern male teens **are feeling** more __________ than ever about their appearance. Overexposed to media images of muscular men, they **are** now **experiencing** what teenage girls **have been dealing** with for decades. Today's teenage boys fear they will never look the same as the idealized images promoted by popular culture.

① anxious　　② satisfied　　③ indifferent

3

빈칸에 들어갈 적절한 단어를 본문에서 찾아 다음 글의 제목을 완성하시오.

Hanging Stockings: A Christmas ________________________

On Christmas Eve, children hang stockings near the fireplace. This tradition comes from a story about Father Christmas, who once dropped some gold coins as he **was climbing** down a chimney to deliver presents. The coins would have fallen into the ashes, but instead they landed in a stocking that **had been hung** to dry on the mantle. That's why, to this day, children hang stockings on Christmas Eve.

정답 및 해설 p.51

4

Freerice.com에서 문제 한 개를 맞힐 때마다 UN에 기부되는 쌀의 양을 우리말로 쓰시오.

Freerice.com is a website that **is helping** feed the hungry. Visitors to the site are quizzed on the meaning of English words, and for each question they get right, a United Nations charity receives ten grains of rice. So far, over a billion grains **have been donated**. Through this simple concept, Freerice.com **has provided** enough rice to feed 50,000 of the world's hungry for a day.

5

①~③ 중, 가리키는 대상이 나머지와 다른 하나를 고르시오.

Researchers **have been experimenting** with *Salmonella* bacteria, which cause food poisoning, as a possible cure for cancer. They **are hoping** that ① they will destroy cancerous cells when injected into a patient's body. The researchers **have found** that *Salmonella* bacteria contain a protein that manipulates the processes of cells, using a certain enzyme to kill them. ② They use the protein to make the body produce large quantities of this enzyme, leading to cell death. The scientists **are studying** whether this process can be focused on cancerous cells, eventually killing ③ them.

---

1 elderly 나이 든, 늙은 shiver (추위에) 떨다 freezing (꽁꽁 얼게) 추운 approach 다가가다 put on (옷을) 입다 문제 regretful 후회하는
2 increasingly 점점 더, 더욱더 troubling 곤란한 overexpose 지나치게 노출시키다 muscular 근육의; *근육이 발달된 teenage 십 대의 decade 십 년 idealized 이상화된 promote 조장하다 popular culture 대중문화 문제 indifferent 무관심한
3 hang 걸다, 매달다 fireplace 벽난로 climb down ~을 기어 내려가다 chimney 굴뚝 deliver 전달하다 ash 재 mantle 외벽
4 feed 먹이다 charity 자선 단체 grain (곡식의) 낟알 billion 10억 concept 개념; *발상
5 food poisoning 식중독 cure 치료(제) cancer 암(*a.* cancerous) destroy 파괴하다 inject 주사하다, 주입하다 protein 단백질 manipulate 조종하다, 조작하다 enzyme 효소 quantity 양, 분량

UNIT 12

수능독해

1

밑줄 친 부분이 가리키는 대상이 나머지 넷과 다른 것은?

A courtyard is a part of a building that is walled in but open to outside air. The courtyard **has played** an important role by offering a place for people to gather, but ① it also provides privacy. Civilizations **have been using** ② it for a variety of purposes for hundreds of years. People can relax, hold outdoor parties, or let their children play without worrying about neighbors or passers-by. Architects in some places **have used** ③ it as part of efficient, natural ventilation systems. When the courtyard air becomes warm, ④ it rises, which pulls air in from the surrounding rooms. These rooms, in turn, are filled with fresh air from outside the building. Thanks to these benefits, the courtyard **has remained** common in some modern societies, and ⑤ it has potential in future architecture as well.

2

다음 글의 제목으로 가장 적절한 것은?

Many Americans are fascinated by risky sports, and the number of people who participate in them **is climbing**. Injuries from activities such as skateboarding and snowboarding continue to rise by large margins every year. What is the reason for this risky behavior? Some psychologists say it is a natural human reaction to changing times. In previous generations, disasters such as epidemics, stock-market crashes, and large-scale wars meant that survival itself was often uncertain. However, that notion **has** all but **disappeared** in much of today's world. Because most of the risk **has been removed** from our everyday lives, people feel that they must seek out difficult challenges to prove themselves.

① Why People Hate Risky Sports
② Identifying Risk in Everyday Life
③ How Americans Treat Sports Injuries
④ Human Reactions to Traumatic Disasters
⑤ Extreme Sports: Why People Enjoy the Risks

3

다음 글의 내용을 한 문장으로 요약하고자 한다. 빈칸 (A), (B)에 들어갈 말로 가장 적절한 것은?

Maps do not represent the real world perfectly, as they are made by people, who sometimes make mistakes. Nevertheless, some "mistakes" you may find in maps are actually added intentionally. Over the years, cartographers **have** purposely **included** mistakes to protect their maps from copyright infringement. These deliberate mistakes appear in various forms, such as "paper towns" or "trap streets". For instance, a street may **have been added** where there is nothing in real life, or the street's name may **have been misspelled**. Cartographers usually add trap streets to areas that will make them difficult to notice unless someone is intentionally searching for them. Trap streets most commonly appear in the map sections that are most likely to be copied, such as large metropolitan areas. These methods of protecting one's intellectual property may seem strange, but they **have been used** for a long time. In fact, even maps dating back centuries **have contained** instances of trap streets.

⇩

Maps, created by people, are not a ___(A)___ representation of the real world and may contain ___(B)___ mistakes known as "trap streets" to protect against copyright infringement.

* cartographer: 지도 제작자

	(A)		(B)
①	flawless	……	fatal
②	creative	……	fatal
③	flawless	……	calculated
④	creative	……	unnecessary
⑤	trustworthy	……	unnecessary

---

1 courtyard 중정 walled in 벽으로 둘러싼 play an important role 중요한 역할을 하다 privacy 사생활 civilization 문명 passer-by 행인 architect 건축가, 설계자 ventilation 통풍, 환기 surrounding 주위의 architecture 건축학[술]

2 fascinated 매료된 risky 위험한(n. risk) participate 참여하다 injury 부상 margin 여백; *차이 reaction 반응 previous 이전의, 앞의 generation 세대 disaster 참사, 재난 epidemic 유행병 stock market 주식 시장 crash 사고; *붕괴 large-scale 대규모의 notion 관념, 생각 all but 거의 disappear 사라지다 remove 제거하다 seek out ~을 찾아내다 prove oneself 능력을 보여 주다 문제 identify 확인하다 traumatic 대단히 충격적인

3 represent 나타내다 intentionally 고의적으로 copyright 저작권 infringement 침해 deliberate 고의적인 metropolitan 대도시의 intellectual property 지적 재산 문제 flawless 완벽한, 흠 없는 fatal 치명적인 trustworthy 신뢰할 만한

4

주어진 글 다음에 이어질 글의 순서로 가장 적절한 것은?

Researchers in the U.K. **have carried** out an experiment to discover whether an octopus can unscrew the lid of a jar with its tentacles.

(A) However, when the experiment was conducted again after a few days, Roger **had forgotten** what he**'d learned**. Apparently, octopuses have terrible short-term memories.

(B) The octopus whose intelligence and memory were tested was named Roger, and the researchers built a gigantic glass aquarium for him. In the experiment, a jar with a crab inside it was lowered into the tank.

(C) On his first attempt, Roger struggled with the jar for 20 minutes but finally managed to unscrew the lid. The experiment was repeated over the next three days, and before the final day the octopus **had mastered** the skill, opening the jar in less than a minute.

* tentacle: 촉수

① (A)–(B)–(C)
② (B)–(A)–(C)
③ (B)–(C)–(A)
④ (C)–(A)–(B)
⑤ (C)–(B)–(A)

5

다음 글에 드러난 Maria의 심경으로 가장 적절한 것은?

It was 4:30 in the afternoon, and Maria **was driving** home from another hectic day in her London office. The December sun **was** already **falling** below the horizon, and the sky **was turning** gray. The leafless trees lining the road were almost invisible in the thick fog, and ice crystals **were being blown** onto her windshield from the high piles of dirty snow along the roadside. Inside the cold car, it was terribly quiet. She wanted to listen to the radio, but it **had been stolen** just last week when she **had parked** in an alleyway in a bad neighborhood. There was nothing to do but stare at the blank faces of all the other commuters who **were** slowly **driving** home.

① nervous and scared
② relieved and relaxed
③ strange and confused
④ bored and depressed
⑤ interested and amused

6

(A), (B), (C)의 각 네모 안에서 어법에 맞는 표현으로 가장 적절한 것은?

Thomas Edison is well known as the inventor of many important devices, including the light bulb, the phonograph, and the movie projector. But few people know that he also played a big role in (A) [invention / inventing] the electric chair. It was 1887, and lawmakers in New York **were searching** for a method of execution that was more humane than hanging. One legislator **had come** up with the idea of using electricity to kill prisoners in a (B) [relative / relatively] painless and quick way, and he wrote to Edison to ask for help in designing such an execution method. Edison experimented with several devices, testing different voltages of electricity and putting a number of dogs, cats, and farm animals to death, before he finally (C) [succeeded / had succeeded] in developing the electric chair.

	(A)		(B)		(C)
①	invention	……	relative	……	succeeded
②	invention	……	relative	……	had succeeded
③	inventing	……	relatively	……	succeeded
④	inventing	……	relative	……	had succeeded
⑤	inventing	……	relatively	……	had succeeded

---

4 carry out ~을 수행하다 octopus 문어, 낙지 unscrew (병뚜껑 같은 것을 돌려서) 열다 lid 뚜껑 apparently 보아하니; *분명히 short-term 단기의 intelligence 지능, 지성 gigantic 거대한 lower 낮추다, 내리다 struggle 애쓰다, 몸부림치다 manage to 간신히 ~하다 master 숙달하다, 통달하다

5 hectic 몹시 바쁜 horizon 지평선 leafless 잎이 없는 line 늘어서다 invisible 눈에 안 보이는 crystal 결정(체) windshield (자동차 등의) 앞유리 pile 더미 alleyway 골목, 좁은 길 stare 응시하다 blank 백지의; *표정이 없는 commuter 통근자 문제 relieved 안도하는 depressed 우울한 amused 즐거워하는

6 inventor 발명가(*v.* invent) device 장치 phonograph 축음기 movie projector 영사기 lawmaker 입법자 execution 실행; *사형 집행 humane 인도적인 hanging 교수형 legislator 입법자 prisoner 죄수 voltage 전압 put ~ to death ~을 죽음에 이르게 하다

UNIT 12

REVIEW TEST

정답 및 해설 p.55

A 어법상 틀린 부분을 찾아서 바르게 고쳐 쓰시오.

1 James was to Sydney on business several times.

2 By the time I return to my country, I will be away from home for more than four years.

3 Last night I have had dinner with two friends I have known for a long time.

4 I am waiting for the show to start for one hour so far.

5 There are more than 40 presidents of the United States since it became an independent country.

B 주어진 우리말과 같은 뜻이 되도록 괄호 안의 단어들을 바르게 배열하여 문장을 완성하시오.

1 외국어를 배우는 것은 이전에 한 번도 외국어를 배워본 적이 없는 사람들에게 특히 더 어렵다.
(learning, is, never learned one, have, for, a foreign language, those who, especially difficult)
→ ______________________________ before.

2 이 학교에 있는 대부분의 학생들은 내년 3월이면 8년간 영어를 배우고 있는 중일 것이다.
(in this school, most students, for eight years, will, learning, English, have been)
→ ______________________________ next March.

C 주어진 우리말과 같은 뜻이 되도록 괄호 안의 단어들을 한 번씩만 사용하여 아래 빈칸을 완성하시오. (단, 필요한 경우 단어를 추가하거나 주어진 단어를 변형하시오.)

1 한국에 대한 나의 이해는 내가 여기 도착한 이후로 상당히 많이 변했다.
(understanding, change, arrive here, since, of Korea)
→ ______________ (S) ______________ (V) quite a lot (부사적 수식어구) ______________ (부사절).

2 John이 군에 입대했을 때 그는 심지어 고등학교도 졸업하지 않았었다.
(even finish, high school, join, the army, when)
→ John (S) ______________ (V) ______________ (O) ______________ (부사절).

접속사의 이해

다양한 접속사의 의미와 쓰임을 파악하라!

접속사 단어와 단어, 구와 구, 절과 절을 연결하는 말로, 문법상 대등한 관계에 있는 요소들을 연결하는 등위접속사와 종속절을 주절에 연결하는 종속접속사가 있다.

접속사의 종류 ① 등위접속사

문법적으로 대등한 관계에 있는 단어와 단어, 구와 구, 절과 절을 연결하는 접속사로 and, but, or, so, for 등이 있다.

ex He studied hard **and** passed the exam. 〈구와 구〉
The woman must be over 60, **for** her hair is gray. 〈절과 절〉

② 종속접속사

주절(S1)과 종속절(S2)을 연결하는 접속사로 명사절 또는 부사절을 이끈다.

ex I think (S1) **that** it is right (S2). 〈명사절을 이끄는 종속접속사〉
When I was 11 (S2), my family moved here (S1). 〈부사절을 이끄는 종속접속사〉

UNIT 13 01

명사절을 이끄는 종속접속사

구문 전략

- that: '~라는 것'의 의미를 나타내어 문장 안에서 주어 · 목적어 · 보어의 역할을 하는 명사절이나 동격절을 이끈다.
  That John set a new world record surprised me. 〈주어〉
  I didn't know **that** he loved me. 〈목적어〉
  My suggestion is **that** we go out to see a movie. 〈보어〉
  I heard the news **that** the company went bankrupt. 〈동격절〉
- if / whether: '~인지 어떤지'의 의미를 나타내어 명사절을 이끈다. 단, if는 문장의 처음에 오는 주어나 보어의 역할을 하는 명사절을 이끌 수 없다.
  Whether she will show up (**or not**) is not certain. 〈주어〉
  Please ask her **if**[**whether**] she can help me. 〈목적어〉
  The issue is **whether** this book will become a bestseller (**or not**). 〈보어〉

EXERCISE 명사절에 밑줄을 긋고, 문장을 해석하시오.

정답 및 해설 p.55

1 That she doesn't understand English is obvious to everyone.

2 He complained to his friend that he worked late last night.

3 The claim that the Earth is the center of the universe is completely false.

4 He owed it entirely to his own hard work that he was able to overcome his difficulties.

5 No one seems to know if the merchant is truly reliable or not.

6 Whether information is correct or not is one of the biggest questions in the Internet world.

7 It is apparent that English is the principal language of the business community throughout the world.

GRAMMAR TIP

Q 관계대명사 that과 접속사 that은 어떻게 구별하나요?

A 관계대명사 that 뒤에는 주어나 목적어가 없는 불완전한 절이 오지만, 접속사 that 뒤에는 완전한 문장 구조를 갖춘 명사절이 와요.

There's a rumor **that** is hard to believe. 〈주격 관계대명사〉
There's a rumor **that** Ann is leaving America. 〈동격의 접속사〉

UNIT 13

02 부사절을 이끄는 종속접속사

구문 전략

- 시간: when, while(~하는 동안), as(~할 때, ~하면서), since(~한 이후로), until[till], after, before 등
- 이유: because, as(~ 때문에), since(~ 때문에), now (that), in that 등
- 조건: if, unless(= if ~ not), given that, so[as] long as 등
- 목적: so that, in order that, for fear (that)(~하지 않게)
- 양보·대조: although, though, even though, even if, while(~인 반면), whereas 등
- 양태: as, just as, like, as if(~인 것처럼)

EXERCISE 빈칸에 들어갈 알맞은 접속사를 고르고, 문장을 해석하시오. 정답 및 해설 p.55

1 I haven't seen him __________ he left.
① since ② even if ③ while

2 I will not forget Mr. Smith __________ I live.
① as soon as ② as long as ③ now that

3 We are advertising the product __________ everyone will know about it.
① if ② as ③ so that

4 __________ you believe it or not, it is true.
① Although ② Whether ③ In case

5 A rectangle has four sides, __________ a triangle has three sides.
① for fear ② each time ③ whereas

6 She turned her head away __________ she hadn't seen him.
① once ② unless ③ as if

7 Jane's sudden death shocked him, __________ he had loved her his entire life.
① since ② even though ③ while

GRAMMAR TIP

Q 〈시간〉과 〈조건〉의 부사절에서 미래시제는 어떻게 표현하나요?

A 〈시간〉과 〈조건〉의 부사절에서는 현재시제가 미래시제를 대신해요.

1. 〈시간〉의 부사절
When he will come back, I'll tell him the truth. (X) → When he **comes** back, I'll tell him the truth. (O)

2. 〈조건〉의 부사절
Tom will help you if you will ask him. (X) → Tom will help you if you **ask** him. (O)

단, 명사절에서는 미래시제를 쓸 수 있어요. Ask Sam when he **will come**. (ask의 목적어(명사절))

UNIT 13

단문독해

1 빈칸에 공통으로 들어갈 적절한 말을 다음 글에 있는 그대로 찾아 1단어로 쓰시오.

It is unlikely **that** automation will result in large-scale unemployment, but the type of work that people do will be transformed, **as** machines and algorithms become responsible for a greater percentage of routine tasks. Due to this change, we must adjust the way we think about jobs and develop new forms of work that are complementary to machines. We should not focus on **whether** automation will disrupt the workforce but rather on **how** this will happen and **how** government policies can support workers as they adapt to the change. Therefore, it is necessary to invest in education, training, protections for vulnerable workers, and the building of a robust labor market.

⇨ Automation will __________ the nature of work, so we should focus on adjusting to the __________, developing new types of work, and investing in education, training, worker protections, and a strong labor market.

2 빈칸에 들어갈 적절한 말을 다음 글에 있는 그대로 찾아 각각 연속된 4단어와 5단어로 쓰시오.

Many animals eat the leaves of plants. For the plants, however, this is not a good thing, **since** they use their leaves to create the energy they need to survive. So, to discourage animals from feeding on their leaves, plants may grow thorns and needles, or their leaves may contain certain chemicals that are toxic to animals. **If** the animals feed on the leaves of these plants, they will get sick.

⇨ To protect their leaves, plants __________ __________ __________ __________ or produce __________ __________ __________ __________ __________ to animals.

3 아메리카 원주민의 얼굴 구조를 통해 알 수 있는 것은 무엇인지 우리말로 쓰시오.

Long **before** the first Europeans set foot in North America, the continent was inhabited by tribes of people now known as Native Americans. They all share a strikingly Asian facial structure. This indicates **that**, thousands of years ago, they may have migrated to North America from Asia across a land bridge connecting the two.

* land bridge: 지협(두 개의 뭍을 잇는 육지)

정답 및 해설 p.56

4 밑줄 친 a surgeon과 a sailor는 무엇에 대한 비유인지 다음 글에 있는 그대로 찾아 각각 연속된 2단어로 쓰시오.

As soon as we hear the word "fruit," we think of something sweet and juicy, like a tasty apple or peach. But peas, beans, and peanuts are fruits too. They just happen to belong to the category of "dry fruits," which are cousins of the fleshy fruits despite being radically different. Just **like** one human family may include both a surgeon and a sailor, there are two very different types of fruit, fleshy and dry.

5 빈칸에 들어갈 적절한 말을 다음 글에 있는 그대로 찾아 각각 1단어와 연속된 2단어로 쓰시오.

Some people are born with an insensitivity to pain. **Although** individuals suffering from this condition can feel basic sensations such as hot and cold, they cannot tell **if** a hot drink is burning their mouth **or not**. Because of this, they often have injuries that go undetected for long periods. Children who are insensitive to pain, for example, may repeatedly suffer from burns **because** they can't tell when something is hot enough to hurt them. An accumulation of these injuries can reduce a person's life expectancy **unless** immediate medical action is taken.

⇨ People who are __________ to pain frequently suffer undetected injuries, which can make their __________ __________ shorter.

---

1 automation 자동화 large-scale 대규모의 unemployment 실업 transform 변화시키다 adjust 조정하다 complementary to ~를 보완하는 disrupt 지장을 주다, 방해하다 workforce 노동 인구 adapt 적응하다 vulnerable 취약한 robust 강건한, 강인한

2 discourage 막다, 낙담시키다 feed on ~을 먹다[먹고 살다] thorn 가시 needle 바늘; *침엽 chemical 화학 물질 toxic 유독성의

3 set foot in ~에 발을 딛다 continent 대륙 inhabit 거주하다 tribe 부족 share 공유하다; *같은 ~을 갖다 strikingly 두드러지게 structure 구조 indicate 나타내다 migrate 이주하다

4 juicy 즙이 많은 happen to-v 우연히 ~하게 되다 belong to 속하다, 소속되다 category 범주 cousin 사촌; *같은 계통의 것 fleshy 살찐; *(과일 등이) 과육이 많은 radically 근본적으로 surgeon 외과 의사 sailor 선원

5 insensitivity 무감각(*a.* insensitive) condition (건강) 상태; *질환 sensation 감각 tell 말하다; *알다, 판단하다 burn 화상을 입히다; 화상 undetected 발견되지 않은 repeatedly 되풀이해서 accumulation 축적 life expectancy 기대 수명 immediate 즉각적인 문제 frequently 자주

UNIT 13

수능독해

1 다음 빈칸에 들어갈 말로 가장 적절한 것은?

As scientists learn more and more about genetic manipulation, they may soon have the technology necessary for bringing back extinct species. There is actually a name for this — de-extinction. One of the most talked about de-extinction projects is the possibility of bringing back the mammoth, a large, hairy relative of the elephant that died out thousands of years ago. The process would involve inserting DNA from a frozen mammoth into an Asian elephant. **Although** this wouldn't lead to an actual mammoth, it would create a hybrid with some distinct mammoth traits, such as long, thick hair and the ability to withstand low temperatures. Such traits would allow the endangered Asian elephant to expand its habitat to colder regions. In this way, de-extinction could actually help ________________.

① conserve species that have not yet gone extinct
② learn more about the behavior of Asian elephants
③ explain why certain species are better at surviving
④ prevent people from dying when exposed to the cold
⑤ protect the environment by controlling overpopulation

2 글의 흐름으로 보아, 주어진 문장이 들어가기에 가장 적절한 곳은?

Once it's gone, the water is free to penetrate your skin.

There is a layer of natural oil called sebum that covers your skin, protecting it by making it waterproof. (①) **When** you get caught in the rain, take a quick shower, or wash your hands before dinner, the sebum prevents your skin from getting soaked. (②) But what about the times when you're in water for longer periods, such as when you spend all day playing in a pool? (③) The fact is there's a limited amount of sebum on your skin at any given time, and prolonged exposure to water can actually wash it off. (④) That's why spending a long time in the pool can cause your fingers and toes to wrinkle. (⑤)

* sebum: 피지

정답 및 해설 p.57

3 주어진 글 다음에 이어질 글의 순서로 가장 적절한 것은?

Hormones, which are molecules that provide signals in the body, are an essential part of the regulation of certain physiological processes. **When** hormones are released, they enter the bloodstream.

(A) For example, insulin is secreted by the pancreas. **If** it stimulates cells near the pancreas, other hormones are produced **when** the signal is received. This helps to regulate glucose levels in the blood.

(B) Furthermore, **if** the blood sugar level becomes too low, hormones elsewhere in the body will inhibit the secretion of insulin to stabilize the level. Through hormones in different areas of the body, whether near or far, coordinating their effects, the body can optimize and maintain its functions.

(C) **As soon as** they do so, they begin to make their way through the circulatory system to their final destination, usually organs or tissues. **While** hormones can have an effect in the immediate vicinity of their original source, they can also interact with sites further away in the body.

* secrete: 분비하다 ** pancreas: 췌장

① (A)-(C)-(B)
② (B)-(A)-(C)
③ (B)-(C)-(A)
④ (C)-(A)-(B)
⑤ (C)-(B)-(A)

---

1 genetic 유전(학)의 manipulation 조작, 속임수 extinct 멸종된(n. extinction) relative 친척; *동족 die out 멸종되다, 자취를 감추다 involve 포함하다, 수반하다 insert 끼우다, 넣다 hybrid 잡종 trait 특성 withstand 견뎌[이겨] 내다 endangered 멸종 위기에 처한 habitat 서식지 문제 conserve 보존하다, 보호하다 expose 노출시키다 overpopulation 인구[개체 수] 과잉

2 penetrate 뚫고 들어가다 layer 층 waterproof 방수의 prevent ~하는 것을 막다 soaked 흠뻑 젖은 limited 한정된 prolonged 오래 끄는, 장기의 exposure 노출 wash off ~을 씻어 없애다 wrinkle 주름지다

3 molecule 분자 regulation 조절 physiological 생리적 glucose 포도당 inhibit 억제하다 stabilize 안정화시키다 coordinate 조정하다 optimize 최적화하다 circulatory system 순환계 tissue 조직 vicinity 근처, 인근

4

다음 글에 드러난 'I'의 심경으로 가장 적절한 것은?

Through the pouring rain, I could just barely make out the outline of a building. I slammed on the brakes and turned onto a dirt road. **As** the building got closer, I could see **that** it was an abandoned church. I stopped the car next to it and ran as fast as I could toward an old wooden door that was practically falling off. That's when the hailstones started to fall. The wind was becoming louder, and just **before** I ran into the church, I saw on the horizon what looked like a dark tornado touching the ground. Inside, the sound of the storm was deafening. All I could do was wait and pray **that** it didn't pick me up and carry me away.

① bored and depressed
② relieved and sympathetic
③ ashamed and confused
④ frightened and helpless
⑤ excited and hopeful

5

밑줄 친 부분이 가리키는 대상이 나머지 넷과 다른 것은?

Sam was walking alone on the beach **when** he came upon a tidal pool. To his surprise, he saw a baby dolphin swimming around in it. Sam quickly realized **that** the dolphin was trying to find a way out — ① it was trapped. He knew he had to figure out how to help ② it get back into the ocean. **If** he waited much longer, the tidal pool would dry up and the dolphin would die. **Even though** the dolphin was small, Sam knew ③ it was too heavy for him to lift. He looked around and found a large, sharp rock. Using ④ it as a shovel, he dug a long, shallow trench from the pool to the ocean. **As soon as** he stepped aside, the dolphin spotted the opening and made ⑤ its escape.

6 다음 글의 목적으로 가장 적절한 것은?

Dear Customer,

We are writing to inform you of upgrades to the passenger services on our website. We've combined the frequent flier mileage system with ticketing and check-in **so that** you can access all these features with one account. Furthermore, new upgrades to the site will help your transactions go more smoothly. Finally, we've added an extra layer of security in order to protect your personal data. Please be aware **that** the ticketing, check-in, and mileage features will not be available between 1 a.m. and 2 a.m. GMT on Tuesday, March 5, **in order that** we may apply the upgrades without interruption. We apologize for the inconvenience. We hope you will visit us soon **so that** you can take advantage of these new features and the season's best ticket prices.

Sincerely,
Sky Airways

① 항공 마일리지 사용법을 알리려고
② 개인 정보 보호 정책 강화를 약속하려고
③ 시스템 오류로 인한 불편에 대해 사과하려고
④ 항공권 예매에 따른 새로운 혜택을 홍보하려고
⑤ 사이트 업그레이드를 안내하고 양해를 구하려고

---

4 pour 붓다; *(비가) 억수로 내리다 barely 간신히, 가까스로 make out 알아보다 outline 개요; *윤곽 slam on the brakes 급브레이크를 밟다 abandoned 버려진 practically 사실상; 거의 fall off (분리되어) 떨어지다 hailstone 우박 horizon 지평선, 수평선 deafening 귀청이 터질 듯한 문제 sympathetic 동정적인; *공감하는 ashamed 부끄러워하는, 창피한 helpless 무력한, 속수무책인

5 come upon ~을 우연히 만나다 tidal 조수의 pool 수영장; *웅덩이 trap 가두다 figure out ~을 알아내다 shovel 삽 shallow 얕은 trench 도랑 step aside 옆으로 비키다 spot 발견하다 escape 탈출하다; *탈출

6 inform 알리다, 통지하다 frequent flier (항공 회사의) 단골 고객[이용객] access 접근하다; *이용하다 feature 특색, 특징 account 계좌; *이용 계정 transaction 거래, 매매 interruption 중단, 방해 apologize 사과하다 inconvenience 불편 take advantage of ~을 이용하다

UNIT 13

REVIEW TEST

정답 및 해설 p.59

A 다음 중 어법상 옳은 표현을 고르시오.

1 I would like to know if she (comes / will come) to tomorrow's meeting or not.

2 (If / Whether) it rains or not doesn't matter.

3 There is no chance (that / whether) he will come back soon.

4 John can go to university only if he (gets / will get) a scholarship.

B 주어진 우리말과 같은 뜻이 되도록 괄호 안의 단어들을 바르게 배열하여 문장을 완성하시오.

1 우리가 지금 당장 조치를 취하지 않으면 그 문제는 점점 더 악화될 것이다.
(take action, get, we, worse and worse, will, unless)
→ The problem ______________________________ right now.

2 그 학생은 교사가 말하고 있는 것을 이해하지 못하는 것이 분명하다.
(the student, the teacher, obvious, doesn't, that, what, understand, is saying)
→ It is ______________________________.

C 주어진 우리말과 같은 뜻이 되도록 괄호 안의 단어들을 한 번씩만 사용하여 아래 빈칸을 완성하시오. (단, 필요한 경우 단어를 추가하거나 주어진 단어를 변형하시오.)

1 그 이야기가 사실이든 아니든, 그는 그것을 다른 사람들에게 말하지 말았어야 했다.
(true, have, it, tell, to other people, shouldn't, or not)
→ Whether the story __________ (부사절), he (S) __________ (V) __________ (O) __________ (부사구).

2 그들은 지루해질 때마다 스스로를 즐겁게 할 다양한 방법을 찾는다.
(themselves, bored, get, find, various ways, to amuse)
→ They (S) __________ (V) ______________________ (O) each time __________ (부사절).

UNIT 14

복잡하고 긴 문장의 이해

다양한 형태의 구문을 이해하라!

도치구문 특정 어구를 강조하기 위해서나 문법상의 이유로 주어와 동사의 어순이 바뀌는 것을 도치라 한다.

- 부정어, 부사구, 보어를 강조하기 위해 문두에 두면 주어와 동사의 어순이 바뀔 수 있다.

  ex *Little* **did I** dream that such a thing would happen.

- 「so[neither, nor]+V+S」, 「there[here]+V+S」, 가정법 문장의 조건절, 양보절에서 도치가 일어난다.

  ex I can't remember her name. — *Neither* **can I**.

강조구문 문장 안의 특정 어구를 강조하는 것으로 「it is[was] ~ that」 강조구문, do를 사용한 강조, 강조어구에 의한 강조 등이 있다.

ex **It is** *you* **that** I love.

병렬구문 등위접속사나 상관접속사에 의해 연결된 어구가 문법 형태와 구조상 대등한 관계를 이루는 구문을 병렬구문이라 한다.

ex You must *accept it* **or** *forget about it*. 〈등위접속사〉
I like **not only** *listening to music* **but also** *playing tennis*. 〈상관접속사〉

비교구문 성질·상태·수량의 정도 차이를 나타내기 위한 형용사와 부사의 형태 변화를 비교라 한다. 비교에는 〈원급·비교급·최상급〉의 세 가지가 있다.

ex Tom runs **as fast as** James. ▶ 「as+원급+as」 〈원급 표현〉
Tom is **older than** James. ▶ 「비교급+than」 〈비교급 표현〉
Tom is **the tallest** student in his class. ▶ 「the+최상급」 〈최상급 표현〉

부정구문 전체부정, 부분부정의 표현과 부정어를 포함하지 않는 부정 표현 등에 유의해야 한다.

ex He **never** goes abroad. 〈전체부정〉 **Not all** the students are present. 〈부분부정〉
She is **rarely** late for school. 〈부정어를 포함하지 않는 부정 표현〉

도치구문·강조구문

구문 전략

• 도치

Down came the rain, flooding the streets. 「부사(구)+V+S」

So shocking was the news that she couldn't speak. 「보어+V+S」

Old as he is, he is still strong. 「형용사[부사]+as+S+V」 〈양보절〉

Had I been there, I could have helped her. 〈if를 생략한 가정법 문장에서 조건절의 도치〉

• 강조

I **do** apologize for that. 〈조동사 do[does/did]가 문장이 사실임을 강조〉

You can do **a lot** better. 「a lot/much/even/far/still」 〈비교급 강조 부사〉

EXERCISE 밑줄 친 부분에 유의하여 문장을 해석하시오.

정답 및 해설 p.60

1 It is my parents who have taught me the spirit of tolerance.

2 Near my office are two popular restaurants run by my friends.

3 Were the picture genuine, it would be worth thousands of dollars.

4 It was when I sat in tears in the bedroom that David suddenly appeared.

5 Poor as he was, he still paid for lunch for everyone.

6 Colombia now gets much less cash from its coffee exports than it did a decade ago.

7 Seldom does my boss accept apologies when mistakes are made at work.

8 Never had he received so much money.

9 Had I known that you were ill, I would have visited you.

GRAMMAR TIP

Q 도치구문에서 동사는 모두 주어 앞으로 이동할 수 있나요?

A be동사는 그렇지만, 일반동사는 아래의 두 가지 경우에 따라 달라요.

1. 부사구가 문두에 온 경우
   In the tree *sat* a small bird. 〈장소의 부사구+일반동사+주어〉
2. 부정어가 문두에 온 경우
   Never *did* I *imagine* that my dream would come true. 〈부정어+조동사+주어+일반동사〉

UNIT 14
02 병렬구문

구문 전략

- 등위접속사로 연결된 병렬구문

Jane **and** Mary are close friends. 〈단어와 단어〉

He told us to stay quiet **or** to leave. 〈구와 구〉

I greeted her, **but** she didn't answer. 〈절과 절〉

- 상관접속사로 연결된 병렬구문: 한 쌍의 어구가 짝을 이루어 접속사 역할을 하는 것을 상관접속사라 한다.

「both A and B」 A와 B 둘 다
「not only A but (also) B」 A뿐만 아니라 B도
「either A or B」 A 또는 B 둘 중 하나
「neither A nor B」 A도 B도 둘 다 아닌
「not A but B」 A가 아니라 B

EXERCISE 주어진 우리말과 같은 뜻이 되도록 빈칸에 알맞은 말을 쓰시오.

정답 및 해설 p.60

1 You can __________ take the examination offered to all applicants __________ ask for a personal interview.
당신은 모든 지원자들에게 제공되는 시험에 응시하거나 개인 면접을 요청할 수 있다.

2 She has __________ __________ ample experience __________ __________ a lot of knowledge.
그녀는 풍부한 경험뿐만 아니라 많은 학식도 가지고 있다.

3 The novel is selling well __________ in Japan __________ in Korea.
그 소설은 일본과 한국에서 모두 잘 팔리고 있다.

4 He worked by day __________ by night.
그는 밤낮으로 일했다.

5 It is __________ what you say __________ what you do that matters.
중요한 것은 당신이 말하는 것이 아니라 당신이 하는 것이다.

6 He __________ drinks __________ smokes.
그는 술도 담배도 안 한다.

7 __________ __________ is television amusing, __________ it provides lots of useful information.
텔레비전은 재미있을 뿐만 아니라, 많은 유용한 정보를 제공한다.

GRAMMAR TIP

Q 상관접속사로 연결된 주어 A와 B의 경우 동사는 무엇에 일치시키나요?

A 상관접속사에 따라 달라요.

- both A and B – 복수 취급
- not only A but (also) B, either A or B, neither A nor B, not A but B – B에 일치

비교구문

구문 전략

- 원급 관용 표현

「as long[far] as」 ~하는 한
「as good as」 ~나 다름없는
「as+형용사[부사] 원급+as possible[one can]」 가능한 한 ~한[하게]
「not so much A as B」 A라기보다는 B

- 비교급 관용 표현

「no more than」 단지, 겨우 (= only)
「not less than」 적어도 (= at least)
「no[not any] longer ~」 더 이상 ~ 아니다
「no sooner ~ than …」 ~하자마자 …하다
「비교급+and+비교급」 점점 더 ~한
「not more than」 기껏해야 (= at most)
「no less than ~」 자그마치, 무려
「no other than」 다름 아닌 바로
「the+비교급 ~, the+비교급 …」 ~하면 할수록 더 …하다
「nothing more than ~」 ~에 불과한

EXERCISE 밑줄 친 부분에 유의하여 문장을 해석하시오. 정답 및 해설 p.60

1 In fact, parliament is nothing more than an accessory in this country.

2 It is quite disappointing that no more than three people applied for the job.

3 Eco-friendly life is becoming more and more important in our daily lives.

4 I don't care what you do as long as you keep healthy.

5 He no longer works here.

6 David invested no less than half of his fortune in the stock market just before it crashed.

7 The higher the standard of living is, the greater the amount of paper that is used.

8 He is not so much a businessman as a scholar.

9 No sooner had he arrived than he fell ill.

GRAMMAR TIP

Q 비교급의 의미를 표현할 때는 반드시 than이 쓰이나요?
A 아니에요. 동사 prefer와 inferior, superior, prior 등과 같은 형용사가 쓰인 비교급 구문에서는 than이 아니라 to를 써요.
I **prefer** English **to** science.

UNIT 14
04 부정구문

구문 전략

- **부정어를 포함하지 않는 부정 표현**

「scarcely[hardly] ~」 거의 ~않다
「seldom[rarely] ~」 좀처럼 ~않다
「few / little ~」 ~이 거의 없는
「anything but」 결코 ~이 아닌
「but for」 ~이 없다면
「fail to-v」 ~하지 않다[못하다]
「too ~ to-v」 너무 ~해서 …하지 못하다
「the last ~ to-v[관계대명사절]」 가장 …할 것 같지 않은 ~
「free from」 ~ 없이
「far from+명사(구) / 형용사」 전혀 ~하지 않다

- **기타 관용적 부정 표현**

「not ~ until …」 …해서야 비로소 ~하다
「cannot ~ too …」 아무리 ~해도 지나치지 않다
「not[never] ~ without …」 …하지 않고는 ~않다
「not ~ at all」 전혀 ~ 아니다
「nothing but ~」 ~에 불과한
「not long before ~」 오래지 않아[곧] ~하다

EXERCISE 주어진 우리말과 같은 뜻이 되도록 빈칸에 알맞은 말을 쓰시오.

정답 및 해설 p.60

1 Unfortunately, the amount of money we have is __________ __________ sufficient.
불행히도, 우리가 가진 돈의 액수는 전혀 충분하지 않다.

2 He __________ sees this picture __________ being reminded of his parents.
그는 이 사진을 볼 때마다 그의 부모님을 떠올린다.

3 People are __________ busy with their own lives __________ pay attention to their neighbors.
사람들은 자신의 삶으로 너무 바빠서 이웃들에게 주의를 기울이지 못한다.

4 He was __________ __________ person that we would have expected to be given that job.
우리는 그가 그 일을 가장 맡을 것 같지 않다고 예상했다.

5 __________ __________ I got home did I notice that I was wearing someone else's shoes.
집에 도착해서야 나는 내가 다른 사람의 신발을 신고 있다는 것을 알아챘다.

6 We __________ be __________ careful about our health.
우리는 우리의 건강에 대해 아무리 주의를 해도 지나치지 않다.

7 I am sure it will not be __________ __________ the whole world acknowledges the amazing results of his study.
나는 머지않아 전 세계가 그의 놀라운 연구 결과를 인정하게 될 거라고 확신한다.

GRAMMAR TIP

Q 부분부정이 뭐예요?

A not+all[every, necessarily, always, entirely, wholly, altogether, completely]의 형태로 '전부[반드시, 항상] ~한 것은 아니다'라는 의미를 가지는 것을 부분부정이라고 해요.

The rich are **not always** happy.
부자가 항상 행복한 것은 아니다.

UNIT 14

단문독해

1

빈칸에 들어갈 적절한 말을 다음 글에서 있는 그대로 찾아 각각 1단어로 쓰시오.

People who are obsessed with pursuing fame are usually in search of approval **and** a sense of belonging, **but** acknowledgment from the general public lacks a true human connection. **Not only** are social media "likes" a poor substitute for authentic friendships, **but also** they lack the depth necessary for an emotional support system of relationships with others. Without this safety net, it is difficult to face the ups and downs of life. Society may pressure us to strive for popularity and a predetermined definition of success. However, **it is** those who are content out of the public eye **that** ultimately enjoy a life of fulfillment.

⇨ People obsessed with __________ desire public acknowledgment, which often lacks genuine human connection, but authentic friendships and emotional support are vital in order to __________ life's challenges.

2

빈칸에 들어갈 적절한 말을 다음 글에 있는 그대로 찾아 연속된 7단어로 쓰시오.

There's a reason people crave snacks when they're tired. We're **much hungrier** when we're exhausted because a lack of sleep makes the brain **more sensitive** to the smell of food. Therefore, dieters should get **no less than** six hours of sleep per night. Strangely, research has shown that this increased sensitivity to smells applies only to food. The researchers explained that sleepy people showed **greater** brain activity in two regions of the brains when exposed to food smells **than** alert people did. Other odors failed to create a similar response.

⇨ Being tired can make your brain __________ __________ __________ __________ __________ __________ __________.

3

구리 도둑을 잡기 어려운 이유를 다음 글에 있는 그대로 찾아 연속된 10단어의 문장으로 쓰시오.

Copper has become so expensive that thieves are ripping air conditioners apart just to get it. Businesses have been strengthening their security systems, while the police have been alerted of many more cases. **Hard as businesses may try** to stop copper theft, their attempts have proven unsuccessful, as the thieves focus on locations that are hard to guard, such as construction sites and unoccupied properties.

정답 및 해설 p.60

4

빈칸에 들어갈 적절한 말을 다음 글에 있는 그대로 찾아 각각 1단어로 쓰시오.

People are far **too** busy these days **to have** family dinners together. That's unfortunate, as they have a strong effect on a child's ability to speak. Research tells us that **the more often** families eat together, **the more likely** it is that a child will learn to speak well. This is because family meals are opportunities for children to have conversations with adults. On top of that, they observe how adults communicate with one another. It's an invaluable way to improve a child's language skills and vocabulary.

⇨ Family meals __________ children's speaking ability by giving them chances to watch how adults __________, as well as to have __________ with adults.

5

빈칸에 들어갈 적절한 말을 다음 글에 있는 그대로 찾아 연속된 5단어로 쓰시오.

More than half of healthcare professionals, such as doctors, nurses, and therapists, have dealt with compassion fatigue. Of course, **it is** these professions **that** attract empathetic people, and those who are empathetic are at a greater risk of developing compassion fatigue. The main characteristics of compassion fatigue are mental and physical tiredness and a sudden lack of empathy. If the condition isn't properly addressed, it **not only** worsens a person's overall health **but also** leads to serious ethical dilemmas if the person's job involves caring for people.

⇨ People with compassion fatigue are tired mentally and physically and feel __________ __________ __________ __________ __________, which makes it difficult for them to care for people and has a negative impact on their health.

---

1 be obsessed with ~에 집착하다 approval 인정 a sense of belonging 일체감, 소속감 acknowledgment 인정, 승인 substitute 대안, 대체물 authentic 진정한 safety net 안전망 ups and downs of life 삶의 부침 predetermined 미리 결정된 content 만족하는

2 crave 갈망하다, 열망하다 exhausted 기진맥진한, 진이 다 빠진 lack 부족, 결핍 sensitive 세심한; *예민한(*n.* sensitivity) apply 신청하다; *적용되다 region 지역; *부위, 부분 expose 드러내다, 노출시키다 alert (위험 등을) 알리다; *정신이 초롱초롱한, 기민한 odor 냄새, 악취 response 대답; *반응

3 copper 구리 rip ~ apart ~을 산산조각 내다 strengthen 강화하다 theft 절도 construction 건설 site 위치, 현장[부지] unoccupied 비어 있는 property 재산; *건물

4 unfortunate 불행한 on top of ~ 외에 invaluable 귀중한 vocabulary 어휘

5 professional 전문직 종사자 therapist 치료 전문가, 치료사 compassion 연민, 동정심 fatigue 피로, 피곤 empathetic 공감할 수 있는, 공감을 잘하는 empathy 공감, 감정이입 properly 제대로, 적절히 address 고심하다, 다루다 worsen 악화시키다 ethical 윤리적인, 도덕적인 dilemma 딜레마

UNIT 14

수능독해

1

다음 글의 밑줄 친 부분 중, 문맥상 낱말의 쓰임이 적절하지 않은 것은?

Complex and circuitous **is the journey of scientific discovery**. The process is much **more** changeable and unpredictable **than** simply carrying out the steps of a ① well-organized recipe and obtaining the same result each time. The scientific method **rarely** involves the testing of hypotheses with ② known outcomes. Rather, scientists must use their creativity to explore new areas, developing new hypotheses and fervently pursuing lines of questioning that would ③ disprove the hypotheses. Logic and reason by themselves can only help scientists to a certain degree; without intuition and imagination, they would not be able to detect the connections lying beneath the surface. As it often demands ④ inventiveness and the ability to react and adapt, the process of scientific discovery has a great deal in common with art. Both fields require visionary ideas **as well as** the willingness to risk failure. Through trial and error, adaptability, and dedication to the task, both artists and scientists can achieve breakthroughs and ⑤ hinder an entirely new view of the world.

2

밑줄 친 부분이 가리키는 대상이 나머지 넷과 다른 것은?

It is rattlesnakes **that** people fear most when ① they are hiking in the wilderness of the American Southwest or other parts of the country. These snakes, unique to the Americas, deserve to be treated with caution due to ② their fatally poisonous bite. Actually, **there are around 30 species of rattlesnakes**, with the eastern diamondback being the most deadly. Rattlesnakes are generally about two meters in length. And their most telling characteristic is located on the tip of ③ their tails: the rattle. To warn that ④ they are about to strike, snakes shake it, making a sound. Grown layer by layer with each shedding of ⑤ their skin, the rattle is a group of loosely connected hollow segments.

* eastern diamondback (rattlesnake): 미국 동남부산 방울뱀의 일종

** rattle: 향음기관(특히 방울뱀의 꼬리)

정답 및 해설 p.62

3

주어진 글 다음에 이어질 글의 순서로 가장 적절한 것은?

> When you first meet your true love, you might have a strange feeling that you already know him or her. It might seem as if you have met him or her somewhere before, **either** in a previous life **or** perhaps in a dream.

(A) These beings were so powerful that Zeus decided to cut them in two. Since then, every man and woman has been filled with a strong desire to rejoin the one from whom he or she was separated.

(B) According to this idea, every human being was originally **both** male **and** female, with four arms, four legs, **and** two faces looking in opposite directions on a single head.

(C) In Plato's *Symposium*, Aristophanes claims that this feeling of familiarity can be explained by the fact that your loved one is your long-lost "other half" **and** that your two bodies were once joined together.

① (A)–(C)–(B)
② (B)–(A)–(C)
③ (B)–(C)–(A)
④ (C)–(A)–(B)
⑤ (C)–(B)–(A)

---

1 carry out 수행하다 well-organized 잘 정리된 hypothesis 가설(*pl.* hypotheses) outcome 결과 fervently 열렬히 disprove 반증하다 intuition 직관 detect 감지하다 willingness 의지 trial and error 시행착오 adaptability 적응력 dedication 헌신 breakthrough 획기적인 발견 hinder 방해하다

2 rattlesnake 방울뱀 wilderness 황무지, 황야 deserve ~할 만하다 treat 다루다, 취급하다 caution 조심 fatally 치명적으로 poisonous 독성의 deadly 치명적인, 치사의 telling 효과적인; *뚜렷한, 인상적인 layer 막, 층, 겹 shedding 흘리기; *벗은 허물 loosely 느슨하게, 헐겁게 hollow 속이 빈 segment 마디, 조각

3 previous 이전의 rejoin 재결합하다[시키다] separate 분리되다 claim 주장하다 familiarity 익숙함, 낯익음

4

Lençóis Maranhenses National Park에 관한 다음 글의 내용과 일치하지 않는 것은?

Lençóis Maranhenses National Park is located in Brazil in the northeastern state of Maranhão. Covering about 1,500 kilometers, it is a low area of sand dunes with **neither** plants **nor** trees. Although it may resemble a typical desert, the park has a regular rainy season occurring at the start of each year. When these rains occur, the water collects between the sand dunes, forming blue and green lakes in the middle of the desert. **The more** it rains, **the larger** they grow. They are largest from July to September **and** are home to a surprisingly large variety of fish, despite the fact that they nearly disappear during the dry season. The park is a protected area, with no roads passing through it. The only people who live there make their living catching fish from these lakes.

* sand dune: 사구, 모래언덕

① 브라질 북동부 지역에 위치해 있다.
② 식물이나 나무가 전혀 없는 모래언덕 지역이다.
③ 연초가 되면 우기가 찾아온다.
④ 우기 때 생기는 호수에는 생물이 살지 못한다.
⑤ 보호구역으로 도로가 지나가지 않는다.

5

글의 흐름으로 보아, 주어진 문장이 들어가기에 가장 적절한 곳은?

However, scientists have found that by adding a certain enzyme to a cell, they can prevent its telomeres from shortening.

Each human cell contains a structure which carries that particular person's genes. Our genes are the things that determine how we look and act. (①) **At the end of each of these structures are sticky bodies called telomeres**. (②) They seem to determine the lifespan of our cells, and consequently of us as well. (③) Each time a cell divides, its telomeres get shorter, until finally they are so short that the cell fails to divide and dies. (④) With this addition, the cell remains young and continues to divide. (⑤) Judging from this discovery, the human lifespan is likely to reach 180 years or more before the end of the century.

* telomere: (염색체의) 말단소립

6 다음 빈칸에 들어갈 말로 가장 적절한 것은?

American artist Winslow Homer is primarily known for his ____________________. For Homer, the struggle between man and nature was one of the most important themes of the American nation, and **it was** this struggle **that** was reflected in his work. Later in life, Homer settled in a small town on the Maine coast, which offered him constant exposure to sea scenes. The people he featured in his paintings — primarily fishermen and ship captains — were **not so much** specific individuals **as** representations of human qualities like courage and determination. Just as Homer gave these figures a universal quality, so he did for the ocean itself. Homer's oceans were always violent, passionate expanses of rough water.

① portraits of famous people
② job as a fishing boat captain
③ near-death experience at sea
④ dramatic images of the ocean
⑤ depiction of small coastal towns

---

4 cover 씌우다; *(지역에) 걸치다 resemble ~와 닮다 typical 전형적인 desert 사막 make one's living 생계를 꾸리다
5 enzyme 효소 cell 세포 gene 유전자 sticky 끈적거리는 lifespan 수명 divide 나누다; *분열하다, 갈라지다
6 struggle 투쟁, 노력 theme 주제 reflect 비추다; *반영하다, 나타내다 settle 정착하다 constant 끊임없는, 거듭되는 exposure 노출, 드러냄 scene 현장; *풍경 feature 특징으로 삼다 representation 묘사, 표현 determination 결심, 결정 figure 인물 passionate 열정적인 expanse 넓게 퍼진 공간 rough 거친, 험한 문제 portrait 초상화 depiction 묘사 coastal 해안의

UNIT 14

REVIEW TEST

정답 및 해설 p.64

A 다음 문장에서 어법상 틀린 부분을 찾아 바르게 고쳐 쓰시오.

1 Barely the recreational facilities at this company are utilized by employees.

2 Directly in front of the tourists did a terrific castle stand.

3 Not only did they lost their money, but they were also nearly killed.

4 Please deliver the package as faster as you can.

5 My old friends, as well as my mother, knows that I was afraid of rabbits when I was a little boy.

B 주어진 우리말과 같은 뜻이 되도록 괄호 안의 단어들을 바르게 배열하여 문장을 완성하시오.

1 그는 오른손을 들고 진실만을 말할 것을 선서했다.
(to tell, the truth, nothing but, swore)
→ He raised his right hand and ______________________________.

2 이 프로젝트의 실패에 대해 비난받아야 할 사람은 바로 당신의 상사이다.
(your boss, for, the failure, should, that, of this project, be blamed)
→ It is ______________________________.

C 주어진 우리말과 같은 뜻이 되도록 괄호 안의 단어들을 한 번씩만 사용하여 아래 빈칸을 완성하시오. (단, 필요한 경우 단어를 추가하거나 주어진 단어를 변형하시오.)

1 당신이 더 많은 지식을 얻게 될수록, 당신은 더욱더 겸손해져야 한다.
(modest, become, obtain, knowledge, should)
→ ____________ ______ ______, ____________ ______ ____________.
비교급 관용표현 / S / V / 비교급 관용표현 / S / V

2 내 여동생은 외출만 하면 꼭 지갑을 잃어버린다.
(without, never, her wallet, lose, go out)
→ My younger sister ____________ ______________________.
S / V / 부사적 수식어구

MEMO

지은이

NE능률 영어교육연구소

NE능률 영어교육연구소는 혁신적이며 효율적인 영어 교재를 개발하고
영어 학습의 질을 한 단계 높이고자 노력하는 NE능률의 연구조직입니다.

The 상승 〈구문편〉

펴 낸 이 주민홍
펴 낸 곳 서울특별시 마포구 월드컵북로 396(상암동) 누리꿈스퀘어 비즈니스타워 10층
㈜NE능률 (우편번호 03925)
펴 낸 날 2024년 1월 5일 개정판 제1쇄 발행
2024년 3월 15일 제2쇄
전 화 02 2014 7114
팩 스 02 3142 0356
홈페이지 www.neungyule.com
등록번호 제1-68호
I S B N 979-11-253-4298-4
정 가 15,000원

NE 능률

고객센터

교재 내용 문의 : contact.nebooks.co.kr (별도의 가입 절차 없이 작성 가능)
제품 구매, 교환, 불량, 반품 문의 : 02-2014-7114
☎ 전화문의는 본사 업무시간 중에만 가능합니다.

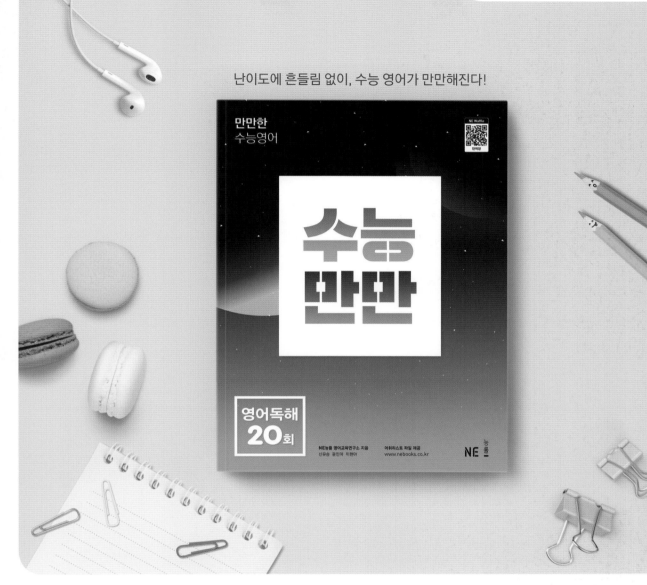

NE능률 교재 MAP

아래 교재 MAP을 참고하여 본인의 현재 혹은 목표 수준에 따라 교재를 선택하세요.
NE능률 교재들과 함께 영어실력을 쑥쑥~ 올려보세요!
MP3 등 교재 부가 학습 서비스 및 자세한 교재 정보는 www.nebooks.co.kr 에서 확인하세요.

초1-2

초3

초3-4

초4-5

초5-6

초6-예비중

중1

중1-2

중2-3
- 첫 번째 수능 영어 기초편

중3
- 첫 번째 수능 영어 유형편
- 첫 번째 수능 영어 실전편

예비고-고1
- 기강잡고 독해 잡는 필수 문법
- 기강잡고 기초 잡는 유형 독해
- The 상승 직독직해편
- 올클 수능 어법 start
- 얇고 빠른 미니 모의고사 10+2회 입문

고1
- 빠바 기초세우기
- 능률기본영어
- The 상승 문법독해편
- 수능만만 기본 영어듣기 20회
- 수능만만 기본 영어듣기 35+5회
- 수능만만 기본 문법·어법·어휘 150제
- 수능만만 기본 영어독해 10+1회
- 맞수 수능듣기 기본편
- 맞수 수능문법어법 기본편
- 맞수 구문독해 기본편
- 맞수 수능유형 기본편
- 수능유형 PICK 독해 기본
- 수능유형 PICK 듣기 기본
- 수능 구문 빅데이터 기본편
- 얇고 빠른 미니 모의고사 10+2회 기본

고1-2
- 빠바 구문독해
- The 상승 어법어휘+유형편
- The 상승 구문편
- 맞수 수능듣기 실전편
- 맞수 수능문법어법 실전편
- 맞수 구문독해 실전편
- 맞수 수능유형 실전편
- 맞수 빈칸추론
- 특급 독해 유형별 모의고사
- 수능유형 PICK 독해 실력
- 수능 구문 빅데이터 수능빈출편
- 얇고 빠른 미니 모의고사 10+2회 실전

고2-3, 수능 실전
- 빠바 유형독해
- 빠바 종합실전편
- The 상승 수능유형편
- 수능만만 어법어휘 228제
- 수능만만 영어듣기 20회
- 수능만만 영어듣기 35회
- 수능만만 영어독해 20회
- 특급 듣기 실전 모의고사
- 특급 빈칸추론
- 특급 어법
- 특급 수능·EBS 기출 VOCA
- 올클 수능 어법 완성
- 능률 EBS 수능특강 변형 문제 영어(상), (하)
- 능률 EBS 수능특강 변형 문제 영어독해연습(상), (하)

수능, 학평 기출
- 다빈출코드 영어영역 고1독해
- 다빈출코드 영어영역 고2독해
- 다빈출코드 영어영역 듣기
- 다빈출코드 영어영역 어법·어휘

수능 이상/ 토플 80-89 · 텝스 600-699점

수능 이상/ 토플 90-99 · 텝스 700-799점

수능 이상/ 토플 100 · 텝스 800점 이상

The 상승

독해 기본기에서
수능 실전 대비까지 **The 상승**

구문편

정답 및 해설

NE 능률

The 상승

독해 기본기에서
수능 실전 대비까지 **The 상승**

구문편

정답 및 해설

01 주어로 쓰인 to부정사구·동명사구

EXERCISE

p.8

1 Setting goals / involves deciding what is important to you.
목표를 설정하는 것은 / 당신에게 무엇이 중요한지를 결정하는 것을 포함한다.

2 To choose the right job / requires a great deal of exploration.
알맞은 직업을 선택하는 것은 / 많은 탐색을 필요로 한다.

3 Making new friends outside your country / can be a great adventure.
당신의 나라 밖에서 새로운 친구들을 사귀는 것은 / 굉장한 경험일 수 있다.

4 Learning a new language / means having another world of thought.
새로운 언어를 배우는 것은 / 또 다른 사고의 세계를 갖는 것을 의미한다.

5 Doing something for others / makes you feel better about yourself.
남을 위해 어떤 일을 하는 것은 / 당신이 스스로에 대해 더 기분 좋게 느끼도록 만든다.

6 To receive a gift from the person you like / is exciting.
당신이 좋아하는 사람으로부터 선물을 받는 것은 / 신나는 일이다.

7 To invest all your money in stocks / is not safe at all.
당신의 모든 돈을 주식에 투자하는 것은 / 전혀 안전하지 않다.

8 Wearing proper clothes / shows how well you understand manners and etiquette.
알맞은 옷을 입는 것은 / 당신이 매너와 에티켓을 얼마나 잘 이해하는지 보여준다.

9 To wait for someone for a long time / is annoying.
누군가를 오랫동안 기다리는 것은 / 짜증스럽다.

10 Following a regular meal schedule / will keep you full longer and help you eat healthier.
규칙적인 식사 시간을 따르는 것은 / 더 오래 포만감을 유지하게 하고 더 건강하게 먹게 한다.

어휘 involve 포함하다 require 필요로 하다 a great deal of 다량의, 많은 exploration 탐색 invest 투자하다 stock 재고; *주식 not ~ at all 전혀 ~않다 proper 적절한, 제대로 된 annoying 짜증스러운

02 수식어가 딸린 긴 주어

EXERCISE

p.9

1 People living in the countryside / tend to have healthy skin.
시골에 사는 사람들은 / 건강한 피부를 갖는 경향이 있다.

2 All the efforts to rescue the pilot / were in vain.
그 조종사를 구하기 위한 모든 노력들은 / 허사였다.

3 Children with interpersonal intelligence / have a more developed sense of humor.
대인관계 지능이 있는 아이들은 / 좀 더 발달된 유머감각을 갖는다.

4 Products made in South Korea / are very popular here.
한국에서 만들어진 제품들은 / 여기에서 매우 인기가 있다.

5 Most people who smoke / have heard about the harmful effects of cigarettes.
담배를 피우는 대부분의 사람들은 / 담배의 해로운 영향에 관해 들어 보았다.

6 The only thing I need you to do for me / is to feed my dog.
네가 나를 위해 해 주었으면 하는 유일한 것은 / 내 개에게 밥을 주는 것이다.

7 The most unique thing about human beings / is that they learn.
인간에 관한 가장 특별한 점은 / 그들이 학습한다는 것이다.

어휘 trace ~ back to ... ~의 기원이 …까지 거슬러 올라가다 rescue 구조하다 in vain 허사가 되어 interpersonal 대인관계의 intelligence 지능 sense of humor 유머감각 effect 효과; *영향 feed 먹이다

단문독해

pp.10-11

1 companies must allocate resources to the right areas

해석 많은 사람들은 비즈니스에서 가장 많이 돈을 쓰는 사람들이 성공을 할 것이라고 믿지만, 이것이 항상 사실인 것은 아니다. 많은 돈을 비즈니스에 투자하는 것은 성공의 보장이 아니다. 기업 자금의 올바른 배분과 경영의 중요성을 부인할 수는 없다. 연구는 비즈니스 성공의 약 60~85%가 투자 자금 이외의 요소에 기인한다는 것이 밝혀졌다. 성공적인 기업을 위해서는 전략, 경영, 인적 자원과 같은 요소에 집중하는 것이 필수적이다. 기업은 견고하고 포괄적인 비즈니스 전략을 개발함으로써 경쟁사에 비해 우위를 점할 수 있다. 매출 증대와 확장에 대한 가능성을 극대화하기 위해서 기업은 적절한 분야에 자원을 분배해야 한다.

문제풀이 마지막 문장에서 매출 증대와 확장에 대한 가능성을 극대

화하기 위해서 기업은 적절한 분야에 자원을 분배해야 한다고 말하고 있다.

구문분석

[4행] Studies have shown [**that** about 60-85% of business success can be attributed to factors outside of investment funds].
[ ]는 동사 have shown의 목적어 역할을 하는 명사절이며, 명사절 내에서 주어는 about 60-85% of business success이다.

[7행] Companies can **give**(V) **themselves**(I.O.) **an advantage**(D.O.) over the competition [by developing a solid and comprehensive business strategy].
「give+I.O.+D.O.」는 수여동사 구문으로 '~에게 …를 주다'라는 의미를 가지며, 특히 give의 직접목적어로 advantage가 와서 give ~ an advantage가 되면 '~이 우위를 점하다'라는 의미가 된다. [ ]는 '~함으로써'라는 의미의 수단을 표현하는 「by+(동)명사」의 전치사구이다.

2 providing them with a list of important facts from each lesson and going over it several times

해석 학습 장애가 있다고 간주되는 몇몇 학생들은 사실 단순히 더딘 학습자들이다. 그들은 다른 학생들과 같은 자료를 익힐 수 있지만, 더 오래 걸린다. 더딘 학습자가 직면하는 한 가지 문제는 그들이 세부적인 것에 집중하여 수업의 요점을 자주 놓친다는 것이다. 이런 이유로, 그들에게 각 수업의 중요한 사실들을 모은 목록을 제공하고 그것을 여러 번 반복해주는 것이 도움이 될 수 있다. 또한, 많은 더딘 학습자들은 자신감이 부족하므로 교사들은 그들을 자주 칭찬해주고 그들이 성공할 가능성이 있는 활동에 참여시켜야 한다.

문제풀이 더딘 학습자는 수업의 핵심 요소를 자주 놓치기 때문에 세 번째 문장에서 각 수업의 중요한 사실들을 모은 목록을 제공하고 그것을 여러 번 반복해주는 것이 도움이 된다고 말하고 있다.

구문분석

[1행] Some students(S) [who are considered learning disabled] are(V) actually just slow learners; … .
[ ]는 주어 Some students를 수식하는 주격 관계대명사절이며, 동사는 are이다.

[4행] For this reason, [**providing** them with a list of important facts from each lesson and **going** over it several times] can be helpful.
동명사구 [ ]가 주어이며, 두 개의 동명사구가 and로 병렬 연결되었다.

3 더 많이 움직이는 것

해석 비록 우리는 많은 시간을 앉아서 보내지만, 많은 건강상의 역효과들이 그것(=앉는 것)과 연관되어 왔다. 예를 들어, 당뇨병의 위험은 대부분의 시간을 앉아서 보내는 사람들 사이에서 더 높다. 다행히도, 이러한 효과들을 피하는 것은 더 많이 움직이는 것만큼이나 간단하다. 이것은 반드시 산에 오르거나 마라톤을 뛰는 것을 의미하지는 않는다. 활동적으로 행동하는 것만으로 충분하다. 예를 들면, 당신은 전화 통화를 하면서 걸어 다닐 수 있다.

문제풀이 앞 문장에서 이러한 효과들을 피하는 것은 더 많이 움직이는 것만큼이나 간단하다고 했으므로, '이것'이 가리키는 것은 '더 많이 움직이는 것(moving around more)'이다.

구문분석

[2행] The risk of diabetes, for example, is higher among those [**who** *spend* most of their time *sitting*].
[ ]는 those를 수식하는 주격 관계대명사절이며, 「those who ~」는 '~하는 사람들'이라는 의미이다. 「spend+시간+v-ing」는 '~하는 데 (시간)을 보내다'의 의미이다.

[3행] Fortunately, [**avoiding** these effects] is *as simple as* moving around more.
[ ]는 주어로 쓰인 동명사구이다. 「as+형용사[부사]+as」는 원급비교 구문으로 '~만큼 …한[하게]'의 의미를 나타낸다.

4 alerts, releasing

해석 금이 간 자전거 헬멧을 착용하는 것은 위험할 수 있다. 그러나, 작은 금들은 찾아보기 어렵다. 이러한 이유로, 당신의 헬멧이 착용하기에 안전한지 확신하는 것은 거의 불가능했었다. 그러나, 이제 새로운 헬멧은 그것이 교체되어야 할 필요가 있을 때 자전거를 타는 사람들에게 알린다. 금이 생기면, 헬멧 안쪽에 위치한 아주 작은 캡슐들이 부서지며 강한 냄새의 기름을 방출한다. 자전거를 타는 사람들이 무언가 나쁜 냄새를 맡기 시작할 때, 그들은 새로운 헬멧을 살 때가 되었다는 것을 안다.
⇨ 새로운 자전거 헬멧은 냄새를 방출함으로써 그것이 금이 갔다는 것을 주인에게 알린다.

문제풀이 새로운 헬멧은 금이 생기면 강한 냄새의 기름을 방출하여 교체되어야 할 필요가 있음을 자전거를 타는 사람에게 알린다는 내용의 글이다.

구문분석

[2행] For this reason, being sure [that your helmet is safe to wear](S) **used to be**(V) nearly impossible.
[ ]는 형용사 sure를 보충 설명하는 명사절로, sure, aware, certain, confident 등 인식을 나타내는 일부 형용사는 뒤에 that절을 취하여 의미를 보충한다. 「used to-v」는 '(과거에) ~하곤 했다'는 과거의 규칙적인 습관이나 지속적인 상태를 나타내며 현재는 그러지 않는다는 의미가 내포되어 있다.

[4행] If a crack forms, tiny capsules(S) [located inside the helmet] break(V), {**releasing** an oil with a strong odor}.
[ ]는 tiny capsules를 수식하는 과거분사구이다. { }는 〈동시동작〉을 나타내는 분사구문이다.

5 horses, humans

해석 눈이 머리에 위치해 있는 방식이 동물의 '시야'를 좌우한다. 즉, 그것은 그것(= 동물)이 머리를 움직이지 않고 얼마나 많이 볼 수 있는지를 결정한다. 우리의 눈은 머리의 앞쪽에 있기 때문에 인간은 약 180도 정도를 볼 수 있다. 하지만 말은 약 215도 정도를 볼 수 있다. 이것은 말이 한 번에 인간이 할 수 있는 것보다 주변을 더 많이 볼 수 있음을 의미한다. 한 번에 그렇게 많이 볼 수 있는 것은 포식자를 끊임없이 경계해야 하는 동물에게 유용하다.

문제풀이 말의 시야는 215도 정도이고, 인간의 시야는 180도 정도이므로 말이 인간보다 주변을 더 많이 볼 수 있다.

구문분석

[1행] The way [**in which** its eyes are positioned on its head] controls … .
(The way = S, controls = V)

[ ]는 「전치사+관계대명사」가 이끄는 관계대명사절로 주어인 The way를 수식하며, 동사는 controls이다.

수능독해 pp.12~15

1 ③ 2 ④ 3 ② 4 ④ 5 ⑤ 6 ③

1 ③

해석 영감의 근원을 심사숙고하는 것은 작품이 탄생한 사고 과정만큼이나 한 사람의 예술 작품에 필수적일 수 있다. 추상 예술가들은 그들 주변의 사람들과 사물들로부터 영감을 얻을 수 있지만, 좀 더 직접적인 접근을 취하는 사람들과 그들을 구별하게 하는 것은 바로 그들이 이 입력을 해석하는 방식이다. 예를 들어, 스칸디나비아 디자인과 민속 양식에 대한 예술가의 매료는 책을 읽거나 인터넷을 검색하는 것에서 나타날 수 있고, 이는 매력적인 북유럽 풍경으로 그림에 표현될 수 있는 새로운 아이디어를 불러일으킬 수 있다. 오래된 관습에 도전하는 것은 획기적인 발견으로 이어질 수 있기 때문에 새로운 예술적 가능성을 탐험하는 것은 창의적인 분야에 종사하는 사람들에게 추진력이 된다. 추상 예술가들에게는 주제가 정확하게 표현될 필요가 없기 때문에 독특한 접근이 필요하다. 예술가가 활용하는 영감은 최종 작품을 만들어 내는 과정에 필수적이다.

문제풀이 영감의 근원을 심사숙고하는 것은 한 사람의 예술 작품에 필수적일 수 있으며 주제가 정확하게 표현될 필요가 없는 추상 예술에 있어서 특히 중요하다는 내용의 글이므로, 글의 주제로 ③ '추상적인 예술 과정에 있어 영감의 중요성'이 가장 적절하다.

오답풀이 ① 외부 요인이 영감에 미치는 영향
② 현대 미술에서 스칸디나비아 디자인의 역할
④ 추상화에 있어서 새로운 예술적 관습의 중요성
⑤ 추상미술에서 주제를 이해하는 것의 어려움

구문분석

[3행] ..., but **it** is the way [they interpret this input] **that** sets them apart from those [who take a more direct approach].

it ~ that 강조 구문이고 첫 번째 [ ]는 the way를 수식하는 관계부사절로 관계부사가 생략된 형태이면서 이 부분이 강조된 구문이다. 진주어절 속의 두 번째 [ ]는 선행사 those를 수식하는 주격 관계대명사절이다.

[4행] For example, an artist's fascination with Scandinavian design and folk patterns may emerge from reading books or browsing the internet, [sparking new ideas {that can be interpreted in paintings as a charming Nordic scene}].

[ ]는 주절이 기술하는 상황에 부수적인 상황을 나타내는 것으로 현재분사 sparking으로 시작하는 분사구문이고, { }는 선행사 new ideas를 수식하는 주격 관계대명사절이다.

2 ④

해석 많은 연구들은 개들이 그들의 주인들의 성격과 비슷한 성격을 발달시킬 수 있다는 것을 보여준다. 50개의 다른 종들을 포함한 1,600마리의 개 주인들은 최근에 그들의 개의 행동을 묘사할 뿐만 아니라 그들 자신의 성격도 또한 묘사할 것을 요청받았다. 연구원들은 개들이 나이가 들면서 성격에 나타나는 변화들이 종종 그들의 주인의 생활 방식이나 경험에 의해 야기된다고 믿는다. 이것 때문에, 개와 주인의 성격은 종종 서로를 반영한다. 예를 들면, 공격적이라고 묘사된 대부분의 개들은 비슷한 부정적인 성격 특성을 가진 주인이 있는 것으로 밝혀졌다. 연구원들에 따르면, 이미 우리 자신의 것과 비슷한 성격을 가진 개들에게 끌리는 것은 주인들과 그들의 반려동물들 사이의 유사성을 야기하는 또 다른 요인이 될 수 있다.

문제풀이 공격적이라고 묘사된 개들이 '찾은 것(found)'이 아니라 그들이 비슷한 부정적인 성격 특성을 가진 주인이 있는 것으로 '밝혀진' 것이므로 ④의 found를 수동태인 were found로 고쳐야 한다.

오답풀이 ① that은 동사 suggest의 목적어로 쓰인 명사절을 이끄는 접속사이다.
② to describe는 동사 were recently asked에 이어져 not only to describe와 함께 「not only A but (also) B」의 병렬 관계를 이루는 구문이다.
③ 주어가 dog and owner personalities이고 주어진 글에서 시제는 현재시제를 사용하고 있으므로 mirror는 적절하다.
⑤ that은 another factor를 선행사로 하는 주격 관계대명사이다.

구문분석

[1행] A number of studies suggest [that dogs can develop personalities (which are) similar to those of their owners].

[ ]는 동사 suggest의 목적어로 쓰인 명사절이다. personalities와 similar 사이에 「주격 관계대명사+be동사」가 생략되었다. those는 personalities를 가리킨다.

[8행] …, being drawn to dogs [that already have similar personalities to our own] could be another factor {that causes similarities between owners and their pets}.
(being drawn to dogs = S, could be = V)

[ ]와 { }는 각각 선행사 dogs, another factor를 수식하는 주격 관계대명사절이다.

3 ②

해석 우리는 한밤중에 간식을 갈망할 때 우리의 조상들을 탓해도 된다.

연구는 생물학적 주기 시스템이라고도 알려진 체내의 시계에 의해 야식에 대한 우리의 욕구가 부추겨진다는 것을 보여주는데, 그 시계는 우리에게 언제 자야 하고 언제 일어나야 할지를 알려 준다. 이러한 갈망은 야생에서 생존하기 위한, 이제는 불필요한 전략의 잔재이다. 오래전에는, 밤에 많은 양의 식사를 하는 것이 우리 조상들이 기근 동안 에너지를 저장할 수 있도록 도와주었다. 그러나 우리 식습관의 변화는 그것을 쓸모없게 만들었고, 그것은 현재 심각한 건강 문제를 일으키고 있다. 기근에 직면할 가능성이 더 적은 현대인들이 오늘날 불필요하게 먹고 있으며, 이는 늘어나고 있는 비만율의 핵심 요인이다.

⇨ 우리 조상들의 생존 전술이 현대의 비만 문제의 가장 큰 원인들 중 하나이다.

문제풀이 과거 조상들이 기근을 대비해 에너지를 저장하기 위해 밤에 많은 양의 식사를 했던 생존 전략이 몸에 남아 오늘날 비만 문제의 원인이 되었다는 내용이다.

구문분석

[2행] … by the body's internal clock, [also known as the circadian system], {**which** tells us…}.

[ ]는 삽입구로 the body's internal clock을 보충 설명한다. { }는 the body's internal clock을 선행사로 하는 계속적 용법의 주격 관계대명사절이다.

[5행] Long ago, [eating large meals at night] **helped** our ancestors **store** energy during famines.

[ ]는 주어 역할을 하는 동명사구이다. 「help+O+(to-)v」는 '~가 …하는 것을 돕다'라는 의미이다.

[7행] Modern people, [**who** are less likely to face famines], are now eating unnecessarily, {*which* is a key factor in rising obesity rates}.

[ ]는 주어 Modern people을 선행사로 하는 계속적 용법의 주격 관계대명사절이다. { }는 앞 절 전체를 선행사로 하는 계속적 용법의 주격 관계대명사절이다.

4 ④

해석 젓가락은 아시아 전역에서 사용되지만, 금속 젓가락은 전통적으로 오직 한국에서만 발견된다. 중국, 일본, 태국, 인도네시아를 포함한, 다른 아시아 국가의 사람들은 일반적으로 대나무 혹은 나무로 만든 젓가락을 사용한다. 왜 한국이 기존과는 다른 젓가락 전통을 발전시켰는지 아무도 확신하지 못한다. 이 차이를 설명하는 하나의 이론은 한국의 세 고대 왕국 중 하나인 백제 시대로 거슬러 올라간다. 왕실 구성원들의 암살을 예방하기 위해서, 은 젓가락이 사용되었다. 이것은 은이 독과 접촉을 하게 되면 색깔이 변한다고 믿어졌기 때문이다. 그 왕국의 평민들도 왕실에 대한 존경의 표시로 이 전통을 따르기를 원했다. 그러나, 그들은 은을 살 여유가 없었기 때문에 대신에 쇠젓가락을 사용하는 것이 지역의 전통이 되었다.

문제풀이 오직 한국에서만 금속 젓가락이 사용되는 이유로 고대 백제 왕실이 암살을 피하기 위해 은 젓가락을 사용했고 평민들도 이 전통을 따르기를 원했으나 은을 살 여유가 없어서 쇠 젓가락을 사용하게 되었다는 내용의 글이므로, 글의 제목으로 ④ '한국의 젓가락 전통에 숨겨진 이야기'가 가장 적절하다.

오답풀이 ① 아시아의 서로 다른 젓가락 전통
② 금속 젓가락을 사용하는 것의 이점
③ 은 젓가락: 왕실의 암살범
⑤ 오직 아시아인들만 젓가락으로 먹는 진짜 이유

구문분석

[2행] People [in other Asian countries, including China, Japan, Thailand, and Indonesia], generally use chopsticks {made of bamboo or wood}.

[ ]는 주어 People을 수식하는 전치사구이며, { }는 chopsticks를 수식하는 과거분사구이다.

[4행] One theory [**to explain** this difference] dates back to Baekje, one of Korea's three ancient kingdoms.

[ ]는 One theory를 수식하는 형용사적 용법의 to부정사구이다. Baekje와 one of Korea's three ancient kingdoms는 동격이다.

5 ⑤

해석 초등학교에서 우리 중 대부분은 글을 읽을 때, 글의 행 밑을 손가락으로 긋지 말라고 배웠다. 하지만, 보다 최근의 연구들은 이 방법이 실제로는 당신의 독서 속도와 이해력을 증진시킬 수 있다는 것을 보여 주고 있다. 손가락으로 당신이 읽어 가는 부분을 표시하는 것은 읽던 위치를 잊어버리지 않게 해 주고, 그것(=읽던 위치)을 찾기 위해 다시 되돌아가지 않게 해 주기 때문에 당신이 더 빨리 읽을 수 있도록 해 준다. 그렇지 않을 경우, 이와 같은 불필요한 다시 읽기는 당신의 독서 시간의 약 1/6을 차지할 것이다. 게다가, 페이지 위에 손을 대고 독서를 하는 것은 한 곳에 당신의 주의를 집중하게 하고, 당신의 정신이 산만해지는 것을 막기 때문에 이해력을 향상시킨다. 그러므로 다음에 당신이 책을 집어 들면, 독서를 할 때 손가락 끝으로 단어들에 밑줄을 그어 보면서, 당신의 읽기 속도가 떨어지는(→ 상승하는) 것을 지켜보라.

문제풀이 손가락으로 밑줄을 그으며 책을 읽는 것이 읽기 속도 향상에 도움을 준다고 말하고 있으므로, ⑤의 drop을 '상승하다, 향상되다' 등의 의미를 가진 increase, rise 등으로 고쳐야 한다.

구문분석

[3행] Marking your progress with a finger **enables** you **to read** faster because it *prevents* you *from losing* your place and *backing* up to locate it.

「enable+O+to-v」는 '~가 …할 수 있게 하다'의 의미이다. 「prevent+O+from+v-ing」는 '~가 …하는 것을 막다'의 의미로 prevent 대신 keep[stop/prohibit]을 쓸 수도 있다.

6 ③

해석 위 도표는 2010년과 2015년에 적어도 100세인 사람들인 센터네리언(centernarians)의 주거 실태를 보여 준다. 2010년에, 가족과 함께 사는 100세 이상의 노인의 비율은 주거 실태가 알려져 있지 않은 노인의 비율보다 3배 이상 높았다. 2010년과 2015년 두 해 모두, 친척과 함께 사는 100세 이상의 노인은 가장 작은 그룹을 차지했다. (반면에, 요양원에서 지내는 100세 이상의 노인 비율은 두 해 모두 모든 주거 유형 중에 가장 높았다.) 요양원에서 지내는 100세 이상의 노인 비율이 두 배 이상이 되면서 이 주거 실태는 2010년에서 2015년 사이에 가장 큰 증가세를 보였다. 한편, 혼자 사는 100세 이상 노인 비율은 2퍼센트 포인트 미만으로 약간 증가했다.

문제풀이 모든 주거 유형에서 2010년과 2015년 두 해 모두 가장 높은 비율은 요양원에서 지내는 100세 이상의 노인 비율이 아니라 가족과 함께 지내는 100세 이상의 노인 비율이므로 ③은 도표와 일치하지 않는다.

구문분석

[2행] …, the percentage of centenarians [living with family members] was more than **three times higher than** the percentage (of centenarians) [whose residential situation was unknown].
(S: the percentage of centenarians; V: was)

첫 번째 [ ]는 centenarians를 수식하는 현재분사구이다. 「배수사+비교급+than」은 '~보다 (몇) 배로 …한'이라는 의미이다. 두 번째 [ ]는 앞에 반복되어 생략된 centenarians를 수식하는 소유격 관계대명사절이다.

UNIT 01 REVIEW TEST

p.16

A

1 provides

해석 소설을 읽는 것은 즐거운 시간을 제공한다.

풀이 주어의 핵은 동명사 Reading이므로 단수 취급한다.

2 makes

해석 일출을 보는 것은 모두가 행복함을 느끼게 해 준다.

풀이 주어의 핵은 동명사 Seeing이므로 단수 취급한다.

3 was

해석 너와 네 친구들을 만난 것은 큰 즐거움이었다.

풀이 주어의 핵은 동명사 Meeting이므로 단수 취급한다.

4 were

해석 지역 도서관에서 빌린 책들은 기대했던 것보다 좋지 않았다.

풀이 주어의 핵은 The books이고 borrowed … library는 주어를 수식하는 과거분사구이므로, 주어 The books의 수에 동사를 일치시킨다.

5 are

해석 교육과 훈련에 투자하는 근로자들이 더 생산적이다.

풀이 주어의 핵은 Workers이고 who … training은 Workers를 수식하는 주격 관계대명사절이므로, 주어 Workers의 수에 동사를 일치시킨다.

B

1 Learning a foreign language offers many advantages

2 that most people don't know is how to control their time

C

1 Exercising[To exercise] regularly is the best way to stay healthy.
(S: Exercising[To exercise] regularly; V: is; S.C.: the best way to stay healthy)

2 Students who are attending private school must wear school uniforms.
(S: Students who are attending private school; V: must wear; O: school uniforms)

UNIT 02 주어 찾기 2

01 명사절 주어

EXERCISE p.18

1 How people learn / varies according to their learning style.
사람들이 어떻게 배우는지는 / 그들의 학습 방식에 따라 다양하다.

2 Whether your audience understood your speech / matters most.
청중이 당신의 연설을 이해했는지가 / 가장 중요하다.

3 Why people want to buy a new car / is our research topic.
왜 사람들이 새 차를 사고 싶어 하는지가 / 우리의 연구 주제이다.

4 What is important / is the satisfaction your work brings.
중요한 것은 / 너의 일이 가져다주는 만족이다.

5 Who broke the window / will never be known.
누가 창문을 깼는지는 / 절대 알려지지 않을 것이다.

6 That she forgot my name so quickly / was a shock to me.
그녀가 내 이름을 그렇게 빨리 잊어버렸다는 것이 / 나에게는 충격이었다.

어휘 vary 서로 다르다 satisfaction 만족

02 가주어 it과 진주어

EXERCISE p.19

1 It is important to eat three balanced meals every day.
매일 세 끼의 균형 잡힌 식사를 하는 것이 중요하다.

2 It was strange seeing my parents in my classroom.
내 교실에서 부모님을 보는 것은 이상했다.

3 It doesn't matter whether you win first prize or not.
네가 1등상을 받느냐 아니냐는 중요하지 않다.

4 It is natural that parents should be worried about their children.
부모가 그들의 자녀들에 대해 걱정하는 것은 자연스럽다.

5 It's no wonder that your brain works much better after a sound sleep.
숙면 뒤 뇌가 훨씬 더 잘 작동하는 것은 당연하다.

6 It was very exciting to read your article about building good relationships.
좋은 관계를 형성하는 것에 대한 당신의 기사를 읽는 것은 굉장히 재미있었다.

7 It's amazing that such a simple thing as giving thanks can change the way you view yourself.
감사하기와 같은 그렇게 간단한 것이 당신이 스스로를 바라보는 방식을 바꿔놓을 수 있다는 것은 놀랍다.

어휘 balanced 균형 잡힌 sound 소리; *(잠이) 깊은

단문독해 pp.20-21

1 ②

해석 더 많은 사람들이 지속 가능한 교통수단을 선택하는 것에는 단점이 있다. 도시들은 자전거 이용자 수의 증가에 대처하는 데 어려움을 겪고 있다. 예를 들어, 자전거의 훼손이나 도난을 방지하기 위해서 충분한 자전거 주차장이 필요하다. 반면에, 자전거 통근률이 높은 도시는 교통사고 사망자가 더 적은 것으로 나타나 자전거 이용자를 위한 개선된 인프라가 필수적이라는 생각을 뒷받침하고 있다. 도시 공무원들이 더 많은 자전거 거치대를 설치하고 자전거 인프라를 개선하는 데 투자하는 것이 중요하다. 이것은 더 많은 사람들이 자전거를 사용하도록 동기를 부여할 것이고, 이는 환경에 더 좋고 사람들에게 더 건강한 변화이다.

문제풀이 도시 공무원들이 더 많은 자전거 거치대를 설치하고 자전거 인프라를 개선하는 데 투자한다면 더 많은 사람들이 자전거를 타도록 동기 부여가 될 것이므로, 빈칸에는 ② motivate(동기를 부여하다)가 적절하다.

오답풀이 ① 강요하다 ③ 단념하게 하다

구문분석

[4행] On the other hand, **it** has been demonstrated [**that** cities with high bike-to-work rates have fewer traffic fatalities], [**providing** support for the idea {that improved infrastructure for cyclists is essential}]. 

첫 번째 [ ]는 명사절로 가주어 it에 대한 진주어 역할을 하며, 두 번째 [ ]는 주절이 기술하는 상황에 대한 부수적인 상황을 나타내는 분사구문이다. 두 번째 [ ] 안의 { }는 the idea와 동격절이다.

2 **현금 결제는 현금이 무엇에 비용으로 쓰이는지 보는 것이 쉽기 때문이다.**

해석 당신이 어떤 결제 수단을 사용하는지는 당신의 지출에 영향을 끼친다. 당신이 뭔가를 살 때, 당신의 뇌는 일종의 고통을 겪는다. 현금은 신용카드보다 이 고통을 더 많이 주는데 현금이 무엇에 비용으로 쓰이는지 보는 것이 쉽기 때문이다. 그러므로, 현금 사용자들은 종종 적게 지출한다. 반면에 신용카드를 가지고는 당신이 돈을 무엇에 썼는지가 명확하지 않다. 그것은 모두 합쳐져서 나중에 지불된다. 이런 이유로, 사람들이 신용카드를 가지고 초과 지출하는 것은 흔한 일이다.

문제풀이 세 번째 문장의 Cash causes 이하에서 그 이유를 설명하고 있다.

구문분석

[5행] For this reason, **it** is common *for people* [**to overspend** with credit cards].
it은 가주어, to부정사구인 [ ]가 진주어이며, for people은 to부정사의 의미상 주어이다.

③ 엄지손가락의 크기와 위치

해석 무엇이 인간을 동물과 다르게 만드는가는 흔한 논의이다. 한 의견은 그것은 우리의 엄지손가락이라는 것이다. 인간과 다른 영장류들은 마주볼 수 있는 엄지손가락을 가지고 있는데, 그것은 그것들이 다른 손가락들을 만질 수 있다는 것을 의미한다. 그러나, 크기와 위치의 측면에서 인간의 엄지손가락은 우월하다. 인간의 엄지손가락이 다른 손가락들에 더 가깝다는 것은 우리 손의 유용성에서 핵심이다. 더 긴 엄지손가락을 가지는 것은 또한 뚜렷한 장점인데, 그것은 물건들을 잡는 것을 더 쉽게 만들기 때문이다.

문제풀이 다른 영장류도 엄지손가락을 가지고 있으나, 크기와 위치의 측면에서 인간의 엄지손가락이 유용하며 물건을 잡는 것을 더 쉽게 만든다고 했다.

구문분석

[2행] Humans and other primates have opposable thumbs, **which** means [(that) they can touch the other fingers].
which는 계속적 용법의 주격 관계대명사로, 앞 절 전체를 선행사로 받는다. [ ]는 동사 means의 목적어로 쓰인 명사절이며 접속사 that이 생략되었다.

④ 세상에 무엇을 베풀었는가, 남에게 무엇을 가르쳤는가

해석 당신이 누구든지, 어디에 살든지와 상관없이, 언젠가 당신의 삶은 끝날 것이다. 그렇게 될 때(= 당신의 삶이 끝날 때), 당신이 무엇을 소유하고 있는지 혹은 얼마나 많은 돈을 가지고 있는지는 중요하지 않을 것이다. 또한 사람들이 당신에 대해 어떻게 생각하느냐도 중요하지 않을 것이다. 그날에 중요할 것은 당신이 세상에 무엇을 베풀었고, 다른 사람들에게 무엇을 가르칠 수 있었는가이다. 이것을 명심하고 의미 있는 삶을 살아라.

문제풀이 네 번째 문장에서 what you gave back to the world와 what you were able to teach others가 인생이 끝나는 날에 중요할 것이라고 했다.

구문분석

[2행] **Nor** will *it* matter [*what* people think of you].
부정어구 Nor가 문두에 나와 「부정어구+조동사+주어+동사」의 어순으로 도치되었다. it은 가주어이고 [ ]가 진주어이다.

⑤ ③

해석 개 강박 장애를 가지고 있는 개들은 자신의 꼬리를 쫓아다니며 물거나 벌어진 상처가 날 때까지 발을 물어뜯기 같은 해로운 동작을 반복한다. 이것을 해결하기 위해서는, 어떤 스트레스 요인이 반복적인 행동을 촉발시키는가가 밝혀져야 한다. 예를 들어, 큰 소음이 당신의 개로 하여금 자신의 꼬리를 뒤쫓게 만든다면, 그 소음을 내는 것을 피하도록 노력하라. 또한 당신의 개가 주의 집중을 필요로 하는 활동을 하느라 바쁘도록 하는 것도 도움이 된다. 예를 들어, 먹이가 들어 있는 퍼즐 장난감이 있다. 개 강박 장애가 있는 개들은 그 장난감을 열려고 애쓰느라 정신적 에너지를 쏟을 수 있다. 이는 개들이 스트레스 요인에 집중하는 것과 해로운 습관을 반복하는 것을 막아준다.

문제풀이 (A)와 (B) 다음에서 모두 앞에 나온 내용의 예시를 제시하고 있으므로 〈예시〉의 접속사 ③ For instance가 적절하다.

구문분석

[6행] …, there are puzzle toys [that contain food]; … .
[ ]는 puzzle toys를 수식하는 주격 관계대명사절이다.

[7행] This **keeps** them **from focusing** on their stressors and **from repeating** harmful habits.
「keep+O+from+v-ing」는 '~가 …하지 못하게 하다'의 의미이다.

수능독해 pp.22-25

1 ④ 2 ③ 3 ③ 4 ④ 5 ① 6 ④

1 ④

해석 '어떻게 지내세요?'와 같은 상대의 안부를 확인하는 질문과 '모든 것이 좋아요'와 같은 긍정적인 대답으로 대화를 시작하는 사회적 관습은 주목할 만한 가치가 있는 것이다. 비록 이 문화적 규범은 사회가 희망과 긍정적인 태도를 소중히 여기는 방식을 보여 주지만, 이러한 규범이 전 세계적으로 발견되지는 않는다. 예를 들면, 일본에서는 공개적으로 긍정적인 감정을 표현하는 것이 사회적으로 허용되지 않는다. 이것은 겸손이 높게 평가되고 의도적으로 관심을 끄는 것은 부적절하다고 여겨지기 때문이다. 이러한 문화적 차이 때문에 오해가 발생할 수 있다. 예를 들면, 일본인에게는 자신을 긍정적으로 표현하는 미국인이 오만하게 보일 수 있는 반면에, 미국인에게는 일본인의 내성적인 자기 표현이 자신감의 부족으로 해석될 수 있다. 효과적인 의사소통을 위해 이러한 문화적 차이를 이해하고 문화 간의 관계를 구축하는 것이 중요하다.

문제풀이 주어진 문장의 이러한 문화적 차이(these types of cultural differences)는 ④ 앞의 일본에서는 겸손이 높게 평가되고 의도적으로 관심을 끄는 것이 부적절하다고 여겨진다는 내용을 가리키고, 주어진 문장의 오해(misunderstandings)는 ④ 뒤의 일본인에게 미국인이 오만하게 보일 수 있고, 미국인에게는 일본인이 자신감이 부족하다고 해석될 수 있다는 내용을 가리키므로 ④에 들어가는 것이 가장 적절하다.

구문분석

[8행] For example, to Japanese people, Americans [who present **themselves** positively] may seem conceited, [**whereas** to Americans, Japanese people's reserved self-presentation may be interpreted as a lack of confidence].
첫 번째 [ ]는 선행사 Americans를 수식하는 주격 관계대명사절인데 동사 present의 목적어가 주어 역할을 하는 선행사

Americans를 지칭하므로 재귀대명사 themselves가 사용되었다. 두 번째 [ ]는 접속사 whereas를 사용한 대조의 부사절이다.

[11행] **It** is important [{**to understand** these cultural disparities for effective communication} and {**to build** relationships across cultures}].
It은 가주어이고 [ ]는 진주어인데, [ ] 안에서 두 개의 { }는 두 개의 to부정사구가 and로 병렬되어 있다.

2 ③

해석 운동의 지도자는 중요하다. 그러나, 기업가 데릭 시버스가 소개한 한 이론은 지도자의 첫 번째 동조자가 똑같이 중요하다는 것을 시사한다. 이것은 첫 번째 동조자가 지도자의 아이디어를 더 믿을 수 있어 보이게 하기 때문이다. 시버스에 의하면, 아이디어를 가진 사람을 지도자로 바꾸는 것은 첫 번째 동조자이다. 지도자와 첫 번째 동조자는 비웃음을 당하는 동등한 위험을 함께 부담한다. 그러나, 첫 번째 동조자가 참여한 후에는 다른 사람들이 그 운동에 참여하는 것이 훨씬 덜 위험해진다. 어느 시점에서, 점점 더 많은 사람들이 참여함에 따라, 그 운동의 일부가 되지 않는 것이 실제로 더 위험해진다. 따라서 당신이 위대한 일들을 혼자하고 있는 누군가를 안다면, 그 사람의 첫 번째 동조자가 되는 것을 두려워하지 말라. 당신은 당신이 기대하는 것보다 더 큰 영향을 미치게 될 것이다.

문제풀이 어떤 아이디어에 대해 지도자와 첫 번째 동조자가 비웃음을 '당하는' 것이므로 ③의 laughing at을 동명사의 수동태인 being laughed at으로 고쳐야 한다.

오답풀이 ① a theory는 '소개되는' 것이므로 수동의 의미인 과거분사 introduced는 적절하다.
② 사역동사 make의 목적격보어로 동사원형인 seem을 썼다.
④ it은 가주어이고, not to become part of the movement는 진주어이며, to부정사의 부정은 to 앞에 not을 붙인다.
⑤ someone은 위대한 일들을 혼자 '하는' 것이므로 능동의 의미인 현재분사 doing은 적절하다.

구문분석

[3행] According to Sivers, [what **turns** a person with an idea **into** a leader] is the first follower.
[ ]는 선행사를 포함하는 관계대명사 what이 이끄는 명사절로 문장의 주어이다. 「turn A into B」는 'A를 B로 바꾸다'의 의미이다.

[5행] After the first follower joins, however, **it** becomes far less risky *for others* [**to join** the movement].
it은 가주어이고 to부정사구인 [ ]가 진주어이며, for others는 to부정사의 의미상 주어이다.

3 ③

해석 당신 가족의 안정을 보장하기 위해 생명보험이 필요한 이유는 분명할 것이다. 그리고 당신이 가족의 미래에 대해 염려한다면, 당신은 생명보험에 들기 전에 조사해 보아야 한다. 좋은 보험 증권은 그들에게 재정적으로 도움이 되지만, 반면 나쁜 것은 그렇지 않을 것이다. 좋은 생명보험이 있으면, 당신에게 어떤 참담한 일이 일어난다 하더라도 당신의 가족들이 동일한 생활 방식을 이어 나가는 것이 가능하다. 예를 들면, 효과적인 보험 증권은 당신이 처음에 아이들을 위해 계획했던 질 좋은 교육을 그들이 받을 수 있도록 보장해 줄 것이다. 불행히도, 미래에 대한 멋진 계획을 가지고 있던 많은 가족들이 가족의 주 부양자가 사망한 후에 이러한 계획을 추구할 수 없다는 것을 알게 된다. 따라서, 당신은 가능한 한 빨리 효과적인 생명보험을 드는 것이 현명할 것이다.

문제풀이 (A) 문맥상 좋은 보험 증권은 '재정적으로' 도움을 준다는 내용이 되어야 하므로 financially가 적절하다. ethically는 '윤리적으로'라는 의미이다.
(B) 좋은 생명보험은 당신에게 '참담한' 일이 일어났을 때에도 가족들이 동일한 생활 방식을 이어 나가는 것을 가능케 한다는 내용이므로, disastrous가 적절하다. vigorous는 '활발한'이라는 의미이다.
(C) 가족의 주 부양자가 사망한 후에는 계획했던 것들을 계속해서 '추구하는' 것이 불가능하다는 의미이므로 pursue가 적절하다. recognize는 '깨닫다'라는 의미이다.

구문분석

[4행] ..., **it** is possible *for your family* [**to continue** living the same kind of lifestyle] ... .
it은 가주어, to부정사구 [ ]가 진주어이며, for your family는 to부정사의 의미상 주어이다.

[6행] ..., an effective insurance policy will ensure [that your children can afford the high-quality education {(which [that]) you initially had planned for them}].
[ ]는 ensure의 목적절로 접속사 that이 이끌고 있다. { }는 앞의 the high-quality education을 수식하는 관계대명사절로, 목적격 관계대명사 which[that]가 생략되었다.

4 ④

해석 장-미셸 바스키아는 1970년대와 1980년대에 활발하게 활동했던 위대한 미국 화가였다. 그의 미술 작품이 오늘날 매우 존경받는 것은 놀라운 일이 아니다. 그가 그의 경력을 어떻게 시작했는지는 그가 유명해진 것이 예상 밖이고 놀라운 일이었음을 보여준다. 그는 그의 첫 그림을 그의 아버지의 직장에서 얻은 여분의 종이에 그렸고, 그의 어머니는 그에게 그의 재능을 발전시키라고 격려했다. 1976년, 16세의 나이로, 그와 그의 친구는 그들 스스로를 'SAMO'라고 부르며 그래피티 작품을 만들기 시작했다. 그들의 작품은 주목을 받았지만, 바스키아는 여전히 생계를 유지하기 어려웠다. 마침내 1980년, 그는 한 미술 전시회에 출연했고 큰 인정을 받았다. 비평가들은 그가 상징과 인간의 모습을 그리는 방식을 사랑했다. 오늘날, 그의 그림들 중 단 하나라도 수백만 달러에 팔릴 수 있다.

문제풀이 비평가들은 그가 상징과 인간의 모습을 그리는 방식을 사랑했다고 했으므로, ④는 글의 내용과 일치하지 않는다.

구문분석

[2행] [How he began his career] (S) shows (V) {**that** his rise to fame was unlikely and surprising}.
의문문 How가 이끄는 [ ]는 주어로 쓰인 간접의문문이다. 접속사 that이 이끄는 명사절 { }이 동사 shows의 목적어로 쓰였다.

[6행] Their artwork got attention, but **it** was still difficult *for Basquiat* [**to make** a living].

it은 가주어이고 [ ]가 진주어이다. for Basquiat는 to부정사의 의미상 주어이다.

[8행] Critics loved the way [he painted symbols and human figures].

[ ]는 the way를 선행사로 하는 관계부사절로, the way를 how로 바꾸어 쓸 수 있다.

5 ①

해석 직장에서 돈을 많이 버는 것은 중요하지만 그것이 당신의 일을 하는 데 결정적인 요인은 아니다. 당신이 불만을 느끼면 육체적, 정신적 건강이 악화될 수 있다. 당신은 일 문제 때문에 우울함을 느끼며 집에 가고 다시 출근하기를 싫어한다. 더욱이, 당신이 자신의 일을 의미 있다고 여기지 않으면, 당신의 경력을 계속 발전시키기가 힘들다. 당신이 일에 만족할수록, 경력 발전을 실현시킬 가능성이 더 커질 것이다. 당신이 만족하지 않는다면, 당신은 거기에 가고 싶지 않을 것이기 때문에 발전하고 싶지 않을 것이다. 당신이 중요하게 생각하는 전부가 월급과 일자리 안정뿐이라면 동기 부여를 받기가 매우 힘들다. 따라서, 당신이 일의 상황을 바꾸고 싶다면, 먼저 어떤 종류의 일이 당신을 만족스럽게 하는지를 찾아내는 것이 중요하다. 돈을 얼마나 버느냐도 중요하겠지만, 당신의 일에 만족하는 것보다 더 중요하지는 않다.

문제풀이 경력을 발전시키려면 만족감을 느끼는 것이 가장 중요하다는 내용의 글이므로 주제로는 ① '불만족이 성공을 막을 수 있다'가 적절하다.

오답풀이 ② 직업 만족은 돈과 관련이 있다.
③ 의미 있는 일이 동기 부여를 해준다.
④ 허약한 건강상태는 종종 스트레스로 인한 것이다.
⑤ 직업을 바꾸는 것은 우울감으로 이어질 수 있다.

구문분석

[4행] ..., if you don't **consider** your work **meaningful**, *it*'s difficult [*to keep* your career moving forward].

consider의 목적격보어로 형용사 meaningful이 왔다. it은 가주어이고 [ ]가 진주어이다.

[9행] ..., **it**'s important [**to first discover** {what kind of work *makes* you *feel* satisfied}].

it은 가주어이고 [ ]는 진주어 역할을 하는 to부정사구이다. { }는 discover의 목적어로 쓰인 간접의문문이고, 5형식 동사 makes의 목적격보어로 동사원형 feel이 쓰였다.

[10행] [**How** much you earn] may matter, but not more than being satisfied with your job.

의문사 How가 이끄는 [ ]는 주어로 쓰인 간접의문문이다.

6 ④

해석 그 어떤 대형 신문 가판대에서든, 당신은 선택할 수 있는 다양한 잡지를 볼 수 있다. 어떤 것들은 기술이나 요리와 같이 특정한 주제를 전적으로 다룬다. 하지만 많은 잡지들은 유명인들에 관한 내용을 주로 다루고, 상당수는 그 밖의 것은 다루지 않는다. 분명, 편집자들은 유명인에 대한 정보와 보통 그들의 생활을 둘러싼 논란거리들을 담고 있는 기사가 시사 문제나 다른 뉴스들을 논하는 기사보다 더 잘 팔린다는 것을 알게 되었다. 이것은 나를 괴롭게 하는데, 왜냐하면 나는 그 일들이 얼마나 불미스럽든지 간에 유명인들의 세계에서 일어나고 있는 일들을 읽는 것에는 전혀 관심이 없기 때문이다. 내가 잡지를 집어 들 때 기대하는 것은 나에게 의미가 있는 정치적 동향이나 과학적 발견에 관한 뉴스이며, 나는 내가 소수에 속한 것은 아니라고 확신한다.

문제풀이 많은 잡지들이 유명인에 대한 기사만을 주로 다루고 있지만, 그런 기사에 관심이 없는 필자는 괴롭다고 했으므로 글의 요지로는 ④가 적절하다.

구문분석

[3행] Apparently, editors have found that articles [containing information about celebrities and the controversies often surrounding their lives] sell better than **those** {that discuss ...}.

[ ]는 articles를 수식하는 현재분사구이다. those는 articles를 가리키며, { }는 those를 수식하는 주격 관계대명사절이다.

[7행] [What I am expecting {when I pick up magazines}] is news about ... .

선행사를 포함한 관계대명사 What이 이끄는 [ ]이 주어로 쓰였고 is가 동사이다. { }는 관계대명사절 속의 부사절이다.

UNIT 02 REVIEW TEST

p.26

A

1 That

해석 내가 실수했다는 것이 너무 명백해서 숨길 수 없다.

풀이 주어로 쓰이는 명사절을 이끄는 장치가 와야 하는데, 명사절이 완전한 문장을 이루므로 접속사 that이 적절하다.

2 What

해석 나를 놀라게 했던 것은 그가 나를 위해 만든 선물이었다.

풀이 주어로 쓰이는 명사절을 이끄는 장치가 와야 하는데, 명사절이 불완전한 문장이므로 관계사 what이 적절하다.

3 Whether

해석 우리 국가대표 축구팀이 이기느냐 지느냐는 우리 일정에 영향을 미친다.

풀이 의미상 '~인지 어떤지'의 뜻을 가진 whether가 적절하다.

4 that

해석 그가 진실을 말했다는 것은 분명하다.

풀이 가주어 it 자리에 들어갈 진주어절을 이끌고 있으므로 that이 적절하다.

5 it is

해석 그것이 얼마나 비싼지는 나에게 중요하지 않다.

풀이 간접의문문의 어순은 「의문사+주어+동사」이므로 it is의 순서가 되어야 한다.

B

1 clear that cars are the major source of carbon dioxide

2 possible that you could get there without any help

C

1 Who knew the news first is important.
S / V / S.C.

2 What really matters in class is the interaction between the teacher and the students.
S / V / S.C.

UNIT 03 목적어 찾기

01 to부정사·동명사 목적어

EXERCISE p.28

1 They decided to learn yoga starting next month.
그들은 다음 달부터 요가를 배우는 것을 결심했다.

2 I enjoyed walking with my grandfather in the mountains.
나는 산에서 할아버지와 산책하는 것을 즐겼다.

3 I don't regret breaking up with her.
나는 그녀와 헤어진 것을 후회하지 않는다.

4 The company stopped donating to the charity last year.
그 회사는 작년에 자선 단체에 기부하는 것을 중단했다.

5 He refused to discuss the question.
그는 그 문제에 관해 논의하는 것을 거부했다.

6 Remember to take these pills three times a day, after meals.
식사 후, 하루 3회 이 알약들을 복용할 것을 기억하라.

7 Do you prefer sending text messages?
당신은 문자 메시지를 보내는 것을 더 선호합니까?

어휘 break up with ~와 헤어지다, 결별하다 donate 기부하다 charity 자선 단체 pill 알약

02 명사절 목적어

EXERCISE p.29

1 Most people don't know that there are many ways to go up the mountain.
대부분의 사람들이 그 산을 오르는 많은 방법이 있다는 것을 모른다.

2 I can't deny that the news shocked me.
나는 그 소식이 나에게 충격적이었다는 것을 부정할 수 없다.

3 Some people don't care how much noise they make in public places.
어떤 사람들은 그들이 공공장소에서 얼마나 시끄럽게 떠드는지를 신경 쓰지 않는다.

4 We don't understand why she is so angry now.
우리는 왜 그녀가 지금 그렇게 화가 났는지를 이해하지 못한다.

5 I can't remember whether we have met before.
나는 우리가 예전에 만난 적이 있는지를 기억하지 못한다.

6 Research shows that having a pet is beneficial for children.
연구는 반려동물을 키우는 것이 아이들에게 유익하다는 것을 보여 준다.

어휘 deny 부정하다 beneficial 유익한, 이로운

단문독해 pp.30-31

1 "he"와 "she"와 같은 성별에 치우친 대명사의 사용을 줄이는 것

해석 다양한 성 정체성을 가진 사람들을 지지하고 존중하는 분위기를 조성할 때, 포괄적인 언어를 사용하는 것은 필수적이다. 이러한 관행은 개인이 전통적인 성 역할과 편견에서 더 쉽게 벗어나, 편안하고 환영받는 환경에서 자신을 완전히 표현할 수 있도록 한다. 포용성을 촉진하는 것은 "guys"와 같은 한쪽 성에 국한된 용어를 의도적으로 피하고 "everyone" 또는 "folks"와 같은 한쪽 성에 국한되지 않는 대안들을 사용하는 것처럼 간단할 수 있다. 언어를 더 포용적으로 만드는 것은 또한 "he"와 "she"와 같은 성별에 치우친 대명사의 사용을 줄이는 것을 포함한다. 이것은 우리의 언어가 성별에 근거하여 개인을 배제하거나 소외시키지 않도록 보장할 수 있다.

문제풀이 앞 문장에서 언어를 더 포용적으로 만드는 것은 또한 "he"와 "she"와 같은 성별에 치우친 대명사의 사용을 줄이는 것을 포함한다고 했으므로, '이것'이 가리키는 것은 '"he"와 "she"와 같은 성별에 치우친 대명사의 사용을 줄이는 것'이다.

구문분석

[1행] [**When fostering** an atmosphere of support and respect for people of various gender identities], using inclusive language is essential.
S V S.C.
[ ]는 when 접속사가 남아 있는 분사구문으로서 When they[we] foster an atmosphere~가 축약된 것으로 볼 수 있다. 이 문장의 주어는 using으로 시작하는 동명사구이다.

[2행] This practice makes **it** easier for individuals [**to break** out of traditional gender roles and biases], [allowing them to express themselves fully in a comfortable and welcoming environment].
V O O.C.
첫 번째 [ ]는 가목적어 it에 대한 진목적어 역할을 하는 to부정사구로 for individuals는 to break의 의미상의 주어이다. 두 번째 [ ]는 주절이 기술하는 상황에 부수적인 상황을 나타내는 분사구문이다.

2 You are just showing awareness of others.

해석 소셜 네트워크는 사람들과 교제하는 것을 위한 것처럼 보일지도 모르지만, 이것은 사실이 아니다. 사실상, 새로운 연구에 따르면, 소셜 미디어는 길에서 지나가는 사람들을 보는 것과 비슷하다. 여러분이 '좋아요'를 누를 때, 여러분은 (다른 사람들과) 교제하는 것이 아닌 그저 다른 사람들을 알아봄을 보여 주고 있는 것이다. 그 연구는 소셜 네트워크에 쓴 매 25분당 1분만이 채팅과 의견 남기기 같은 실제 의사소통이라는 것을 보여 줬다. 이것은 소셜 미디어를 사용하는 것이 실제적인 상호작용과 같지 않다는 것을 보여 준다.

문제풀이 세 번째 문장 'When you push "like," you are just showing awareness of others — not socializing.'에 잘 나타나 있다.

구문분석

[2행] ..., social media **is similar to** *observing* people [who pass on the street].
be similar to는 '~와 비슷하다'의 의미이며 전치사 to에 대한 목적어로 동명사 observing이 쓰였다. [ ]는 people을 수식하는 주격 관계대명사절이다.

[4행] The study showed that only one [out of every 25 minutes {spent on social networks}] is real communication, such as chatting and commenting.
S' V'
[ ]는 that절의 주어인 one을 수식하는 전치사구이고 동사 is는 단수 대명사 one의 수에 일치시켰다. { }는 every 25 minutes를 수식하는 과거분사구이다.

3 exist

해석 당신의 숨겼던 얼굴을 유아에게 드러내는 것은 매번 그 유아를 놀라게 할 것이다. 이것은 유아들이 아직 대상 영속성을 습득하지 못했기 때문이다. 대상 영속성은 사물이 더 이상 보일 수 없을 때에도 계속해서 존재한다는 것을 이해하는 것이다. 유아들은 자기중심적이다. 그들은 세상이 그것에 대한 그들의 인식에 제한되어 있다고 생각한다. 눈에 보이지 않는 사물이 여전히 존재한다는 것을 이해하기 위해, 유아들은 사물의 관념적인 표상을 형성할 수 있어야 한다. 그들은 자라면서 이 능력을 발달시키기 시작한다.

문제풀이 빈칸 뒤에서 눈에 보이지 않는 사물이 여전히 존재한다는 것을 유아들이 이해하기 위해 사물의 관념적인 표상을 형성할 수 있어야 한다고 했으므로, 빈칸에는 'exist(존재하다)'가 들어가는 것이 적절하다.

구문분석

[2행] Object permanence is the understanding [that objects continue to exist when they can no longer be seen].
[ ]는 the understanding과 동격인 명사절이다.

4 남성들이 여성들보다 정신과 치료를 받는 것을 더 꺼리기 때문

해석 미국에서는 매일 1,900만 명의 사람들이 우울증으로 고통받고 있고, 그 병은 거의 다섯 명 중 한 명에게 평생에 걸쳐 영향을 미친다. 통계는 여성들의 20퍼센트가 우울증을 경험했지만 남성들은 10퍼센트만이 그랬다는 것을 보여 준다. 하지만 이것은 아마도 남성들이 여성들보다 정신 건강과 관련된 치료를 받는 것을 더 꺼린다는 사실 때문이며, 이는 남성들의 보고된 우울증 비율이 정확하지 않다는 것을 의미한다.

문제풀이 미국의 우울증에 관한 통계를 제시하면서 남성들이 여성들에 비해 정신 건강과 관련된 치료를 받는 것을 더 꺼리기 때문에 정확한 수치가 파악되지 않는다는 사실을 언급하고 있다.

구문분석

[2행] Statistics show [**that** although 20 percent of women have experienced depression, only 10 percent of men *have* (experienced depression)].
접속사 that이 이끄는 명사절인 [ ]는 동사 show의 목적어로 쓰였다. have 뒤에 반복되는 어구 experienced depression이 생략되었다.

5 ⓐ: mental distractions ⓑ: possible solutions

해석 정신 집중을 방해하는 것은 연체된 도서관 책이나 반 친구와의 의견 차이와 같이 당신의 마음속에 있는 것이다. 그것들은 당신이 공부에 집중하는 것을 어렵게 만들 수 있다. 이런 상황을 피하려면, 당신은 항상 공부를 시작하기 전에 일상적인 걱정거리들을 처리하도록 노력해야 한다. 당신은 나중에 그것들을 시도해 보는 것을 잊지 않기 위해 가능한 해결책들을 적어 둘 수도 있다. 이것은 당신이 그것들에 대해 걱정하는 것을 멈추는 데 도움을 주고 공부에 집중할 수 있도록 해줄 것이다.

문제풀이 ⓐ는 앞 문장의 mental distractions를 지칭하고, ⓑ는 같은 문장에서 언급된 possible solutions를 지칭한다.

구문분석

[2행] They can make **it** difficult [**to focus** on your studying].
it은 동사 make의 가목적어, [ ]가 진목적어인 to부정사구이다.

[4행] You can just write down possible solutions **so that** you won't *forget to try* them later.
「so that ~」은 '~하기 위해, ~하도록'의 의미이다. 「forget to-v」는 '~할 것을 잊다'의 의미이다.

[5행] This will **help** you ***stop** worrying* about them and **allow** you **to concentrate** on studying.
「help+O+(to-)v」는 '~가 …하는 것을 돕다'의 의미로, help는 목적격보어로 to부정사나 동사원형을 모두 취할 수 있다. 「stop v-ing」는 '~하는 것을 멈추다'의 의미이다. 「allow+O+to-v」는 '~가 …하도록 해주다'의 의미이며, allow는 목적격보어로 to부정사를 취한다.

수능독해 pp.32-35

1 ② 2 ② 3 ③ 4 ③ 5 ③ 6 ②

1 ②

해석 나는 어머니가 다른 사람들에게 "please"와 "thank you"라고 말해야 한다고 강조했던 것을 결코 잊지 못할 것이다. 이제는 내가 동네 커피숍에서 일하는 어른이 되어서 이 간단한 말들의 의미를 마침내 이해한다. (B) 그것은 내 단골손님 중 한 명인 Mrs. Taylor라는 중년 여인에 의해 나에게 보여졌다. 그녀는 계산대에 도착했을 때 항상 나에게 활기차게 "good morning"이라고 말했고, 떠날 때는 "thank you"라고 말했다. (A) 어느 날 우리는 그녀가 세상을 떠났다는 것을 알게 되었다. 이 소식을 듣게 되므로 그녀의 작은 친절한 행동이 나와 다른 바리스타들에게 얼마나 큰 의미였는지 나로 하여금 깨닫게 했다. (C) Taylor 여사는 이 말을 할 때 정말 진심으로 해서, 나는 우리가 바쁘더라도 고객들에게 따뜻하게 인사하고 진심으로 감사함으로써 그녀의 긍정적 태도의 유산을 이어 나가도록 영감을 받았다. 그러한 작은 행동은 Taylor 여사가 나에게 그랬던 것처럼 누군가의 하루에 여전히 변화를 가져올 수 있다.

문제풀이 필자가 커피숍에서 일하는 어른이 되어 간단한 인사말의 의미를 마침내 이해하게 되었다는 내용에 이어, 필자에게 항상 간단한 인사말을 건넸던 Mrs. Taylor 여사에 관한 내용인 (B)가 나오고, Taylor 여사가 세상을 떠난 후 그녀의 작은 친절한 행동의 의미를 필자와 주위 사람들이 깨달았다는 내용의 (A)가 이어진 후, 필자가 Taylor 여사를 통해 작은 행동 하나가 누군가의 하루에 변화를 가져올 수 있다는 교훈을 얻었다는 내용인 (C)의 순서로 이어지는 것이 적절하다.

구문분석

[2행] [**Now that** I am an adult working at a local coffee shop], I(S) finally understand(V) the significance(O) of these simple words.
「Now that+S'+V'~, S+V」 구문은 '~해서 …하다'라는 의미로 now that이 이끄는 [ ]가 원인을, 주절이 결과를 나타낸다.

[4행] Hearing this news(S) **made**(V) me(O) **appreciate**(O.C.) [how much her small act of kindness had meant to me and the other baristas].
「사역동사+O+O.C.」는 "~가 …하게 만들다'의 의미로, 사역동사 made의 목적격 보어로 동사원형 appreciate가 쓰였다. [ ]는 간접 의문문으로 appreciate의 목적절이다.

2 ②

해석 송이버섯은 크고 두꺼우며, 옅은 색의 갓과 줄기를 가지고 있다. 그것들은 강한 향을 지니고 있으며 주로 건조한 지역에서 발견된다. 아무 죽어가는 나무 위나 근처에서 자라는 경향이 있는 대부분의 버섯들과는 달리, 송이버섯은 오직 특정한 환경하에서만 자랄 수 있다. 그것들의 이름이 시사하듯이, 그것들은 20년에서 80년 된 소나무 아래에서만 발견된다. (송이버섯은 매우 영양가가 풍부하고 암을 예방하며 면역 체계를 강화시켜 준다고 여겨진다.) 그것들이 뿌리를 내리기 위해서는, 온도가 낮 동안에는 26도 이하, 밤에는 15도 이상이어야 한다. 송이버섯은 (같은 자리에서) 다시 자라지 않기 때문에 버섯 채집자들은 송이버섯을 1년에 한 번만 딸 수 있다. 이 모든 요건들이 송이버섯을 인공적으로 재배하기 매우 어렵게 만든다.

문제풀이 이 글은 송이버섯이 오직 특정한 환경에서만 자라기 때문에 인공적인 재배가 어렵다는 내용이다. ②는 송이버섯의 효능을 이야기하고 있으므로 전체 흐름에서 벗어난다.

구문분석

[2행] Unlike most mushrooms, [**which** tend to grow on or near any dying trees], pine mushrooms can only grow under specific conditions.
[ ]는 most mushrooms를 선행사로 하는 계속적 용법의 주격 관계대명사절이다.

[9행] All of these requirements make **it** extremely difficult [**to** artificially **cultivate** them].
it은 동사 make의 가목적어이고, [ ]가 진목적어 역할을 하는 to부정사구이다.

3 ③

해석 '코브라 효과'는 사람들이 어떤 문제를 해결하려고 시도하지만 그들의 행동이 그 문제를 악화시킬 때 발생한다. 그것은 영국의 인도 통치 기간 동안 일어났던 한 사건에서 이름을 얻는다. 델리의 많은 사람들이 독이 있는 코브라에게 물려 죽고 있었기 때문에, 정부는 야생에서 이 뱀의 수를 줄이기를 원했다. 정부는 죽은 코브라 한 마리마다 보상금을 제공하기로 결정했다. 처음에, 많은 코브라가 죽임을 당하고 있었기 때문에, 이러한 전략은 성공적인 것처럼 보였다. 하지만, 결국 영악한 사람들은 코브라를 죽여 보상금을 받기 위해 코브라를 사육하기 시작했다. 정부는 무슨 일이 일어나고 있는지를 알아차리자마자 그 프로그램을 끝냈다. 그리고 죽은 코브라가 그 후 가치가 없어졌기 때문에, 사육자들은 살아있는 것들을 그냥 풀어주었다. 결과적으로, 야생 코브라의 전체 개체 수가 사실상 증가했다.

문제풀이 코브라 개체 수를 줄이기 위한 정책이 결론적으로 개체 수를 증가시켰다는 내용이므로, 빈칸에 ③ '그 문제를 악화시킬'이 들어가는 것이 가장 적절하다.

오답풀이 ① 법에 위반될 ② 소규모 집단에게 해가 될
④ 어떤 변화도 일으키지 않을 ⑤ 오직 가끔씩만 성공적일

구문분석

[2행] It gets its name from an event [that occurred during the British rule of India].
[ ]는 an event를 수식하는 주격 관계대명사절이다.

[6행] Eventually, though, clever people began breeding cobras **so that** they **could** kill them and collect the reward.
「so that+S+can[could] ...」은 '~가 ...하기 위해[할 수 있도록]'의 의미이다.

[8행] **Once** the government realized [*what* was happening], it ended the program.
접속사 Once는 '~하자마자'의 의미이다. [ ]는 realized의 목적어로 쓰인 명사절로, 의문사 what이 이끄는 「의문사(주어)+동사」 어순의 간접의문문이다.

4 ③

해석 내 친구 Erica는 내가 아는 가장 긍정적인 사람이다. 나는 언젠가 그녀에게 어떻게 항상 쾌활할 수 있는지 물어본 적이 있다. 그녀는 대답했다. "매일 아침, 넌 선택권이 있어. 기분이 좋거나 기분이 나쁜 것 중에서 선택할 수 있지. 나는 항상 기분이 좋은 것을 선택해." 비극적이게도, 그녀는 작년에 자전거를 타다 트럭에 치였다. 그녀가 병원에 도착했을 때, 의사들은 그녀가 살 거라고 생각하지 않았다. 하지만, 어떻게든, 몇 시간의 수술 끝에, 그녀는 살아남았다. 나는 나중에 그녀에게 그 경험에 대해 물어보았다. 그녀는 수술실로 옮겨져서 의사들의 걱정스러운 얼굴을 봤을 때 겁이 났다고 말했다. 그래서 그녀는 농담을 했다. 그들이 그녀에게 무슨 알레르기라도 있는지를 물었을 때, 그녀는 말했다. "네, 트럭이요." 그 후에, 의사들은 긴장을 풀었고 수술은 성공적이었다. Erica의 쾌활한 태도는 그녀가 살아남는 것을 도왔다.

문제풀이 (A) 주절의 주어인 she가 자전거를 '타다가'의 의미이므로 능동의 의미를 나타내는 현재분사 riding이 적절하다.
(B) 그녀(she)가 '무서움을 느낀' 것이므로, terrified를 써야 한다. terrifying은 '무섭게 하는'의 의미이다.
(C) '~가 ...하는 것을 돕다'라는 의미를 나타내는 「help+O+(to-)v」 구문이므로, 동사원형 survive를 써야 한다.

구문분석

[1행] I once asked [how she managed to always be cheerful].
[ ]는 asked의 목적어로 쓰인 간접의문문으로, 「의문사+주어+동사」 어순이다.

[8행] When they asked [**if** she was allergic to anything], she said, "Yes, trucks."
[ ]는 접속사 if가 이끄는 명사절로, asked의 목적어로 쓰였다.

5 ③

해석 영상은 관광지를 홍보하기 위한 아주 효과적인 매체의 한 종류가 될 수 있다. 이것은 시청자들을 사로잡고 그들이 사진이나 글을 통해서는 가능하지 않은 방법으로 무언가를 경험하게 한다. 이러한 이유로 여행사는 종종 특정한 여행지의 훌륭한 점들을 강조하는 영상을 만든다. 이 영상들은 한 목적지가 단지 쉬는 장소 이상을 제공한다는 것을 보여준다. 광고주들은 모든 감각에 호소하려고 노력한다. 예를 들어, 그들은 아름다운 풍경뿐만 아니라 맛있는 음식, 편안한 마사지, 해안에 밀려오는 파도, 그리고 그 이상을 보여주면서 열대 섬 리조트를 보여줄 수 있다. 심지어 가장 수동적인 시청자도 이 완전한 행복의 세상으로 끌려들어 가는 것을 피할 수는 없다. 상당수의 이런 시청자들은 결국 여행을 예약하기로 결정할 것이다.

문제풀이 관광지 홍보 영상은 여러 감각에 호소하는 다양한 장면들을 통해 시청자들이 여행을 경험할 수 있게 하여 효과적이라는 내용이므로, 글의 제목으로 ③ '관광 영상은 여행이 아닌 경험을 판다'가 가장 적절하다.

오답풀이 ① 어떻게 영상이 광고를 변화시키는가
② 지역 사업체들을 위한 영상 마케팅
④ 수동적인 시청자들을 유혹하는 광고 요령
⑤ 호화 관광지에서 무엇을 찾을 것인가

구문분석

[1행] It **engages** viewers and ***allows*** them *to experience* something in a way [that is not possible through pictures or writing].
단수 동사 engages와 allows가 and로 병렬 연결되었다. 「allow+O+to-v」는 '~가 ...하게 하다'의 의미이다. [ ]는 a way를 선행사로 하는 주격 관계대명사절이다.

[4행] These videos demonstrate [**that** a destination offers more than just a place {to relax}].
[ ]는 demonstrate의 목적어로 쓰인 명사절이다. { }은 a place를 수식하는 형용사적 용법의 to부정사이다.

6 ②

해석 어려운 개인적인 문제들을 직면할 때, 그들은 종종 그들이 신뢰하는 사람들로부터 조언을 얻기를 원한다. 그러나, 놀랍게도, 그들은 이 조언을 무시하는 경향이 있다. 심리학자들은 왜 사람들이 이런 유형의 행동에 관여하는지를 이해하기 위해 노력해왔는데, 그것은 '자기중심적 조언 절하'라고 불린다. 한 연구에서, 참가자들은 역사상 특정 사건들의 날짜를 추측해보도록 요청받았다. 그다음에 연구원들은 각 참가자들에게 다른 사람의 추측들을 보여주었다. 참가자들이 두 번째로 그 날짜들을 추측했을 때, 그들은 그들의 추측들을 수정하는 경향이 있었다. 그러나, 그들의 수정은 비교적 작았고, 그들은 그들의 원래의 사고 과정에 계속해서 의존했다. 이러한 연구는 조언을 하는 것이 여러 면에서 무의미하다는 것을 보여준다. 조언은 지원이나 격려의 한 형태가 될 수 있는 반면, 그것을 받는 사람들은 무엇이든 그들이 원하는 것을 개의치 않고 하기 쉽다.

⇨ 연구원들은 사람들이 그들이 결국에는 받아들이지 않는 조언을 구하는 경향이 있다는 것을 알아냈다.

문제풀이 사람들이 어려운 문제를 직면하면 조언을 얻기를 원하지만, 사실 조언을 하는 것은 여러 면에서 무의미하며 조언을 듣는 사람들은 조언과 상관없이 그들이 원하는 대로 하게 된다는 내용의 글이다.

구문분석

[2행] Psychologists have tried to understand [why people engage in this type of behavior, {which is called "egocentric advice discounting}]."

why 이하는 동사 understand의 목적어 역할을 하는 명사절로, 「의문사+주어+동사」의 어순을 취하는 간접의문문이다. { }는 this type of behavior를 선행사로 하는 계속적 용법의 주격 관계대명사절이다.

[9행] While advice can be a form of support or encouragement, those [receiving it] are likely to do {**whatever** they want} regardless.

[ ]는 those를 수식하는 현재분사구이다. { }는 동사 do의 목적어로 쓰인 명사절로, whatever는 '~하는 무엇이나'라는 의미의 선행사를 포함하는 복합관계대명사이다.

UNIT 03 REVIEW TEST

p.36

A

1 whether

해석 우리는 소풍 날짜를 변경할 수 있는지를 논의했다.

풀이 소풍 날짜를 변경할 수 있는지 어떤지 논의하는 것이므로 '~인지 어떤지'의 의미인 접속사 whether가 적절하다.

2 if

해석 그 박물관이 월요일에 개관하는지를 제게 알려 주세요.

풀이 월요일에 박물관이 개관하는지 확인하고 있으므로 '~인지 어떤지'의 의미인 접속사 if가 적절하다.

3 that

해석 그들은 내가 좀 더 조심스러워야 한다고 나에게 충고했다.

풀이 종속절에 충고의 내용이 들어가야 하므로 맥락상 '~라는 것을'의 의미인 접속사 that이 적절하다.

4 that

해석 내가 너의 생일 파티에 갈 수 없다는 것이 유감이다.

풀이 종속절의 문장 요소가 빠진 부분 없이 완전하므로 접속사 that이 적절하다.

5 where

해석 우리는 프랑스에서 어디를 먼저 갈 것인지 아직 정하지 못했다.

풀이 뒤에 to부정사구가 이어지므로 「의문사 to-v」 구문을 이루는 의문사 where가 적절하며, 「where to-v」는 '어디에서[어디로] ~을 할지'의 의미이다.

B

1 me if I could show him my ID card

2 how we should commute

C

1 They(S) promised(V) me(I.O.) that they would invite us again someday(D.O.).

2 No one(S) knows(V) when we should leave(O).

01 주격보어

EXERCISE

p.38

1 Food goes bad easily in summer.
여름에는 음식이 쉽게 상한다.

2 After leaving school, he became a professional soccer player.
학교를 졸업한 후, 그는 프로 축구 선수가 되었다.

3 Her voice sounded very warm.
그녀의 목소리는 매우 따뜻하게 들렸다.

4 I will always feel grateful to that little boy.
나는 그 어린 소년에게 항상 고마움을 느낄 것이다.

5 Her lips turned blue with cold.
그녀의 입술은 추위로 파랗게 변했다.

6 My hobby is collecting coins from all over the world.
내 취미는 전 세계의 동전을 수집하는 것이다.

7 She seemed surprised at the news.
그녀는 그 소식에 놀란 것처럼 보였다.

8 He never stays angry for long.
그는 절대 화를 오래 내지 않는다.

어휘 open-minded 개방적인 professional 직업적인, 프로의

02 목적격보어

EXERCISE

p.39

1 People consider the president a hero.
사람들은 그 대통령을 영웅으로 여긴다.

2 I want my coffee sweeter than this.
나는 내 커피가 이것보다 더 달기를 원한다.

3 The noise from your house kept me awake all night.
당신 집으로부터 나오는 소음은 나를 밤새 깨어 있게 했다.

4 I found him asleep in the bathroom.
나는 그가 화장실에서 잠들어 있는 것을 발견했다.

5 The law will allow him to continue his protest.
그 법안은 그가 항의를 계속하도록 허용할 것이다.

6 I saw somebody taking my purse from my car.
나는 누군가가 내 차에서 내 지갑을 가져가는 것을 보았다.

7 She had her daughters clean up the mess themselves.
그녀는 딸들이 엉망인 상태를 스스로 치우도록 시켰다.

어휘 protest 항의, 시위 purse 지갑 mess 엉망인 상태

단문독해

pp.40-41

1 ①

해석 주변 환경의 변화에 대한 민감성 때문에 이끼는 대기 오염의 귀중한 생물학적 지표이다. 이끼는 균류와 조류 사이의 공생 관계로 특징지어진다. 그것들은 필요한 영양소를 얻기 위해 바로 근처의 공기에 의존해서 대기의 질 변화에 대단히 민감하다. 오염이 심한 장소에서 자라는 이끼는 오직 회녹색의 딱딱한 껍질이 있는 종류이거나 그 지역 내에서 생존할 수 있는 이끼가 거의 없을 수도 있다. 반대로, 공기가 더 깨끗한 지역에서는 다양한 종류의 이끼가 발견될 수 있다. 특정 지역에서 이끼의 종류와 풍부함을 관찰함으로써, 우리는 그 지역의 대기 질에 대한 중요한 통찰력을 얻을 수 있다.

문제풀이 빈칸 앞부분에서 오염이 심한 장소에서 자라는 이끼에 대해 언급하고 있고 빈칸 뒷부분에서는 공기가 더 깨끗한 지역에서 자라는 이끼에 대해서 말하고 있으므로, 빈칸에는 ① Conversely(반대로)가 가장 적절하다.
② 결과적으로 ③ 요약하면

구문분석

[3행] They are reliant on the air in their immediate vicinity for getting their necessary nutrients, [**so (that)** they are extremely responsive to air quality fluctuations].
[ ]는 결과를 나타내는 부사절로 so 다음에 접속사 that이 생략되었다.

[5행] [Lichens {growing in places with high pollution} may be of the gray-green crusty type only], or [there may be few lichens {able to survive in the area at all}].
두 개의 [ ]는 접속사 or를 중심으로 병렬되는 두 개의 문장을 나타낸다. 첫 번째 { }는 Lichens를 수식하는 현재분사구이며, 두 번째 { }는 few lichens를 수식하는 형용사구이다.

2 ③

해석 부엉이들은 거의 소리 없이 나는 능력을 가지고 있는데, 그것은 밤에 효과적으로 사냥을 할 수 있도록 도와준다. 소리 없는 비행은 그들의 특별한 날개의 혜택인 것 같다. 부엉이 날개의 앞쪽 가장자리는 아주 작은 뾰족한 것들을 가지고 있다. 이것들은 공기의 흐름을 분산시키는데, 이것이 소음을 감소시키는 것으로 보인다. 그러면 날개의 유연한 뒤쪽 가장자리는 쌩하거나 찢어지는 소음 없이 공기가 다시 함께 흐르도록 한다. 이러한 특징들이 결합되어, 부엉이가 그들의 먹이에게 몇 인치 가까이 갈 때까지 들키지 않은 채 있을 수 있게 한다.

문제풀이 부엉이가 소리 없이 날 수 있는 이유는 특별한 날개 때문이라는 내용의 글이며, 이러한 날개의 특징들이 부엉이가 먹이에게 가까이

가도 눈치채지 못하게 해준다는 것이므로, 빈칸에는 ③ '아무에게도 들키지 않는'이 적절하다.

오답풀이 ① 효율적인 ② 보이지 않는

구문분석

[3행] These break up the air flow, **which** appears to reduce noise.
which는 계속적 용법의 주격 관계대명사로, 앞 절 전체를 선행사로 받는다.

[5행] (Being) **Combined**, these features *enable* owls *to remain* undetected until they are inches from their prey.
Combined는 〈부대상황〉을 나타내는 분사구문으로 앞에 Being이 생략되었다. 동사 enable의 목적격보어로 to remain이 왔으며, 「enable+O+to-v」는 '~가 …하는 것을 가능하게 하다'의 의미이다.

3 ③

해석 많은 사람들이 달걀 껍질이 흰색인지 갈색인지가 달걀의 품질, 맛, 혹은 영양가와 관련이 있다고 믿는다. 사실, 이것은 잘못된 가정이다. 그보다도, 껍질 색깔은 단순히 그 알을 낳은 암탉의 품종에 의해 좌우된다. 모든 달걀은 겉으로 어떻게 보이느냐에 관계없이 모두 같은 맛이 나고 비슷한 영양가를 지닌다.

문제풀이 빈칸 앞에서 사람들이 달걀 껍질 색깔에 따라 품질, 맛, 영양가가 다르다고 믿는다는 내용을 언급한 반면, 빈칸 뒤에서는 그보다 알을 낳는 암탉의 품종에 따라 달걀의 껍질 색깔이 좌우된다고 했으므로 빈칸에는 ③ '잘못된 가정'이 적절하다.

오답풀이 ① 숨겨진 진실 ② 상식

구문분석

[1행] Many people believe [that {**whether** an egg's shell is white or brown} has something …].
[ ]는 believe의 목적어로 쓰인 명사절이며, { }는 이 명사절의 주어로 쓰인 명사절로, 이때 whether는 '~인지 어떤지'의 의미이다.

4 objective, unproven

해석 수백 년 전에, 과학자들은 그들이 이미 가지고 있는 믿음을 바탕으로 세상이 어떻게 돌아가는지에 대해 단순히 추측을 했다. 그러나 갈릴레오 갈릴레이는 달랐다. 그는 최초의 근대 과학자들 중 한 명으로 여겨지는데, 왜냐하면 그는 과학 연구에 실험이라는 개념을 도입하는 데 도움을 주었기 때문이다. 추측이나 증명되지 않은 믿음 대신에 객관적인 실험을 이용하여, 그는 지구와 태양계에 대한 많은 것들을 발견했다.
⇨ 그의 시대의 대부분의 과학자들과는 달리, 갈릴레오 갈릴레이는 증명되지 않은 믿음이나 추측보다는 객관적인 실험들에 의존했다.

문제풀이 첫 문장에서 일반적인 과학자들의 연구 방법을 알 수 있고, 4행의 Using objective experiments instead of guesses and unproven beliefs에서 그들과는 달랐던 갈릴레오 갈릴레이의 연구 방법을 알 수 있다.

구문분석

[1행] …, scientists simply made guesses about [how the world worked] based on beliefs {(that[which]) they already held}.
about의 목적어로 쓰인 명사절 [ ]는 「의문사+주어+동사」 어순의 간접의문문이다. { }는 앞의 beliefs를 선행사로 하는 목적격 관계대명사절로, 관계대명사 that[which]이 생략되었다.

5 tired, disrupts

해석 주말에 늦게 자는 것은 기분이 좋지만, 그것은 당신의 수면 양식을 방해한다. 이것은 당신이 상쾌한 기분으로 일어나기 위해서는 모든 수면의 단계를 거쳐야만 하기 때문이다. 마지막 단계는 당신이 깨어날 준비를 하게 하는데, 그것은 어떤 사람들이 그들의 알람이 울리기 직전에 일어나는 이유이다. 늦게 자는 것은 이 단계를 없애기 때문에, 당신은 하루 종일 피곤하게 느낀다. 이것은 단지 당신의 주말에만 나쁜 것이 아니다. 그것은 또한 당신이 월요일에 학교에서 덜 생산적이게 만든다.
⇨ 늦게 자는 것이 긍정적인 것처럼 보이지만, 그것은 당신의 수면 단계의 양식을 방해하기 때문에 당신이 남은 하루 내내 피곤하게 느끼게 한다.

문제풀이 주말에 늦게 자는 것은 수면 양식을 방해해서 하루 종일 피곤함을 느끼게 한다는 내용의 글이다.

구문분석

[2행] The final stage **gets** you **ready** to wake up, [which is {(the reason) why some people wake up right before their alarm goes off}].
동사 gets의 목적격보어로 형용사 ready가 쓰였으며, [ ]는 앞 절 전체를 선행사로 하는 계속적 용법의 주격 관계대명사절이다. { }는 관계부사절로 why 앞에 이유를 나타내는 선행사(the reason)가 생략되었다.

수능독해

pp.42~45

1 ③ 2 ④ 3 ⑤ 4 ① 5 ② 6 ③

1 ③

해석 반대 신호 보내기는 사람들이 자신의 실제 사회적 지위와 상반되는 것 같은 특징이나 속성을 고의적으로 보여 주는 현상을 가리키는 용어이다. 반대 신호 보내기는 그들이 이미 부유하기 때문에 자신의 부나 지위를 과시할 필요가 없다고 생각한다는 것을 전달하는 방법이다. 예를 들면, 부유한 회사 경영 간부가 정장보다는 평상복을 입고 있거나, 화려한 차가 아닌 보통 차를 운전할 수도 있다. 연구에 따르면 한 사람의 명성과 지위가 실제로 반대 신호 보내기를 통해 저하될(→ 향상될) 수 있다는 것을 보여 준다. 예를 들면, 고급 의류 매장에서 고객이 격식을 차리는 대신 평상복으로 옷을 입으면 부유해 보일 수 있다. 반대 신호 보내기는 또한 사람들에게 어떤 가치가 중요한지 보여 주는 역할을 한다.

이것은 그들을 물질적인 것과 사회적인 지위를 우선시하는 다른 사람들과 대조적으로 진정성과 겸손과 같은 비슷한 가치를 공유하는 사람들과 연결될 수 있게 해준다.

문제풀이 반대 신호 보내기는 자신의 부나 지위를 과시할 필요가 없다고 생각한다는 것을 전달하는 방법으로서, 고급 의류 매장에서 고객이 격식을 차리는 대신 평상복으로 옷을 입으면 부유해 보일 수 있다고 했으므로, ③의 diminished를 improved 등으로 고쳐야 한다.

구문분석

[1행] Countersignaling is the term [given to a phenomenon {**in *which*** people purposefully exhibit characteristics or attributes ⟨**that** seem to contradict their true social status⟩}].

[ ]는 앞에 있는 the term을 수식하는 과거분사구이다. { }는 「전치사+관계대명사」의 형식으로 앞에 있는 a phenomenon을 수식하는 관계사절이다. ⟨ ⟩도 characteristics or attributes를 수식하는 주격 관계대명사절이다.

[10행] This **allows** (V) them (O) **to connect** (O.C.) with those [who share similar values such as authenticity and humility], in contrast to others [who prioritize material goods and social status].

「allow+O+O.C.(to부정사)」는 "~가 …하도록 해준다"의 의미이다. 두 개의 [ ]는 선행사 those와 others를 각각 선행사로 하는 주격 관계대명사절이다.

2 ④

해석 일과 삶 사이에 주의 깊은 균형을 유지하는 것은 가지기에 이상한 목표이다. 그것은 우리의 삶이 하나는 좋고 또 다른 하나는 나쁘다는 두 개의 별개의 면을 가지고 있다는 것을 시사한다. 일은 부정적인 측면이고, 우리의 개인적인 삶은 긍정적인 측면이다. 따라서, 많은 사람들은 삶의 의미는 일의 어둠과 삶의 밝음의 균형을 맞추는 것이라고 믿는다. 그러나, 이것은 사실이 아니다. 일은 삶의 반대가 아니다. 그것은 삶의 부분이다. 우리의 개인적인 삶에서, 우리는 모두 우여곡절을 겪는다. 일도 마찬가지이다. 우리는 회사에서 절망의 순간들을 겪지만, 우리는 또한 성취의 순간도 겪는다. 좋은 삶을 사는 것은 균형에 관한 것이 아니다. 그것은 직장과 가정에서 모두, 좋은 순간들을 극대화하는 것이다.

문제풀이 많은 이들이 개인적인 삶은 좋은 것, 일은 나쁜 것으로 보고 이 둘의 균형을 맞추려고 하지만 사실 일은 삶의 한 부분이므로 좋은 삶을 사는 것은 균형이 아니라 좋은 순간들을 극대화하는 것이라는 내용이므로, 글의 제목으로 ④ '균형이 아니라 행복을 위해 노력하라'가 적절하다.

오답풀이 ① 과도한 일은 고통을 야기한다
② 일: 삶에 필요한 악
③ 당신의 불균형한 삶을 고치는 방법
⑤ 성공하기 위해 일에 집중하라

구문분석

[1행] It suggests **that** our lives have two distinct sides, one [*that* is good] and another {*that* is bad}.

접속사 that 이하의 명사절이 suggests의 목적어이다. [ ]와 { }는 각각 one과 another를 선행사로 하는 주격 관계대명사절이다.

[3행] Therefore, many people believe [(that) the meaning of life is {**to balance** the darkness of work with the brightness of life}].

[ ]는 believe의 목적어로 쓰인 명사절로 접속사 that이 생략되었다. { }는 that절에서 주격보어로 쓰인 명사적 용법의 to부정사구이다.

3 ⑤

해석 20년이 넘는 동안, 고고학자들은 스페인의 한 동굴에서 포식자들의 화석을 발견해 왔다. 18,000개 이상을 발견한 뒤, 그들은 그렇게 많은 화석이 한 장소에 존재하는 이유를 이해하려고 노력했다. (C) 그들은 땅바닥에 동물들이 그 동굴로 빠질 수 있는 눈에 보이는 구멍이 있었다고 추론했다. 그럼에도 불구하고, 대부분의 동물들은 그 속에 빠지는 것을 피할 수 있을 만큼 충분히 영리했다. (B) 그러나, 몇몇 어린 포식자들이 아마도 먹이나 물을 찾아 그 구멍에 자발적으로 들어갔을 것이다. 그들은 갇혀서 굶어 죽었고, 그것들의 시체가 썩는 냄새가 더 많은 포식자들을 동굴 속으로 끌어들여 그것들을 죽음으로 몰아넣었다. (A) 이 상황은 아마도 반복적으로 발생하였을 것이며 악순환을 만들어냈을 것이다. 썩는 시체의 수가 증가하면서 그것들이 끌어들인 굶주린 포식자들의 수도 마찬가지로 늘었을 것이다. 이것이 아마도 유해의 약 98퍼센트가량이 건강한 어린 포식자인 이유일 것이다.

문제풀이 다량의 포식자 화석을 한 동굴에서 발견한 고고학자들이 그 이유를 탐구하기 시작했다는 주어진 글에 이어 (C) 땅에 구멍이 있었을 거라는 추정이 이어지고 (B) 몇몇 포식자들이 먹이를 찾아 스스로 구멍에 들어갔다가 갇혀 죽고 그것들의 사체가 또 다른 포식자들을 끌어들여 역시 죽게 만들었다는 내용 다음에 (A) 이런 악순환이 계속되어 많은 포식자들의 화석이 발견되었을 것이라는 연구의 결론으로 이어지는 것이 적절하다.

구문분석

[4행] As the number of rotting bodies increased, the number of hungry predators [(that[which]) they(= rotting bodies) attracted] likely **did** as well.

[ ]는 hungry predators를 수식하는 관계대명사절로 목적격 관계대명사 that[which]이 생략되었다. did는 As가 이끄는 부사절의 동사 increased를 대신하는 대동사이다.

[9행] They **became trapped** and died of starvation, [the smell of their rotting bodies *attracting* more predators into the cave and to their deaths].

2형식 동사 became의 주격보어로 과거분사 trapped가 쓰였다. [ ]는 ⟨부대상황⟩을 나타내는 분사구문으로, 주절의 주어와 분사구문의 주어가 달라서 현재분사 attracting 앞에 분사구문의 주어 the smell of their rotting bodies를 썼다.

[11행] They inferred [that there was a visible opening in the ground {through which creatures could fall into the cave}].

inferred의 목적어로 that이 이끄는 명사절 [ ]이 왔다. { }는 「전치사+관계대명사」가 이끄는 관계대명사절로 a visible opening

을 수식하며, 관계사절에서 선행사 a visible opening이 전치사 through의 목적어 역할을 한다. 이때 through는 관계대명사 which 앞에 쓰거나 관계대명사절의 맨 뒤에 쓸 수 있다.

4 ①

해석 유토피아는 완벽한 사회이다. 반면에, 디스토피아는 정반대이다. 최근에, 디스토피아에 관한 많은 영화가 있어왔는데, 그 영화들 중 대부분이 흥행에 꽤 성공적이었다. 이것은 미래 정부에 의해 엄격히 통제되고 있는 사람들을 본 후에, 우리가 우리 자신의 삶을 더 자세히 들여다보는 경향이 있기 때문이다. "우리가 주의하지 않는다면, 우리는 결국 그들과 같은 처지에 처하게 될지도 모른다."라고 우리는 생각한다. 그리고 영화 속 사람들이 저항할 때, 그것은 우리 기분이 더 나아지게 만든다. 우리는 또한 이런 종류의 미래 세상에 사는 것이 어떨지 궁금해한다. 우리는 우리가 살아남을 거라고 생각할 뿐만 아니라, 우리가 맞서 싸워서 세상을 변화시킬 거라고 강하게 믿는다. 요즘 사회가 너무 불공평하여, 이런 식으로 생각하는 것은 많은 사람들의 관심을 끈다.

문제풀이 디스토피아에 관한 영화 중 대부분이 성공한 이유에 대해 설명하는 글이므로, 글의 주제로는 ① '우리가 디스토피아 영화에 끌리는 이유'가 가장 적절하다.

오답풀이 ② 미래 정부를 묘사하는 영화들
③ 오락물이 어떻게 사람들을 조종하는가
④ 무엇이 영화를 흥행에 성공하게 만드는가
⑤ 정부에 맞서 싸우는 사람들의 역사

구문분석

[5행] And when the people in the movie resist, it **makes** us **feel** better.
「make+O+O.C.」는 '~가 …하게 만들다'의 의미로, 사역동사 makes의 목적격보어로 동사원형 feel이 쓰였다.

[7행] **Not only** *do we* think [that we would survive], we **also** strongly believe {that we would fight back and change the world}.
「not only A (but) also B」는 'A뿐만 아니라 B도'의 의미로 but은 생략 가능하다. 부정어 not only가 문두로 나와 주어와 동사가 도치되는데 동사가 일반동사일 경우 「부정어+do[does/did]+S+동사원형」의 어순을 취한다. [ ]와 { }는 각각 think와 believe의 목적어 역할을 하는 명사절이다.

[8행] **With** society **being** so unfair these days, … .
「with+O+v-ing」는 '~가 …한 상태로'라는 의미를 나타내는 분사구문이다.

5 ②

해석 아무도 줄을 서서 기다리는 것을 즐기지 않는다. 그러나, 요즘에는 보통 VIP패스를 구입함으로써, 긴 줄을 건너뛰는 것이 가능한 많은 상황들이 있다. 어떤 사람들은 특별한 VIP패스를 가지는 것이 매우 타당하다고 생각한다. 그것은 시간이나 돈 중 어떤 자원을 사람들이 쓰고 싶은지를 선택하게 해준다. 시간이 돈보다 더 가치 있다고 느끼는 사람들에게, 돈을 사용함으로써 시간을 절약할 수 있는 것은 환영받는 선택지이다. 그러나, 일부 전문가들은 다른 관점을 가지고 있다. 그것을 좋은 편의로 여기기보다는, 그들은 그것을 심각한 사회 문제로 본다. 사람들이 줄을 건너뛰는 권리를 구입하게 함으로써, 그들은 이러한 관행이 오직 돈에 근거하여 우리 사회를 나누고 있다고 말한다.

문제풀이 VIP 패스는 사람들이 더 가치 있게 여기는 자원을 절약할 수 있게 해준다는 앞부분이 나온 후, 일부 전문가들은 다른 관점을 가지고 있으며 그것을 심각한 사회 문제로 본다고 했으므로, 빈칸에는 ② '오직 돈에 근거하여 우리 사회를 나누고 있다고'가 가장 적절하다.

오답풀이 ① 과거보다 훨씬 더 긴 줄을 만들고 있다고
③ 일들을 빠르게 마무리하기 쉽게 하고 있다고
④ 바쁜 일정을 가진 사람들을 처벌하고 있다고
⑤ 사람들의 선택할 권리를 빼앗고 있다고

구문분석

[1행] These days, however, there are many situations [**in which** *it* is possible {*to bypass* long lines}, usually by purchasing a VIP pass].
「전치사+관계대명사」절인 [ ]가 선행사 many situations를 수식하며, 이때 in which는 where로 바꿔 쓸 수 있다. it은 가주어, to부정사구인 { }가 진주어이다.

[4행] For the people [who feel their time is more valuable than money], {being able to save time by spending money} is a welcome option.
S V
주격 관계대명사절 [ ]가 the people을 수식한다. 동명사구 { }가 주어이며, is가 동사이다.

6 ③

해석 이상하게 들릴지 모르지만, 과학자들은 현대의 닭이 공룡의 후손이라고 믿는다. 연구는 공룡과 닭의 알, 골격 그리고 행동 방식에서 유사성을 보여주었다. 그러나 그들의 자세는 공통점이 거의 없다. 대부분의 공룡들은 똑바로 서 있었고 걷기 위해 넓적다리뼈를 움직였다. 그러나 닭은 몸을 구부리고 있고 걷기 위해 무릎을 사용한다. 이 차이점에 대해 더 배우기 위해 연구원들은 도마뱀과 같은 꼬리를 닭에 붙였다. 그들의 목표는 그들이 닭을 공룡처럼 걷게 할 수 있는지 확인하는 것이었다. 이 가짜 꼬리가 어릴 때 붙여졌을 때 그 결과들은 인상적이었다. 그 꼬리는 닭의 넓적다리뼈가 더 수직이 되도록 했다. 결과적으로 닭은 걸을 때 넓적다리를 더 사용했고 무릎은 덜 사용했다. 이 실험은 연구자들이 공룡이 움직였던 방식에 대한 이해를 얻는 것을 도와주었다.
⇨ 과학자들은 가짜 꼬리가 있는 닭이 더 똑바로 서고 공룡의 그것들(=움직임)과 비슷한 움직임으로 걷는다는 것을 발견했다.

문제풀이 가짜 꼬리를 단 닭의 걷는 자세를 관찰하는 실험을 통해, 가짜 꼬리를 단 닭이 공룡과 비슷하게 걷는다는 것을 확인했다는 내용의 글이다.

구문분석

[7행] Their goal was [to see {**if** they could *make* the chickens *walk* like dinosaurs.}].
[ ]는 주격보어 역할을 하는 명사적 용법의 to부정사구이다. { }는 '~인지 어떤지'의 의미인 접속사 if가 이끄는 명사절로 see의 목적어로 쓰였다. 「make+O+O.C.」는 '~을 …하게 하다'의 의미로 사역동사 make의 목적격보어로 동사원형 walk가 쓰였다.

[8행] The tails **caused** the chicken's thigh bones **to become** more vertical.

「cause+O+to-v」는 '~가 …하게 하다'의 의미이다.

[10행] This experiment **helped** researchers **gain** insight into the way [dinosaurs moved].

「help+O+(to-)v」는 '~가 …하는 것을 돕다'라는 의미이다. [ ]는 the way를 선행사로 하는 관계부사절로, the way는 how로 바꾸어 쓸 수 있다.

UNIT 04 REVIEW TEST

p.46

A

1 angry

해석 내 여자 친구는 나에게 화가 났다.

풀이 주어 My girlfriend의 주격보어로 형용사인 angry가 적절하다.

2 blind

해석 그는 노년에 앞을 못 보게 되었다.

풀이 '~하게 되다'의 의미로 변화를 나타내는 2형식 동사 go는 주격보어로 형용사가 필요하므로 blind가 적절하다.

3 understood

해석 그 선생님은 그녀 자신을 이해시킬 수 없었다.

풀이 사역동사 make의 목적어인 herself가 목적격보어와 수동의 관계이므로 과거분사인 understood가 적절하다.

4 printed

해석 너는 어디에서 네 카드들을 인쇄했니?

풀이 사역동사 have의 목적어인 your cards가 목적격보어와 수동의 관계이므로 과거분사인 printed가 적절하다.

5 shocked

해석 너의 팀이 졌다는 얘기를 듣고 놀랐다.

풀이 내가 '놀라게 된' 것이므로 주어 I의 주격보어로 shocked가 적절하다.

B

1 I felt the house shake

2 The roses in the garden smell sweet

C

1 Because of the sunlight, the skin of the people (S) grew (V) darker (S.C.).

2 He (S) helped (V) me (O) (to) do my homework (O.C.).

UNIT 05 영문의 기본 구조

01 1·2·3형식 문장

EXERCISE

p.48

1 Many beautiful flowers (S) bloom (V) in spring.
많은 아름다운 꽃들이 봄에 핀다.

2 I (S) am (V) very busy (S.C.) from morning to night.
나는 아침부터 밤까지 매우 바쁘다.

3 The travel business (S) looks (V) promising (S.C.).
그 여행 사업은 전망이 있어 보인다.

4 I (S) have always respected (V) my parents (O).
나는 항상 부모님을 존경해 왔다.

5 The situation (S) remains (V) unchanged (S.C.).
그 상황은 변함없는 상태이다.

6 The early bird (S) catches (V) the worm (O).
일찍 일어난 새가 벌레를 잡는다.

7 On the way to his office, he (S) dropped (V) his phone (O) on the sidewalk.
사무실로 가는 길에, 그는 보도에 그의 전화기를 떨어뜨렸다.

8 The meeting (S) ended (V) at two in the afternoon.
그 회의는 오후 2시에 끝났다.

9 In the springtime, the weather (S) changes (V) very often.
봄에는 날씨가 매우 자주 바뀐다.

어휘 bloom 꽃이 피다 promising 장래성 있는 remain 여전히 ~이다 on the way to ~가는 길에 drop 떨어뜨리다

02 4·5형식 문장

EXERCISE

p.49

1 Things that he said (S) made (V) us (O) laugh (O.C.).
그가 말한 것들은 우리를 웃게 만들었다.

2 I (S) had (V) my sister (O) take care of my cats (O.C.).
나는 내 여동생에게 내 고양이들을 돌보도록 시켰다.

3 She showed us that she could play the piano.
S V I.O. D.O.
그녀는 우리에게 그녀가 피아노를 칠 수 있다는 것을 보여 주었다.

4 We saw Mary waiting for us at the gate.
S V O O.C.
우리는 Mary가 정문에서 우리를 기다리고 있는 것을 보았다.

5 I found the window broken when I came back from my vacation.
S V O O.C.
내가 휴가에서 돌아왔을 때, 나는 창문이 깨져 있는 것을 발견했다.

6 He often tells me interesting stories.
S V I.O. D.O.
그는 내게 재미있는 이야기를 자주 해 준다.

7 The government will allow them to advertise on television.
S V O O.C.
정부는 그들이 텔레비전에 광고를 할 수 있도록 허가할 것이다.

8 Myra sent me a note thanking me for dinner.
S V I.O. D.O.
Myra는 내게 저녁 식사에 대해 감사하는 메모를 보냈다.

어휘 convince 납득시키다, 확신시키다

단문독해

pp.50-51

 ①

해석 어떤 회의는 참석자들에게 동기를 부여하지만, 반면에 다른 회의들은 그들을 지루하게 한다. 그러면 무엇이 회의를 뛰어나게 만들까? 첫 번째 단계는 주의 깊은 계획이다. 회의는 분명한 일련의 목표를 가지고 시작되어야 한다. 그것은 또한 책임을 지고 모든 사람들이 주제에 집중하게 할 수 있는 지도자를 필요로 한다. 마지막으로, 여러분은 문제를 예측해야 한다. 여러분이 누군가가 어떤 주제에 강하게 반응을 보일 거라고 생각하면, 사전에 그 사람과 이야기를 나눠라. 이것은 여러분이 그렇게 하지 않으면 회의가 순조롭게 진행되는 것을 막을지도 모르는 갈등을 피하도록 도울 수 있다.

문제풀이 빈칸 앞에서는 강한 반발을 할 사람과 사전에 얘기를 나누라고 조언하고 있으며, 빈칸이 들어간 문장은 그 조언을 따른 행동이 회의가 매끄럽게 진행되지 못하게 하는 요인을 피하도록 도와줄 수 있다는 것이므로, 빈칸에는 ① 'conflicts(갈등)'가 적절하다.

오답풀이 ② 찬성, 승인 ③ 시간 외 노동

구문분석

[3행] It also requires a leader [who can take charge and keep everyone on topic].
[ ]는 a leader를 수식하는 주격 관계대명사절이다.

[5행] This can **help** you **avoid** conflicts [that might otherwise *prevent* your meeting *from going* smoothly].
「help+O+(to-)v」는 '~가 …하는 것을 돕다'의 의미로, help는 목적격보어로 동사원형과 to부정사를 모두 취할 수 있다. [ ]는 conflicts를 수식하는 주격 관계대명사절이다. 「prevent+O+from+v-ing」는 '~가 …하지 못하도록 막다'라는 의미이다.

2 ①

해석 당신의 세포 각각에는 약 3만 개 정도의 이것들이 있다. 모든 사람의 것들이 조금씩 다르고, 그래서 이것들이 개개인을 유일무이하게 만들어 준다. 하나 또는 그 이상의 이것들이 당신의 머리가 직모일지 곱슬일지, 당신의 키가 얼마나 클지, 혹은 당신의 눈동자 색을 결정할 수도 있다. 당신은 이것들을 부모님에게서 물려받는데, 이것이 아마도 당신이 당신 어머니의 미소를 닮은 이유일 것이다.

문제풀이 우리 몸의 모든 세포에 있고, 각 개인을 유일무이하게 만들어 주며, 부모님에게 물려받아 부모님과 외모가 닮게 되는 요인이라는 점 등을 정리해보면 밑줄 친 these는 ① 'genes(유전자)'를 가리킴을 유추할 수 있다.

오답풀이 ② (인체 내의) 기관 ③ 뼈

구문분석

[2행] …, so these **make** each person **unique**.
V O O.C.
「make+O+O.C.」는 '~을 …하게 만들다'의 의미로 5형식 문장을 이룬다. make의 목적격보어로 형용사가 쓰였다.

[2행] One or more of these might determine [whether your hair is straight or curly], {how tall you grow to be}, … .
[ ]은 접속사 whether가 이끄는 명사절이며, { }는 「의문사+주어+동사」 어순의 간접의문문으로 둘 다 determine의 목적어이다.

3 모기 퇴치 효과

해석 한 연구팀이 페퍼민트 식물의 기름으로 실험을 했다. 그들이 모기 유충이 담긴 물에 약간의 기름을 부었을 때, 그들은 그것이 모기 유충을 죽인다는 것을 발견했다. 다음으로 모기퇴치제로서 페퍼민트 기름의 효능을 실험하기 위해 한 집단의 인간 피실험자들이 동원되었다. 페퍼민트 기름을 바르고 하룻밤을 야외에서 보낸 후, 열 명 중 여덟 명의 지원자들이 모기에 전혀 물리지 않았다고 보고했다.

문제풀이 페퍼민트 기름이 모기 유충을 죽인다는 실험 결과와 그것을 바르고 야외에서 잤더니 모기에 물리지 않았다는 실험 내용으로 보아 페퍼민트 기름이 모기 퇴치 효과를 가지고 있음을 알 수 있다.

구문분석

[2행] When they poured some of the oil into water [**containing** young mosquitoes], they discovered {that it killed them}.
[ ]는 water를 수식하는 현재분사구이다. { }는 discovered의 목적어인 명사절이다.

4 yellow square, green triangle

해석 심리학자들에 의해 수행된 최근의 한 실험은 아기들이 옳고 그름의 차이를 구별할 수 있다는 것을 보여 주었다. 그들은 생후 6개월에서 1년 사이의 아기들에게 만화 영화를 보여 주었다. 영상에서, 빨간 공이 언덕을 오르려고 했다. 노란 네모는 그 공을 도왔지만, 녹색 세모는 그것을 막으려고 했다. 그 후에, 그들은 아기들에게 모양 중 하나를 선택하게 했다. 80퍼센트 이상이 녹색 세모보다 노란 네모를 선택했다.

문제풀이 어린 아기들이 옳고 그름을 구분할 줄 안다고 했으므로 빨간 공이 언덕을 올라가는 것을 방해하는 녹색 세모보다는 그것을 도와주는 노란 네모를 선택했을 것이라고 유추할 수 있다.

구문분석

[1행] A recent experiment [**conducted** by psychologists] showed {*that* babies can tell the difference between right and wrong}.
[ ]는 주어 A recent experiment를 수식하는 과거분사구이다. { }는 동사 showed의 목적어로 쓰인 명사절이다.

[4행] Afterward, they **had** the babies **choose** one of the shapes.
사역동사 had의 목적격보어로 동사원형 choose가 쓰였다.

5 initial, overall

해석 현대 소비자들은 그들의 재정에 대한 장기적인 영향을 고려하지 않고 단기적인 절약의 유혹에 굴복하는 경우가 종종 있다. 자동차 구매자들은 유지 보수 및 차량의 연비와 같은 요소들을 고려하지 않고 가장 저렴한 모델을 선택할 수도 있다. 마찬가지로, 집을 구매하는 사람들에게는 난방 및 냉방 비용, 재산세, 수리와 같은 지속적인 비용을 고려하는 것이 중요해진다. 예를 들어, 더 새롭고 더 에너지 효율적인 집은 더 높은 가격표가 따를 수 있지만 더 낮은 에너지 요금으로 인해 장기적으로는 절약할 수도 있다. 소비자는 소유와 관련된 전체 비용에 주의를 기울여야 할 뿐만 아니라 초기 비용도 고려해야 한다.
⇨ 소비자들은 무언가를 소유하는 것과 관련된 초기 비용과 전체 비용을 모두 고려해야 한다.

문제풀이 소비자들이 자동차나 집을 구매할 때 비용의 장기적인 측면은 고려하지 않고 단기적인 절약의 유혹에 굴복하는 경우가 많은데, 초기 비용과 더불어 소유와 관련된 전체 비용에도 주의를 기울여야 한다는 내용의 글이다.

구문분석

[4행] Likewise, for those purchasing a home, **it** becomes crucial [**to account** for ongoing expenses {such as heating and cooling costs, property taxes, and repairs}].
[ ]는 가주어 it에 대한 진주어 역할의 to부정사구이며, { }는 ongoing expenses의 사례를 such as를 이용하여 나타내고 있다.

[6행] For example, a newer and more energy-efficient home (S) [may come (V1) with a higher price tag] **but** [would lead (V2) to savings in the long run due to lower energy bills].
두 개의 [ ]는 두 개의 술부가 등위접속사 but을 중심으로 병렬로 연결된 구조이다.

수능독해 pp.52~55

1 ④ 2 ③ 3 ⑤ 4 ④ 5 ② 6 ③

1 ④

해석 사람들은 때때로 갑오징어를 자신의 피부색을 바꾸는 능력 때문에 바다의 카멜레온이라고 부른다. 그것들의 이름에도 불구하고, 갑오징어는 실제로는 물고기가 아니며, 대신 오징어나 문어와 같은 과에 속한다. 구리를 포함하고 있어 청록색인 그들의 피는 세 개의 심장에 의한 펌프 작용으로 온몸으로 보내진다. 이것들 중 두 개는 그 동물의 아가미로 피를 운반하는 데 사용되고, 반면에 세 번째 심장의 용도는 신체 나머지 부분의 기관들로 피를 순환시키는 것이다. 갑오징어는 해저에서의 생활에 잘 적응하였는데, 그곳에서 그들은 물고기를 사냥한다. 그들의 몸에는 cuttlebone이라고 불리는 독특한 체내 껍질이 있는데, 이것은 흔히 카나리아나 앵무새의 먹이에 칼슘을 첨가하기 위해 사용된다.

문제풀이 세 번째 문장에서 갑오징어는 세 개의 심장으로 혈액을 온몸으로 공급한다는 것을 알 수 있다.

구문분석

[3행] Their blood (S), [**which** is bluish-green in color because it contains copper], is pumped (V) through their body by three hearts.
계속적 용법의 관계대명사 which가 이끄는 [ ]는 삽입절로 Their blood를 보충 설명한다.

[6행] Cuttlefish are well adapted for life on the seafloor, [**where** they hunt fish].
[ ]는 the seafloor를 선행사로 하는 관계부사절이다.

2 ③

해석 저희는 우리의 공석에 대한 귀하의 지원서를 검토할 기회가 있었고 면접은 7월 31일 수요일 오후 3시로 일정이 잡혔습니다. 귀하께서는 인사부장인 Parsons 씨를 만나게 될 것입니다. 그녀의 사무실은 행정관 18층 1820호입니다. 저는 귀하께서 그녀가 우리 회사와 국제 시장에서의 그 역할에 대해 매우 식견이 높다는 것을 아시게 될 것이라 확신합니다. 면접 후에, 귀하께서는 표준 산업 절차에 대한 귀하의 경험을 평가하기 위해 마련된 한 시간 동안의 시험을 치르도록 요청받을 것입니다. 약속 시간을 맞추실 수 없거나 질문이 있으시면 제게 연락 주십시오. 저희 회사에 대한 귀하의 관심에 감사드립니다.

문제풀이 면접 일정을 알려주며 면접 이후에 한 시간 정도의 시험이 있을 예정이라고 언급하고 있으므로 글의 목적으로는 ③이 적절하다.

구문분석

[4행] … you will find (V) her (O) to be very knowledgeable (O.C.) about our company … .
「find+O+O.C.」는 '~을 …라고 여기다'의 의미로 5형식 문장을 이룬다. find의 목적격보어로 to부정사구인 to be very knowledgeable이 쓰였다.

3 ⑤

해석 1962년에 Rachel Carson은 살충제를 사용하는 것의 부정적인 영향에 대해 우리에게 귀중한 통찰력을 제공한 책, *Silent Spring*을 출판했다. 그 책은 이 화학 물질(= 살충제)이 인간과 야생 동물 모두의 건강을 포함하여 자연 세계에 미치는 영향에 대해 논의한다. 제목은 무책임한 살충제 사용의 결과로 우리에게 새가 없는 세상을 의미한다. 저자는 자신의 연구와 글쓰기 재능을 활용하여 많은 독자에게 전달할 수 있었고 살충제의 광범위한 이용이 환경에 심각한 해를 끼치고 있다고 주장할 수 있었다. *Silent Spring*은 살충제가 어떻게 사용되어야 하는지에 대한 열띤 논쟁을 불러일으켰다. 비록 살충제 산업이 Carson의 신빙성을 떨어뜨리려고 시도했지만, 그녀의 책은 환경보호 운동과 정부 정책에 지대한 영향을 미쳤고 대중들이 살충제에 대한 생각을 형성하도록 도왔으며, U.S. Environmental Protection Agency의 출범과 DDT로 알려진 독성 살충제의 금지 조치로 이어졌다. *Silent Spring*은 오늘날에도 이어지는 운동을 촉발시켰을 뿐만 아니라 환경 운동가 세대에게 영감을 주었다. 그 책은 자연환경을 보호하는 것에 대한 우리의 책임을 소홀히 하는 것에 관해 단호한 경고의 역할을 한다.

문제풀이 *Silent Spring*이라는 제목은 무책임한 살충제 사용의 결과로 인해 우리에게 새가 없는 세상을 의미하는 것이고 저자는 독자들에게 살충제의 광범위한 이용이 환경에 심각한 해를 끼치고 있다고 주장하였으며, 그 책을 통해 오늘날에도 이어지는 환경 운동이 촉발되었다고 했으므로, 빈칸에는 ⑤ '자연환경을 보호하는 것에 대한 우리의 책임을 소홀히 하는 것'이 가장 적절하다.

오답풀이 ① 생태계 보호를 위해 자원을 사용하지 않고 자원을 낭비하는 것
② 살충제 사용 금지의 중요성을 과대평가하는 것
③ 생태적 균형을 유지하는 것보다 경제 성장을 우선시하는 것
④ 다른 사람들이 자연을 보호하는 것을 책임질 것이라고 가정하는 것

구문분석

[5행] [Using her research and talent for writing], the author(S) was(V) able [**to communicate** to a large audience] and [**(to) argue** {**that** the widespread use of pesticides was causing significant harm to the environment}].
첫 번째 [ ]는 의미상 주어가 the author인 분사구문이다. 이 문장의 주어는 the author이고, 동사는 was이며 두 번째, 세 번째 [ ]는 was able에 and로 to부정사구가 병렬되고 있다. { }는 동사 argue의 목적절로 that은 명사절의 접속사이다.

[9행] ..., her book(S) [had(V1) a profound impact(O) on environmental protection campaigns and government policies] and [**helped**(V2) **the public**(O) **to shape**(O.C.) their ideas about pesticides], [**resulting** in the launch of the U.S. Environmental Protection Agency and a ban on a toxic pesticide {known as DDT}].
첫 번째, 두 번째 [ ]는 두 개의 동사구가 and를 중심으로 연결됨을 나타내고, 두 번째 [ ]에서 「help+O+O.C.(to부정사)」는 "~가 …하도록 돕다"의 의미이다. 세 번째 [ ]는 주절이 기술하는 상황에 부수적인 상황을 나타내는 분사구문이다. { }는 toxic pestcide를 수식하는 과거분사구이다.

4 ④

해석 왜 뱀이 갈라진 혀를 가지고 있는지 궁금해한 적이 있는가? 그들의 특별한 혀에는 독특한 목적이 있다. 말하자면, 그것들은 맛을 보기 위해서라기보다는 냄새를 맡기 위해 쓰인다. 그것이 기능하는 방식은 매우 놀랍다. 뱀의 입천장에는 냄새에 대한 정보를 처리하는 감각 기관이 위치해 있다. 뱀이 혀를 빠르게 내밀 때, 그것이 하고 있는 것은 근처에 있는 먹이나 심지어 짝짓기를 할 만한 상대에 대한 단서를 줄 수도 있는 공기 중의 작은 냄새 입자를 모으는 것이다. 갈라진 혀를 가졌다는 것은 그것이 뱀에게 냄새가 어느 방향에서 오는지를 알게 해 주기 때문에 모든 것을 더 쉽게 만들어 준다. 그 냄새가 먹이의 것인지 잠재적인 짝짓기 상대의 것인지에 따라 뱀은 공격을 할지 따라갈지를 선택할 수 있다.

문제풀이 사역동사 let은 목적격보어로 동사원형을 취하므로 ④의 to know를 know로 고쳐야 한다.

오답풀이 ① 문장에서 주어의 역할을 하고 있으며, How 뒤에서 주어와 동사가 온전한 절을 이루므로 선행사가 생략된 관계부사절이다. 관계부사 how는 '~하는 방식'이라는 의미로 the way를 선행사로 취하지만, the way와 함께 쓰일 수는 없다.
② a sense organ을 수식하는 분사로, 감각 기관이 입천장에 '위치해 있다'는 수동의 의미이므로 과거분사 located가 적절하다.
③ 문장의 주어를 이끄는 동시에 doing의 목적어 역할도 할 수 있어야 하므로 관계대명사가 와야 하는데, 선행사가 없으므로 선행사를 포함한 관계대명사 what이 적절하다.
⑤ 접속사 whether는 전치사 upon의 목적어 역할을 하는 명사절 (whether ... potential mate)을 이끈다.

구문분석

[3행] There's a sense organ [located in the roof of a snake's mouth] {that processes information about scents}.
located가 이끄는 과거분사구 [ ]와 that이 이끄는 주격 관계대명사절 { } 모두 a sense organ을 수식한다.

[5행] ..., what it's doing(S) is(V) [collecting tiny scent particles in the air {that might give it clues about ...}](S.C.).
선행사를 포함하는 관계대명사 what이 이끄는 명사절이 주어, is가 동사, 동명사구 [ ]가 주격보어이다. { }는 tiny scent particles를 선행사로 하는 주격 관계대명사절이다.

5 ②

해석 눈보라가 치는 동안, 많은 사람들이 의식하는 것은 폭풍우와 비교하면 그것들이 얼마나 조용한 것 같은가이다. 이것은 왜냐하면 비는 액체이기 때문에, 그것은 빨리 떨어지고 표면을 칠 때 큰 소리를 낸다. 반면에, 눈은 고체여서, 눈송이는 조용히 땅에 뜬다. 게다가, 눈송이는 소리에 장애물 역할을 하는 열린 공간을 가지고 있다. 이것은 소리는 파동을 이루며 이동하며 계속 움직이기 위해서는 고체, 액체, 혹은 기체에 있는 분자들을 진동시킬 필요가 있기 때문이다. (고체와 달리, 액체와 기체는 어떠한 빈 공간도 완전히 채우기 위해 퍼질 것이다.) 또 다른 요인은 눈보라가 치는 동안의 더 낮은 기온인데, 그것은 음파가 더 느리게 움직이도록 한다. 눈보라 후에, 내린 눈이 녹고 모양이 바뀌기 시작하면서, 조용하고 평화로운 분위기는 변한다. 눈송이는 얼음으로 변하는데, 그것은 음파를 반사하기 때문에 실제로 소리를 더 크게 만든다.

문제풀이 눈보라가 치는 동안 조용하게 느껴지는 이유를 설명하는 글로, 고체와 달리 액체와 기체는 빈 공간을 채우기 위해 퍼진다는 내용의 ②는 전체 흐름과 무관하다.

구문분석

[1행] During snowstorms, [what many people notice] is {how quiet they seem compared to rainstorms}.
[ ]는 선행사를 포함하는 관계대명사 what이 이끄는 명사절로, 문장의 주어 역할을 한다. { }는 how가 이끄는 간접의문문으로, 문장의 주격보어 역할을 한다.

[7행] Another factor is the cooler air temperature during snowstorms, [**which** *makes*(V) sound waves(O) *move*(O.C.) more slowly].
which는 the cooler air temperature를 선행사로 하는 계속적 용법의 주격 관계대명사이다. 「make+O+O.C.」는 '~가 …하게 만들다'의 의미로, 사역동사의 목적격보어로 동사원형이 쓰였다.

6 ③

해석 미국에서 무료로 머물 장소를 찾는 것은 거의 불가능하지만, Amr Arafa의 아파트는 이용 가능하다. 그러나, 오직 난민들과 가정 폭력 희생자들에게만 그 문이 열려 있다. Arafa는 2005년 대학원을 다니기 위해 이집트에서 미국으로 이주한 그의 경험에서 취약한 사람들을 돕는 것을 시작하도록 고무되었다. 그는 머물 곳이 없었고 1,000달러만 가지고 있었다. 그는 절망적인 상황에 처해 있었지만, Clark Atlanta 대학교의 한 교수가 그가 자신의 집을 찾을 수 있을 때까지 그를 재워줬다. 그는 그 교수의 친절함이나 머물 수 있는 안전한 장소가 있는 것이 얼마나 기분 좋은지를 결코 잊지 않았다. 그의 감사한 마음은 그가 어려움에 처한 사람들이 무료 임시 거처를 찾는 것을 돕는 EmergencyBnB라고 불리는 플랫폼을 만들도록 했다. Arafa는 EmergencyBnB가 난민 위기를 해결할 것이라고 기대하지는 않지만, 그는 그것이 미국 전역의 취약한 개인들의 삶에 영향을 미치길 바란다.

문제풀이 Amr Arafa가 자신이 어려움에 처했을 때 한 교수의 도움을 받은 일로 인해 다른 사람들을 돕게 됐다는 내용의 글이므로, 글의 제목으로 ③ '그가 한때 도움을 받았듯 다른 사람들을 돕기'가 가장 적절하다.

오답풀이 ① 여행객들을 위한 무료 아파트
② Amr Arafa: 난민에서 교수로
④ EmergencyBnB: 노숙자들이 노숙자들을 돕다
⑤ EmergencyBnB: 난민 문제에 대한 유일한 해결책

구문분석

[1행] While **it**'s almost impossible [**to find** a place {*to stay* in America for free}], … .
it은 가주어이고 [ ]가 진주어이다. { }는 a place를 수식하는 형용사적 용법의 to부정사구이다.

[6행] He never forgot [the professor's kindness] or {how good **it** felt **to have** a safe place *to stay*}.
[ ]와 { }는 forgot의 목적어이며, or에 의해 병렬 연결되었다. 간접의문문 { }에서 it은 가주어이고 to have 이하가 진주어이며 to stay는 a safe place를 수식하는 형용사적 용법의 to부정사이다.

UNIT 05 REVIEW TEST

p.56

A

1 sweet
해석 그 꽃은 매우 달콤한 향기가 난다.
풀이 주격보어 자리에는 명사나 형용사가 쓰이고 부사는 쓰일 수 없다.

2 raised
해석 그들은 항복의 표시로 백기를 들었다.
풀이 뒤에 the white flag라는 목적어가 있으므로, '~을 들어 올리다'라는 의미의 타동사 raise(-raised-raised)가 적절하다.

3 rise
해석 그는 그의 담배에서 연기가 피어오르는 것을 보았다.
풀이 문맥상 '뜨다, 피어오르다'라는 의미의 자동사 rise가 적절하다.

4 found
해석 섬유질은 곡류, 콩, 과일, 그리고 채소에서 발견된다.
풀이 '~을 발견하다'라는 의미의 타동사 find가 수동형으로 쓰여야 하므로 found가 적절하다.

5 founded
해석 독립노동당은 1893년 1월 13일에 Bradford에서 설립되었다.
풀이 '~을 설립하다'라는 의미의 타동사 found가 수동형으로 쓰여야 하므로 founded가 적절하다.

B

1 I told him that he must go at once
2 We elected Mr. Gray the chairman of the meeting

C

1 The woman wearing the black suit(S) looks(V) busy(S.C.).
2 Let(V) me(O) know(O.C.) when you arrive at Incheon International Airport(부사절).

UNIT 06 형용사적 수식어구 1

01 형용사구·전치사구·to부정사구

EXERCISE

p.58

1 The movie is a good opportunity [to learn about the history of the Middle Ages].
그 영화는 중세시대 역사에 대해 배울 수 있는 좋은 기회이다.

2 Tom has grown up in an atmosphere [favorable to emotional development].
Tom은 정서 발달에 좋은 분위기에서 성장했다.

3 The difference [between male and female literacy rates] is greater in poor countries.
남성과 여성 간의 식자율의 차이는 빈곤국들에서 더 크다.

4 One local broadcasting station sponsored a concert [to raise money for charity].
한 지방 방송국이 자선 기금을 마련하기 위한 콘서트를 후원했다.

5 The new lecture [about the relationship between science and education] will begin next month.
과학과 교육의 관계에 대한 새로운 강의가 다음 달에 시작될 것이다.

6 The best way [for you to live a happy and satisfying life] is to get involved in doing things that make you happy and satisfied.
당신이 행복하고 만족스러운 삶을 사는 최고의 방법은 당신을 행복하고 만족스럽게 해 주는 일들을 하는 것에 몰두하는 것이다.

7 Students' aptitudes [in various subjects] should be accurately tested.
다양한 과목에 대한 학생들의 적성은 정확하게 평가되어야 한다.

어휘 atmosphere 대기; *분위기 favorable 호의적인; *형편에 알맞은 emotional 정서의 literacy 글을 읽고 쓸 줄 아는 능력 broadcasting station 방송국 sponsor 후원하다 raise 들어 올리다; *(돈 등을) 모으다 charity 자선 (단체) lecture 강의 involved 관여하는; *몰두하는 aptitude 소질, 적성 accurately 정확히

02 현재분사·과거분사

EXERCISE

p.59

1 She will explain the research [done last week].
그녀는 지난주에 행해진 연구를 설명할 것이다.

2 Sally found a wooden box [containing many kinds of coins].
Sally는 많은 종류의 동전이 든 나무 상자를 발견했다.

3 The child [injured in the car accident] was immediately taken to the hospital.
자동차 사고로 다친 그 아이는 즉시 병원으로 옮겨졌다.

4 The police officers [investigating the murder] have arrested three suspects.
살인 사건을 조사하고 있는 경찰들은 세 명의 용의자를 체포했다.

5 Most of the colleagues [invited to his birthday party] didn't come.
그의 생일 파티에 초대받은 동료들의 대부분은 오지 않았다.

6 I know the man [standing by the window].
나는 창문 옆에 서 있는 남자를 안다.

7 This is a letter [written by my youngest son].
이것은 내 막내아들에 의해 쓰인 편지다.

어휘 contain ~이 들어 있다 injure 부상을 입히다 immediately 즉시 investigate 조사하다 murder 살인 arrest 체포하다 suspect 의심하다; *용의자 colleague 동료

단문독해

pp.60-61

❶ flow

해석 존경받는 심리학자이자 작가인 Mihaly Csikszentmihalyi에 따르면 사람들은 도전적인 일에 몰두하고 집중함으로써 행복을 얻을 수 있는데 이는 "몰입"으로 알려진 심리 상태이다. Csikszentmihalyi의 책 *Flow: The Psychology of Optimal Experience*은 우리 삶에서 가장 성취감을 주는 시간들은 수동적이고, 수용적이며, 편안한 순간들이 아니라고 주장한다. 대신에, 그것들(그런 시간들)은 어렵고 가치 있는 활동을 성취하기 위해 사람들이 자발적으로 그들의 마음이나 몸을 한계까지 늘릴 때 일어난다. 쾌락의 추구는 공허함과 지루함을 초래할 수 있다. 그러므로, 자신의 경험을 최적화하고 행복을 증대시키는 것은 몰입의 추구를 통하여 달성될 수 있다.

문제풀이 사람들이 도전적인 일에 몰두하고 집중함으로써 행복을 얻을 수 있는데 이는 "몰입"이라고 알려진 심리 상태라고 했으므로, 빈칸에는 'flow(몰입)'가 들어가는 것이 적절하다.

구문분석

[1행] According to Mihaly Csikszentmihalyi, [a respected psychologist and author], people can achieve happiness [through immersing themselves in and focusing on a challenging task, {a state of mind known as "flow"}].

첫 번째 [ ]는 Mihaly Csikszentmihalyi와 동격 어구이며, 두 번째 [ ]는 전치사구이고 { }는 동명사구 immersing themselves in and focusing on a challenging task에 대한 동격 어구이다.

[5행] Instead, they happen [**when** people voluntarily

stretch their mind or body to the limit **to accomplish** an activity {**that** is difficult and worthwhile}].

[ ]은 시간을 나타내는 부사절이고 to accoomplish는 목적을 나타내는 부사적 용법의 to부정사이다. { }는 an activity를 수식하는 주격 관계대명사절이다.

2 ②

해석 임시 교사가 교실에 들어와서 교실에 앉아 있는 25명의 고등학생들에게 정규 교사가 아파서 그날 학교에 오지 않을 것이라고 알려 주었다. 그 즉시, 그 학급의 학생들은 환호성을 지르면서 박수를 쳤다. 임시 교사는 질서를 회복하려고 노력하면서 학생들에게 진정할 것을 요구했지만, 그들은 그냥 그를 무시하고는 자기들끼리 시끄럽게 떠들었다.

문제풀이 학생들이 임시 교사를 무시하고 자신들끼리 소란스럽게 떠들고 있는 상황이므로 임시 교사는 좌절감을 느꼈을(frustrated) 것이다.

오답풀이 ① 만족스러운 ③ 감명을 받은

구문분석

[1행] … and informed the 25 high school students [sitting in class] {**that** the regular teacher was …}.
현재분사구인 [ ]가 동사 informed의 간접목적어인 the 25 high school students를 수식하는 형용사적 수식어구의 역할을 한다. 직접목적어는 that이 이끄는 명사절 { }이다.

[3행] The substitute, …, **demanded** [that the students (should) **calm** down], … .
〈요구〉, 〈제안〉, 〈주장〉, 〈명령〉 등의 뜻을 나타내는 동사의 목적절에서 동사는 「(should) 동사원형」의 형태로 쓰며 이때 should는 보통 생략한다.

3 **possess[have]**

해석 비록 두 단어가 종종 같은 것을 의미하는 데 사용되기는 하지만, 선망과 질투는 실제로는 다른 종류의 상황에 의해 초래되는 두 가지 별개의 감정을 나타낸다. 선망은 당신이 갖지 못한 것을 다른 누군가가 소유하고 있으며, 당신이 그것을 가지지 못했다는 사실이 당신에게 고통이나 좌절을 유발할 때 일어난다. 반면에, 질투는 당신이 소유하고 있는 어떤 것을 다른 사람에게 빼앗길지 모른다고 생각할 때 당신이 경험하는 두려움의 감정을 일컫는다.
⇨ 선망은 당신이 소유하지[가지지] 못한 것들에 대한 고통스러운 감정인 반면, 질투는 당신이 소유한[가진] 것을 잃는 것에 대한 두려움이다.

문제풀이 두 번째 문장에서 선망(envy)은 남들이 소유한 것을 당신은 갖고 있지 않아 느끼는 고통이나 좌절이라고 했고, 세 번째 문장에서 질투(jealousy)는 당신이 소유한 것을 남에게 빼앗길지 모른다는 생각에 느끼는 두려운 감정이라고 했다.

구문분석

[1행] …, envy and jealousy actually represent two distinct emotions [brought about by different kinds of situations].
[ ]는 명사구 two distinct emotions를 수식하는 과거분사구이다.

[4행] … the fact [that you do not have it] causes you pain or frustration.
[ ]는 the fact와 동격인 명사절이다.

4 **학생들이 일생 동안 계속 지식을 추구하도록 격려하는 것**

해석 교육에서, 격려와 동기 부여는 성공을 위한 가장 중요한 도구이다. 암기와 시험 대비를 강조하는 교수 방법은 동기를 유발하거나 (열의를) 고취시키지 못한다. 사실, 그것은 종종 배우고자 하는 학생의 열망을 파괴한다. 이것은 용납될 수 없는데, 왜냐하면 교육의 목표는 학생들이 일생 동안 계속해서 지식을 추구하도록 격려하는 것이어야 하기 때문이다. 다시 말해서, 진정한 교육은 학생들이 평생의 배움을 추구하도록 격려해야 한다.

문제풀이 네 번째 문장에서 교육의 목표(the goal of education)는 학생들이 일생 동안 계속해서 지식을 추구하도록 격려하는 것이라고 언급했다.

구문분석

[3행] In fact, it often destroys a student's desire [**to learn**].
[ ]는 명사구 a student's desire를 수식하는 형용사적 용법의 to부정사이다.

5 ②

해석 구직 면접 동안, 여러분은 스스로를 많은 분야에 대한 능력이 있는 다재다능한 근로자로 나타내는 것을 피해야 한다. 여러분이 능력이 많다는 것을 보여 주고 싶겠지만, 여러분의 최우선 사항은 여러분의 전문 분야를 보여 주는 것이어야 한다. 여러분이 그렇게 하지 못하면, 여러분은 어떤 것도 특별히 잘할 수 없다는 인상을 줄지도 모른다. 그러므로, 여러분의 가장 뛰어난 능력에 초점을 맞추어, 여러분이 어떤 종류의 일을 가장 잘할 수 있는지를 정확히 설명하도록 하라. 그렇게 하는 것은 다른 지원자들에 비해 여러분이 쉽게 눈에 띄게끔 만들 것이고, 여러분이 그 일자리를 얻을 가능성은 증가할 것이다.

문제풀이 구직 면접에서 자신의 가장 뛰어난 능력에 초점을 맞추어 가장 잘할 수 있는 일을 정확히 설명하라고 했으므로, 빈칸에는 ② '전문 분야'가 적절하다.

오답풀이 ① 정직함 ③ 충실함

구문분석

[3행] …, you may give the impression [that you can't do anything particularly well].
[ ]는 the impression과 동격인 명사절이다.

[4행] Therefore, try to explain exactly [**what** kind of tasks you can do best], *focusing* on your strongest skills.
[ ]는 의문사 what이 이끄는 간접의문문으로 explain의 목적어 역할을 한다. focusing 이하는 〈동시동작〉을 나타내는 분사구문이다.

수능독해

pp.62~65

1 ② 2 ② 3 ② 4 ③ 5 ④ 6 ③

1 ②

해석 인간의 타고난 음악성의 개념을 탐구하는 것은 많은 연구자들에게 매력적인 주제이다. 언어를 배우는 우리의 능력은 선천적이라는 것이 널리 받아들여지고 있지만, 음악이 선천적인 정도는 여전히 연구의 대상이다. '노래하기'에 대한 인식과 방법에 있어 다양한 문화적 관점은 또한 이러한 현상에 대한 이해를 더욱 어렵게 만든다. 그러나 누구나 노래하는 능력, 리듬의 구별, 그리고 간단한 멜로디 패턴의 인식을 포함하여 음악에 있어 기본적인 기술들을 습득할 수 있는 능력을 가지고 있다고 가정하는 것은 타당하다. 비록 음악적 숙달을 성취할 수 있는 잠재력이 모두에게 달성 가능하지는 않지만, 언어를 습득한 모든 사람이 훌륭한 대중 연설가가 될 수 있는 것은 아닌 것처럼, 음악적 표현에 대한 잠재력은 보편적인 것으로 보인다. 사회적 차원에서 음악이 가치 있게 여겨지고 장려되는 방식은 대중의 음악 제작 참여를 강조하는 것에서부터 전문 음악가의 공연을 듣는 것에 우선순위를 두는 것에 이르기까지 다양하다.

문제풀이 음악적 숙달을 성취할 수 있는 잠재력이 모든 사람에게 달성 가능하지는 않지만 누구나 음악에 있어서 기본적인 기술들을 습득할 수는 있다는 내용의 글이므로, 글의 요지로 ②가 가장 적절하다.

구문분석

[8행] [Although the potential {to achieve musical mastery} is not attainable for all individuals], just as **not everyone** [who acquires language] can become a great public speaker, the potential for musical expression appears to be universal.

첫 번째 [ ]는 양보의 부사절이고, { }는 the potential을 수식하는 형용사적 용법의 to부정사구이다. 「not+everyone」은 부분 부정을 나타내어 '모두가 ~인 것은 아니다'의 의미이며, 두 번째 [ ]는 everyone을 수식하는 주격 관계대명사절이다.

[10행] At a societal level, how music is valued and encouraged (S) varies (V), [**from** an emphasis on participation in music-making by the masses **to** prioritizing listening to the performances of professional musicians].

이 문장의 주어는 「how+S+V」인 명사절이며 동사는 단수동사 varies이다. [ ]는 「from ~ to ...」 구문으로 '~에서 …까지'라는 의미이다.

2 ②

해석 미소포니아는 다른 사람들에 의해 만들어진 일상적인 소리에 반응하여 부정적인 감정을 표출하는 것이 특징인 질환이다. 미소포니아로 고통 받는 사람들은 크게 씹거나 숨을 쉬는 누군가의 소리에 갑작스러운 화나 불안을 경험할 수 있다. 다른 사람들에게는, 이러한 사람들이 단지 쉽게 주의가 흐트러지고 짜증을 내는 것처럼 보일 수도 있다. 그러나, 미소포니아 환자인 것과 단순히 특정 소리들을 싫어하는 것 사이에는 큰 차이점이 있다. 미소포니아는 실제적인 고통을 야기하고 종종 사람들이 사회적인 접촉을 꺼리게 만든다. 그것은 심지어 사람들이 직장을 그만두거나 이혼을 하는 원인이 된다. 그것은 뇌가 특정한 소리들을 처리하는 방식에 의해 야기된다고 여겨진다. 이 처리 과정에서의 오류는 그것(=작은 소리)이 훨씬 더 큰 소리를 내는 것처럼 뇌가 작은 소리에 반응하게 한다.

문제풀이 주어진 문장은 미소포니아 환자인 것과 단순히 특정 소리를 싫어하는 것은 다르다는 내용이므로, 다른 사람들에게는 미소포니아 환자들이 단지 짜증 내는 것처럼 보일 수도 있다는 내용과 미소포니아 환자들이 겪는 극단적인 상황들의 예시 사이인 ②에 들어가는 것이 가장 적절하다.

구문분석

[4행] Those [**suffering** from misophonia] can experience sudden anger or anxiety at the sound of someone {*chewing* or *breathing* loudly}.

[ ]는 주어 Those를 수식하는 현재분사구이며, { }는 someone을 수식하는 현재분사구이다.

[10행] An error in this processing (S) **causes** (V) the brain (O) **to react** (O.C.) to a small sound *as if* it *were* something much louder.

「cause+O+to-v」는 '~가 …하게 하다'의 의미이다. 「as if+가정법 과거」는, '마치 ~인 것처럼'의 의미로, 가정법 과거 표현에서 be동사는 주어의 인칭과 수에 상관없이 were를 쓸 수 있다.

3 ②

해석 한 연구진이 두 참가자 집단에게 두 가지 다른 위치 중 한 곳으로 입에 펜을 문 채 설문지를 작성해 달라고 요청했다. 펜을 '입술 위치'에 문 참가자들은 억지로 얼굴을 찌푸리게 된 반면, '치아 위치'에 문 참가자들은 억지로 미소를 짓게 되었다. 연구자들은 그 연구의 진짜 목적을 설명하지 않았고, 손을 쓸 수 없는 사람들이 글을 쓰는 것이 얼마나 어려운지 알아보려 한다고 참가자들에게 말했다. 그 설문지에서, 참가자들은 한 만화가 얼마나 웃긴지 평가해 달라는 요청을 받았는데, 이것이 바로 그 실험의 진짜 목적이었다. 연구자들이 예상한 대로, '치아 위치'를 취한 집단의 참가자들이 '입술 위치'를 취한 집단의 참가자들보다 그 만화가 훨씬 더 재미있다고 평가했다.

⇨ 연구자들은 얼굴의 표정이 사람의 감정에 큰 영향을 준다는 것을 발견했다.

문제풀이 억지로 짓는 표정이라도 사람의 감정에 영향을 미친다는 것을 보여주는 실험에 관한 글이다.

구문분석

[1행] A team of researchers asked (V) two groups of participants (O) to fill out a questionnaire **with** a pen **held** in their mouth … (O.C.).

asked의 목적격보어로 to fill 이하의 to부정사구가 왔다. 「with+O+과거분사」는 〈동시동작〉을 나타내는 분사구문으로, '~이 …된 채로'의 의미이다.

[5행] …, **telling** the participants [that they were trying to find out {how difficult *it* was *for people* [without the use of their hands] *to write*}].

telling 이하는 〈부대상황〉을 나타내는 분사구문이다. the participants는 telling의 간접목적어이고 that이 이끄는 첫 번째 [ ]는 직접목적어이다. { }는 find out의 목적어인 간접의문문이다. 여기에서 it은 가주어이고 to write은 진주어이며, for people … hands는 to write의 의미상 주어이다. 두 번째 [ ]는 people을 수식하는 전치사구이다.

[6행] In the questionnaire, the participants were asked to rate [how funny a cartoon was], **which** was the real objective of the test.
[ ]는 rate의 목적어 역할을 하는 간접의문문이다. 콤마(,)와 함께 쓰인 which는 앞 절 전체를 선행사로 하는 계속적 용법의 주격 관계대명사이다.

4 ③

해석 문제들을 풀려는 수학자들에게는 이용할 수 있는 많은 수단들이 있다. 무작위성은 이것들 중 하나이다. 언뜻 보기에는, 무작위성은 별로 소용이 없는 것처럼 보일 수 있다. 그러나, 그것은 많은 상황들에서 도움이 된다. 예를 들어, 한 수학자는 특정 각도를 포함하는 모양과 같은, 특정 속성을 가진 물체가 존재한다는 것을 증명할 필요가 있을 수도 있다. 직접적인 전략은 당신이 찾고 있는 속성들을 가진 물체의 예를 찾는 것이다. 그러나 이것은 무언가가 존재한다는 것을 증명하는 효율적인 방법이 아니다. 더 좋은 방법은 특정 범주로부터 무작위로 한 물체를 선택하는 것이다. 만약 당신이 그 무작위의 물체가 요구되는 속성들을 가진다는 아주 작은 가능성이라도 있다는 것을 보여줄 수 있다면, 당신은 그 물체가 존재한다는 것을 증명한 것이다.

문제풀이 무작위성은 소용이 없는 것처럼 보일 수 있으나 수학자들이 무언가를 증명하는 데 활용할 수 있다는 내용의 글이므로, 글의 제목으로 ③ '무작위성을 잘 활용하기'가 가장 적절하다.

오답풀이 ① 무작위의 문제들을 푸는 방법
② 수학자들의 진정한 목표
④ 흔한 수학적 실수
⑤ 세상은 무작위가 아니라는 것을 증명하기

구문분석

[1행] There are many tools [(that[which] are) available to mathematicians {trying to solve problems}].
[ ]는 「주격 관계대명사+be동사」 that[which] are가 생략된 주격 관계대명사절로 many tools를 수식한다. { }는 mathematicians를 수식하는 현재분사구이다.

[3행] For example, a mathematician may need to prove **that** an object [with a certain property] exists, such as a shape {containing certain angles}.
that 이하는 prove의 목적어 역할을 하는 명사절이다. [ ]는 an object를 수식하는 전치사구이고 { }는 a shape를 수식하는 현재분사구이다.

[5행] A direct strategy is [**to search for** an example of an object with the properties {(that[which]) you're looking for}].
[ ]는 주격보어로 쓰인 명사적 용법의 to부정사구이며, { }는 the properties를 선행사로 하는 목적격 관계대명사절로 관계대명사 that[which]이 생략되었다.

5 ④

해석 하루 종일, 자신에 대한 당신의 감정과 생각은 아마도 당신의 경험에 따라 시시때때로 바뀔 것이다. 당신의 판매 보고서에 대한 상사의 반응, 당신이 친구들과 가족으로부터 받는 대우, 그리고 당신의 연애 관계에 일어나는 일상적인 변화들은 모두 당신이 특정 순간에 스스로를 어떻게 바라보는지에 영향을 미칠 수 있다. 하지만, 자부심은 기분의 이러한 일상적인 동요보다 더 근본적인 것을 뜻한다. 만약 당신이 자부심이 강한 사람이라면, 당신의 일상에 무슨 일이 일어나더라도 당신은 대개 긍정적인 자아상을 유지할 것이다. 그와 반대로, 본래 당신의 자부심이 낮다면, 당신은 일상생활의 기복에 훨씬 더 민감할 것이고, 자신에 대한 당신의 감정은 아마도 긍정적인 것과 부정적인 것 사이를 급격하게 오락가락할 가능성이 있다.

문제풀이 자부심은 경험에 따라 쉽게 변하는 감정과 다르며, 기분의 일상적인 동요보다 더 근본적인 것이라고 했으므로 글의 요지로는 ④가 적절하다.

구문분석

[5행] However, self-esteem refers to something [more basic than these ordinary fluctuations in mood].
형용사구인 [ ]가 명사 something을 뒤에서 수식한다.

[6행] …, then **no matter what** occurs during your day, you will usually maintain … .
no matter what은 '비록 무엇이 ~할지라도[일지라도]'라는 〈양보〉의 의미로, 복합관계대명사 whatever로 바꾸어 쓸 수 있다.

6 ③

해석 올해 봄이 비정상적으로 춥고 비가 많이 오면서, 그 지역의 농업에 온갖 문제를 일으켰다. 과일 농가에서부터 양봉 농가까지, 모든 이들이 재정적으로 어려움을 겪고 있는 것 같다. 실제로, 지방 정부는 그들의 많은 곤충들이 얼어 죽은 사실 때문에 지역 양봉 농가에 지원을 제공할 수도 있다고 발표했다. 너무 많은 일벌들이 죽었기 때문에, 작은 유충들이 보살핌을 받지 못한 채 남겨졌고, 여왕벌은 알을 더 적게 낳고 있다. 정부는 또한 작물이 피해를 입은 지역 과일 농가들에도 수백만 달러의 지원을 제공할 계획을 발표했다. 대변인에 따르면, 정부는 피해의 규모에 따라, 각 농가에 최대 50만 달러까지 제공할 것이다.

문제풀이 (A) '많은 ~'의 의미인 「a large number of+복수명사」가 주어로 쓰인 경우 동사는 복수명사(their insects)의 수에 일치시키므로 have가 적절하다.
(B) small larvae가 보살핌을 받지 못하는 것이므로 '보살핌을 못 받는, 돌보지 않은'이라는 수동의 의미인 uncared for가 되어야 한다.
(C) 네모 뒷부분은 형태상 완벽하나 의미상 불완전하고, 명사로 시작하므로 소유격 관계대명사인 whose가 적절하다.

구문분석

[1행] Spring has been abnormally cold and rainy this year, [**causing** all kinds of problems for the region's agriculture industry].
[ ]는 〈부대상황〉을 나타내는 분사구문이다.

[4행] …, due to the fact [that a large number of their insects have frozen to death].
[ ]는 the fact와 동격인 명사절이다.

UNIT 06 REVIEW TEST

p.66

A

1 ②

해석 길을 건너는 사람들이 경찰관들에 의해 멈춰 세워졌다.
풀이 문장의 동사(were stopped)가 뒤에 나오므로 '건너는'의 의미로 People을 수식하는 현재분사가 적절하다.

2 ②

해석 나는 다음 주에 내 고양이를 돌봐 줄 사람이 필요하다.
풀이 '돌봐 줄'이라는 의미로 앞의 someone을 뒤에서 수식하는 형용사적 용법의 to부정사가 적절하다.

3 ①

해석 아이들을 위한 장난감으로 가득 찬 가방이 있다.
풀이 형용사가 수식어구를 동반하여 길어지는 경우 명사 뒤에 위치하므로 full이 적절하다.

4 ①

해석 인간의 활동은 환경에 해로운 영향을 미친다.
풀이 수식어구가 아닌 문장의 동사가 필요하므로 have가 적절하다.

B

1 The number of people using the Internet has been increasing
2 One significant difference between prose and poetry is the author's use of language

C

1 The islands located near my village (S) are (V) very beautiful (S.C.).
2 His mother (S) made (V) a promise to buy him the latest cell phone model (O)[a promise to buy the latest cell phone model for him].

UNIT 07 형용사적 수식어구 2

01 관계대명사절

EXERCISE

p.68

1 The house [that I showed you yesterday] has just been sold.
내가 어제 너에게 보여 준 그 집은 방금 팔렸다.

2 He got married to a beautiful woman [whose eyes are dark blue].
그는 눈이 짙은 푸른색인 아름다운 여자와 결혼했다.

3 The girl [you met at the library] was Jane.
네가 도서관에서 만났던 소녀는 Jane이었다.

4 The man [who I believed was sincere and trustworthy] told me a lie.
진실하고 신뢰할 만하다고 내가 믿었던 그 남자가 나에게 거짓말을 했다.

5 They were impressed by a painting at the exhibition [whose colors seemed to be alive].
그들은 전시회에서 색이 살아있는 것 같은 그림에 감명받았다.

6 Some creatures have colors [that help them merge with their surroundings].
어떤 생물들은 그것들이 주변 환경에 동화되게 도와주는 색을 가지고 있다.

7 The scientists wanted to study the common attitudes [that women have about men].
그 과학자들은 여성이 남성에 대해 가지고 있는 일반적인 태도를 연구하고자 했다.

어휘 sincere 진실한 trustworthy 믿을 수 있는 impress 깊은 인상을 주다, 감명을 주다 exhibition 전시회 creature 생물 merge 합병하다; *동화되다 surroundings 주변 환경 attitude 태도, 자세

02 관계부사절

EXERCISE

p.69

1 I will never forget the moment [when I first saw you on the street].
나는 내가 너를 길에서 처음 본 그 순간을 결코 잊지 않을 것이다.

2 I know the main reason [why those countries continue to be so poor].
나는 그 국가들이 계속 그렇게 가난한 주된 원인을 안다.

3 The house [where I was born] was destroyed in an earthquake ten years ago.
내가 태어난 집은 10년 전에 지진으로 파괴되었다.

4 At the end of February, I left the company [where I had worked for over 20 years].
2월 말에, 나는 내가 20년 넘게 근무해 왔던 회사를 떠났다.

5 The way [he works] is efficient enough to allow him to get things done on time.
그가 일하는 방식은 그가 제때 일을 끝내도록 할 만큼 충분히 효율적이다.

6 Mary was upset by the changes in the town [where she had grown up].
Mary는 그녀가 자란 마을에 일어난 변화 때문에 속상했다.

7 I want to know the reason [why they said nothing about the accident].
나는 그들이 그 사고에 대해 아무 말도 하지 않은 이유를 알고 싶다.

어휘 destroy 파괴하다 efficient 효율적인

단문독해 pp.70-71

해석 다양한 육아 방식은 양육에 의해 영향 받으며 개인의 자녀 양육에 대한 태도에 영향을 미친다. 부모가 되면 사람들은 그들이 어렸을 때 노출되었던 육아 기술을 조정하거나 모방한다. 어떤 기술들은 학습된 행동, 문화적 관습, 그리고 사회적 압력을 통하여 전달되고, 이것들은 새로운 부모들의 태도에 반영된다. 육아 방식의 전달에 대한 이해를 통하여 사람들은 잘 작동하는 방식들을 의식적으로 통합하고 개선될 필요가 있는 부분을 찾을 수 있다. 그렇게 함으로써, 새로운 부모들은 학대의 사슬을 끊고 그들의 경험에 맞게 기술을 조정하는 건강한 환경을 조성할 수 있다.

문제풀이 빈칸 앞 문장에서 어떤 육아 기술들은 학습된 행동, 문화적 관습, 그리고 사회적 압력을 통하여 전달된다고 했으므로, 빈칸에는 ③ '전달'이 가장 적절하다.

오답풀이 ① 어려움 ② 복잡함

구문분석

[2행] **Upon becoming** parents, people adjust or copy the parenting techniques [**that** they were exposed to as children].
「upon+동명사」는 '~하면서/~하자마자'의 의미이다. [ ]는 선행사 the parenting techniques를 수식하는 관계사절로 that은 목적격 관계대명사이다.

[5행] Through understanding the transmission of parenting styles, people can consciously incorporate **the ones** [**that** work well] and seek **areas** [**that** need to be improved].
첫 번째 [ ]는 the ones를 수식하는 관계사절, 두 번째 [ ]는 areas를 수식하는 관계사절로 이때의 that은 주격 관계대명사이다.

❷ forget, stored

해석 한번 자전거를 타는 것을 배웠다면, 당신은 어떻게 타는지를 잊어버릴 가능성이 거의 없다. 이것은 왜냐하면 그 능력은 당신의 절차 기억에 저장되었기 때문인데, 그것은 정기적으로 수행되는 일상을 다루는 당신의 장기 기억의 일부이기 때문이다. 자전거를 타는 것은 서로 다른 많은 작은 동작들을 포함한다. 그것들에 대한 정보를 당신의 절차 기억에 간직함으로써, 당신은 어떤 의식적인 생각 없이 이러한 동작들을 수행할 수 있다. 이것이 당신이 수년 후에도 자전거를 쉽게 탈 수 있는 이유이다.
⇨ 사람들은 그들의 절차 기억에 저장된 어떤 일들을 하는 방법을 좀처럼 잊어버리지 않는다.

문제풀이 자전거 타는 법을 예로 들어, 정기적으로 수행되는 동작들은 장기 기억의 일부인 절차 기억에 저장되기 때문에 수년이 지난 후에도 잊어버리지 않는다는 내용의 글이다.

구문분석

[1행] This is because the ability is stored in your procedural memory, [**which** is the part of your long-term memory {that handles routines [performed on a regular basis]}].
첫 번째 [ ]는 계속적 용법의 주격 관계대명사절로, your procedural memory를 선행사로 한다. { }는 your long-term memory를 선행사로 하는 주격 관계대명사절이다. 두 번째 [ ]는 performed가 이끄는 과거분사구로, routines를 수식하고 있다.

[5행] This is [**why** you can easily ride a bike after many years].
why가 이끄는 관계부사절 앞에 선행사가 생략되었다. why는 the reason 혹은 the reason why로 바꾸어 쓸 수 있다.

❸ blind

해석 캐나다의 지폐는 점자와 유사한 특별한 특징을 가지고 있다. 지폐의 우측 상단 모서리에 앞을 못 보는 사람들이 지폐의 값을 판단하는 데 도움을 주는 돌출된 점들이 있다. 마찬가지로, 유로화에는 여러 가지 지폐에 따라 다른 질감이 나게 만들어진 금속 박이 입혀져 있다. 사실, 전 세계의 100여 개국이 앞을 못 보는 사람들을 돕기 위해 이와 같은 특징을 더했다.

문제풀이 지폐에 점자와 유사한 돌출된 점들이 찍혀 있거나 다른 질감의 금속 박이 입혀져 있는 것은 '앞을 못 보는' 사람들(blind people, the blind)을 도우려는 화폐의 특징임을 유추할 수 있다.

구문분석

[1행] … includes a special feature [**which** is similar to Braille].
which가 이끄는 주격 관계대명사절이 a special feature를 수식한다.

[1행] In the upper right-hand corner of the bills (부사구) are (V) raised dots (S) [**that** *help* blind people *determine* the value of the bills].
부사구가 문두로 나와 주어와 동사가 도치된 구조이며, that이 이끄

는 주격 관계대명사절이 raised dots를 수식하고 있다. 「help+O+(to-)v」는 '~가 …하도록 돕다'의 의미이다.

❹ distribute the household chores evenly

해석 한 조사에 따르면, 행복한 결혼 생활의 가장 중요한 측면은 당신이 얼마만큼 경제적 안정을 갖추고 있느냐가 아니라 당신이 얼마만큼 가사를 하는가이다. 이 조사는 가사를 균등하게 분배하는 부부들이 행복한 관계를 유지할 가능성이 더 높다는 것을 알아냈다. 재산의 양이나 부부가 얼마나 많은 자녀를 가졌는가와 같이 행복한 결혼 생활에 기여하는 것에 관한 더 전통적인 개념들은 덜 중요했다.

⇨ 행복한 결혼 생활을 영위하기 위해서는 가사를 균등하게 분배하는 것이 중요하다.

문제풀이 두 번째 문장에서 집안일을 균등하게 분배하는 부부가 행복한 관계를 유지할 가능성이 더 높다고 했으므로, 이에 해당하는 연속된 5단어 표현인 distribute the household chores evenly가 빈칸에 적절하다.

구문분석

[1행] … is **not** how much financial security you have **but** how much housework you do.
「not A but B」는 'A가 아니라 B'의 의미이며, A와 B의 자리에 「의문사+주어+동사」 어순의 간접의문문이 왔다.

[3행] … couples [**who** distribute the household chores evenly] are more likely to have a happy relationship .
who가 이끄는 주격 관계대명사절이 couples를 수식한다.

❺ 씨앗을 보호하는 것

해석 열매를 맺는 식물들은 그들의 씨앗을 보호하기 위해 그렇게 한다. 안쪽 깊은 곳에서, 씨앗은 열매의 과육으로 덮여 외부 세계로부터의 방해 없이 자란다. 우리는 언제 씨앗이 뿌려질 준비가 되는지를 알 수 있는데, 왜냐하면 그때가 바로 열매가 익는 때이기 때문이다. 열매가 익으면, 그 열매를 먹는 새들과 다른 동물들은 씨앗을 먹어 그것들을 여기저기로 옮기고, 그 지역 전체에 퍼뜨려 그 식물의 개체 수가 증가할 수 있도록 해 준다.

문제풀이 첫 번째 문장에서 식물들은 씨앗을 보호하기 위해서 열매를 맺는 것이라고 언급했으며 두 번째 문장에서 열매의 과육으로 인해 씨앗이 외부의 방해 없이 자랄 수 있다고 했다.

구문분석

[1행] Plants [that produce fruit] **do so** *in order to protect* their seeds.
that이 이끄는 주격 관계대명사절이 Plants를 수식한다. do so는 produce fruit를 의미하며, 「in order to-v」는 '~하기 위해'의 의미이다.

[3행] We can tell [when the seeds are ready to be sowed], because that is {when the fruit turns ripe} .
[ ]는 tell의 목적어로 쓰인 간접의문문이다. { }는 관계부사절로 when 앞에 시간을 나타내는 선행사(the time)가 생략되었다.

수능독해 pp.72~75

1 ③ 2 ⑤ 3 ③ 4 ⑤ 5 ③ 6 ⑤

1 ③

해석 우리의 삶에 미치는 돈의 영향은 상당하며 우리의 가족사와 우리가 양육된 방식을 포함하여 다양한 요소에 의해 형성된다. 어렸을 때 우리가 돈에 대해 받은 메시지는 우리가 성인기에 가지고 있는 재정 습관에 큰 영향을 미친다. 이는 우리의 부모와 다른 가족 구성원들에 의해 형성된 행동과 태도가 직접적으로 그리고 간접적으로 우리에게 돈을 보는 방법을 가르쳐 주기 때문이다. 예를 들면, 지속적인 재정적 스트레스나 다툼이 있는 가정에서 자라는 아이들은 후에 자신의 재정적 결정에까지 계속 영향을 주는 돈에 대한 부정적인 인식을 형성하게 된다. 대조적으로, 돈이 긍정적이고 건강한 방식으로 논의되는 재정적으로 안정적인 가정에서 자란 아이들은 돈을 관리하는 것과 관련하여 더 적은 어려움을 겪게 될 수 있다. 우리의 양육과 돈에 대한 우리의 태도 사이의 연관성을 인정하는 것은 우리의 재정 건전성을 통제하고 우리의 미래를 안정시키는 데 필수적이다.

문제풀이 우리가 어렸을 때 우리가 돈에 대해 받는 직접적이고 간접적인 메시지는 성인기에 가지는 재정 습관에 큰 영향을 미친다고 했으므로, 빈칸에는 ③ '연관성'이 가장 적절하다.

오답풀이 ① 불일치 ② 유혹 ④ 복잡성 ⑤ 구별

구문분석

[6행] For example, children (S) [growing up in homes {where there is constant financial stress or arguments}] can form (V) negative perceptions (O) about money [that carry over into their own financial decisions later in life].
첫 번째 [ ]는 선행사 children을 수식하는 현재분사구이고, { }는 선행사 homes를 수식하는 관계부사절이다. 두 번째 [ ]는 선행사 negative perceptions를 수식하는 주격 관계대명사절이다.

[8행] In contrast, children (S) [raised in financially stable families {where money is discussed in a positive and healthy way}] may face (V) fewer challenges (O) **when it comes to** manag**ing** money.
[ ]는 children을 수식하는 과거분사구이며, { }는 선행사 families를 수식하는 관계부사절이다. 「when it comes to+(동)명사구」는 '~과 관련하여'라는 의미이고 이때 to는 전치사이므로 목적어로 동명사 managing이 쓰였다.

2 ⑤

해석 Fire whirls는 산불에서 솟아오를 수 있는 불길과 바람의 회전하는 기둥이다. 그것은 때때로 단어 '불'과 '토네이도'의 합성어인 'firenadoes'로 불린다. 그것들은 강한 지상풍이 불 위의 뜨거운 공기를 만날 때 발생하는데, 이는 그것들이 급격히 상승하며 회전하게 한다. fire whirls가 실제로 토네이도는 아니지만, 그 바람은 시속 160km의

속도에 달할 수 있고 그 온도는 섭씨 1,000도 이상으로 오를 수 있다. 대부분의 fire whirls는 몇 분 이상 계속되지 않지만, 일부는 한 시간이나 그 이상 계속될 수 있다. 그것은 나무를 쓰러뜨리고 산불을 퍼뜨리며, 심각한 피해를 일으킬 수 있다. 불행히도, 그것의 강한 열과 강한 바람 때문에, 소방관들은 그것들이 끝나기를 기다리는 것 외에는 할 수 있는 것이 거의 없다.

문제풀이 마지막 문장에서 강한 열과 강한 바람으로 인해 소방관들이 할 수 있는 것은 거의 없다고 언급되어 있으므로 ⑤는 글의 내용과 일치하지 않는다.

구문분석

[3행] They occur when strong surface winds meet the heated air above the fire, **which** *causes* them *to* rapidly *rise* and *swirl*.
which는 앞의 when절을 선행사로 하는 계속적 용법의 주격 관계대명사이다. 「cause+O+to-v」는 '~가 …하게 하다'의 의미이다.

[7행] They can cause serious damage, [**knocking** down trees and **spreading** the wildfire].
[ ]는 〈동시동작〉을 나타내는 분사구문으로, knocking과 spreading은 and로 병렬 연결되었다.

[8행] …, there is little [that firefighters can do but wait *for them* **to end**].
목적격 관계대명사절 [ ]이 대명사로 쓰인 little을 수식하고 있다. them은 fire whirls를 가리키며 for them은 뒤에 나온 to end의 의미상 주어로 쓰였다.

3 ③

해석 텔레비전의 범죄 수사 드라마에는 흔히 형사들이 가짜 기술을 사용하여 사건을 해결하는 장면이 있다. 이러한 쇼들은 범죄 과학 수사의 지식이 실제로 어떻게 작용하는지에 대한 잘못된 인식을 만들어내는 경향이 있다. 그런 쇼에서, 당신은 형사팀이 음성 녹음을 분석하기 위해서 컴퓨터를 사용하는 것을 볼지도 모른다. '100% 일치'라는 문구가 화면에 나타난다. 그러나, 어떤 실제의 범죄 과학 수사 전문가라도 이 상황은 완전한 공상이라고 당신에게 말할 수 있다. 과학적으로 말해서, 100% 일치는 일어날 수 없는 것이다. 일치가 정확해지기 위해서 그 녹음은 세상의 모든 목소리와 비교되어야 할 것이다. 비록 수사관들이 그 녹음이 두 개의 가능한 목소리 중 하나와 일치한다는 것을 알았다고 하더라도, 여전히 작은 오차가 있을 것이다. 이것은 범죄 드라마들이 비현실적이라는 면들 중의 하나에 불과하다.

문제풀이 범죄 수사 드라마 속의 장면들은 법의학적인 지식의 작용에 대한 잘못된 인식을 만들어내는 경향이 있다고 했으므로, 글의 요지로는 ③이 적절하다.

구문분석

[1행] Crime investigation dramas on TV often have scenes [**where** detectives solve cases {*using* made-up technology}].
[ ]는 scenes를 수식하는 관계부사절이다. { }는 〈부대상황〉을 나타내는 분사구문이다.

[2행] These shows tend to create false perceptions about [how forensic disciplines really work].
how가 이끄는 간접의문문 [ ]이 전치사 about의 목적어 역할을 하고 있다.

[6행] The recording would have to be compared to every voice in the world **in order** *for a match* **to be** certain.
「in order to-v」는 '~하기 위해'의 의미이며, for a match는 to부정사의 의미상 주어이다.

4 ⑤

해석 지구상의 모든 대양은 몹시 차가운 온도와 기괴한 색의 빛을 발하는 생물들이 있는 불가사의한 세계를 숨기고 있다. (C) 이 세계는 '중층수'라고 알려져 있다. 과학자들은 이전에는 그 누구도 보지 못했던 동식물을 관찰하기 위해 조명이 달린 특수한 잠수함을 사용하여 최근에 그곳을 탐사하기 시작했다. (B) 단연코 그들의 가장 놀랄 만한 발견은 거의 모든 중층수 동물들이 빛을 내는 능력을 가지고 있다는 것인데, 이는 생물발광 현상이라고 알려져 있다. 과학자들은 그 동물들이 짝을 유혹하거나 먹잇감을 찾거나, 자기 자신을 숨기거나, 혹은 포식자를 겁주어서 쫓아버리기 위해 그렇게 한다고 믿는다. (A) 그렇지만, 많은 동물들은 분명한 이유 없이 빛을 내는 것처럼 보인다. 이런 행위에 대한 설명은 미래의 과학자들이 해결해야 할 중층수의 불가사의로 남아 있다.

문제풀이 주어진 문장의 바닷속에 불가사의한 세계가 있다는 내용에 이어, (C) 그 세계는 중층수라는 곳인데 과학자들이 그곳을 탐사하기 시작했고, (B) 그들이 중층수에 대해 발견한 가장 주목할 만한 특징은 그곳의 동물들이 빛을 발산한다는 것이지만, (A) 일부 동물이 빛을 발산하는 분명한 이유는 아직 밝혀지지 않았다는 흐름으로 이어지는 것이 적절하다.

구문분석

[6행] By far their most remarkable discovery yet (S) is (V) [that … animals possess the ability {to produce light}] (S.C.), … .
[ ]는 접속사 that이 이끄는 절로 주격보어로 쓰였으며, { }는 명사 the ability를 수식하는 형용사적 용법의 to부정사구이다.

[10행] Scientists have recently started exploring it, **using** special submarines with spotlights [*to observe* plants and animals {that no one has ever seen before}].
using 이하는 〈부대상황〉을 나타내는 분사구문이며 [ ]는 〈목적〉을 나타내는 부사적 용법의 to부정사구이다. { }는 plants and animals를 선행사로 하는 목적격 관계대명사절이다.

5 ③

해석 친구들의 본질이 당신이 삶에서 얼마나 행복하고 만족스러운가를 결정하는 주요한 요소라는 것은 잘 알려져 있다. 당신의 친구들은 심지어 당신의 건강에도 영향을 미칠 수 있는 능력을 가지고 있다. 요즘, 사람들은 도움이나 이해를 필요로 할 때 예전에 그들이 그랬던 것처럼 친척들에게 그들의 고민을 이야기하기보다는 점점 더 친구들에게 의존하고 있다. (직계 가족이든 먼 친척이든, 먼 곳에 사는 친척들과 연락을 유지하는 것은 매우 중요하다.) 친구들이 우리의 삶에서 더욱 중요해지면서, 이것은 더 많은 친구들을 사귀고 싶다는 우리의 욕구를 증가시켜 왔다. 우정은 흔히 공통의 관심사나 경험을 공유한 두 사람 사이에서 충동적으로 발전하지만, 당신이 친구가 되고 싶은 사람들과 더 가까워지는 데 이용할 수 있는 특정한 방법들도 있다.

문제풀이 친구의 중요성에 대해서 설명하고 있는 글로, 친척들과 연락을 유지하는 것이 중요하다는 ③의 내용은 전체 흐름과 무관하다.

구문분석

[1행] … in determining just [how happy and satisfied you are with your life].
[ ]는 「의문사+주어+동사」 어순의 간접의문문으로, 동명사 determining의 목적어 역할을 한다.

[5행] **It** is extremely important [**to keep** in touch with relatives {*who* live a long way off}], … .

It은 가주어, to부정사구인 [ ]가 진주어이다. { }는 선행사 relatives를 수식하는 주격 관계대명사절이다.

[9행] …, there are certain techniques [**that** can be used] {*through which* you'll grow closer to those [(who(m)) you wish to befriend]}.
첫 번째 [ ]는 선행사 certain techniques를 수식하는 주격 관계대명사절이고, { }는 「전치사+관계대명사」가 이끄는 관계대명사절로 선행사 certain techniques를 수식한다. 두 번째 [ ]는 선행사 those를 수식하는 목적격 관계대명사절로, 관계대명사 who(m)가 생략되었다.

6 ⑤

해석 부모들은 종종 아이들을 직접 위로해 줄 수 없을 때 죄책감을 느낀다. 그들의 시각에서 보면, 전화 통화는 똑같은 효과를 갖지 못한다. 이 통념을 실험해 보기 위해서, 연구자들은 몇몇의 어린 소녀들을 대상으로 실험을 실시했다. 연령이 7세에서 12세 사이인 이 소녀들은 많은 낯선 사람들 앞에서 발표를 하도록 요구받았는데, 이 상황은 스트레스를 야기하도록 의도된 것이었다. 그 뒤에, 그들은 세 그룹으로 나뉘었다. 첫 번째 그룹은 어머니에게 직접 위로를 받았고, 두 번째 그룹은 전화로 위로를 받았고, 세 번째 그룹은 어떤 위로도 받지 못했다. 그러고 나서 연구자들은 옥시토신이라 불리는 진정 작용을 하는 호르몬의 수치를 검사했다. 예상과는 달리, 직접적으로든 전화를 통해서든 자신의 어머니에게 위로를 받은 모든 소녀들은 거의 같은 수준의 옥시토신 수치를 보였다.
⇨ 부모로부터 받은 음성에 의한 위로는 직접적인 상호작용을 통해 받은 위로와 같은 정도의 위안을 제공하는 것 같다.

문제풀이 자신의 어머니로부터 직접 위로를 받은 전화를 통해 위로를 받은 아이들은 같은 수준의 위안을 받았다는 내용이다.

구문분석

[3행] The girls, [**whose** ages were between 7 and 12], were asked to make a presentation in front of many strangers, {(which was) a situation designed to cause stress}.
[ ]는 삽입절로 The girls를 보충 설명하는 계속적 용법의 소유격 관계대명사절이다. { }는 strangers와 a situation 사이에 「주격 관계대명사+be동사」가 생략된 계속적 용법의 주격 관계대명사절이다.

[9행] …, all of the girls [**who** were comforted by their mothers], *whether* in person *or* over the phone, showed … .

[ ]는 주격 관계대명사절로 선행사 all of the girls를 수식한다. 「whether ~ or …」는 〈양보〉의 부사절을 이끌어 '~든지 …든지'의 의미를 나타낸다.

UNIT 07 REVIEW TEST

p.76

A

1 The road that we took through the forest
해석 우리가 숲을 가로질러 간 길은 좁고 가팔랐다.
풀이 선행사 The road를 수식하는 관계대명사절에서 관계대명사 that이 took의 목적어 역할을 하므로 took 뒤의 it을 삭제해야 한다.

2 whose father is the president of his college
해석 John은 아버지가 자신의 대학 총장인 친구를 만나러 갔다.
풀이 선행사 a friend와 관계사절의 주어 father는 소유 관계이므로 whom을 소유격 관계대명사 whose로 고쳐야 한다.

3 the way he speaks and acts 또는 how he speaks and acts
해석 나는 그가 말하고 행동하는 방식을 매우 좋아한다.
풀이 관계부사 how는 선행사 the way와 함께 쓸 수 없으므로 둘 중 하나는 반드시 생략해야 한다.

4 who live in the same building
해석 같은 건물에 사는 사람들에게 예의를 지키는 것은 중요하다.
풀이 주격 관계대명사절의 동사는 선행사(people)의 인칭 및 수와 일치시켜야 하므로 lives를 live로 고쳐야 한다.

5 that[which] I have long desired to visit
해석 이곳은 내가 오랫동안 방문하고 싶었던 바로 그 장소이다.
풀이 관계사절에서 동사 visit의 목적어가 없으므로, 관계부사가 아니라 the very place를 선행사로 하는 목적격 관계대명사 that[which]이 와야 한다.

B

1 This is a plant whose leaves are used for making tea
2 a quiet place where you are not likely to be disturbed

C

1 My uncle (S) runs (V) a company which produces tires (O).
2 The company (S) decided on (V) the day when they would have their year-end party (O).

UNIT 08 부사적 수식어구 1

01 전치사구

EXERCISE

p.78

1 You can't make an omelette [without breaking eggs].
당신은 달걀을 깨뜨리지 않고 오믈렛을 만들 수 없다.

2 He came to the meeting [despite feeling sick].
그는 아팠음에도 불구하고 회의에 왔다.

3 If you exercise [on a daily basis], you can develop strong muscles.
당신이 매일 운동을 한다면, 당신은 강한 근육을 발달시킬 수 있다.

4 The question was very hard [for the beginners in our English class].
그 질문은 우리 영어 수업의 초보자들에게 매우 어려웠다.

5 The old man stood silently [at the door].
노인은 문 앞에 조용히 서 있었다.

6 [By doing this], we are able to protect the earth.
이렇게 함으로써, 우리는 지구를 보호할 수 있다.

7 Taking too many vitamins is not good [for your health].
비타민을 너무 많이 섭취하는 것은 당신의 건강에 좋지 않다.

어휘 announcement 발표, 알림 on a daily basis 매일 muscle 근육

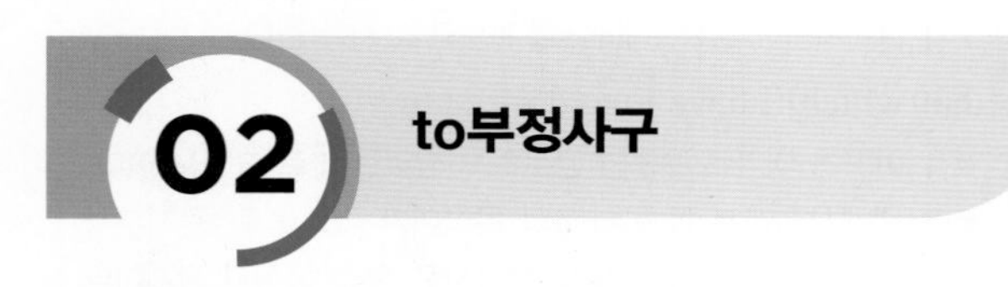

02 to부정사구

EXERCISE

p.79

1 I called Sarah, one of my best friends, to get her advice.
나는 내 가장 친한 친구 중 한 명인 Sarah에게 조언을 구하기 위해 전화했다.

2 He was too young to understand the whole story.
그는 전체 이야기를 이해하기에는 너무 어렸다.

3 She is strong enough to swim across the Han River.
그녀는 한강을 수영하여 건널 만큼 충분히 강하다.

4 He must be mad to say something like that.
그런 말을 하다니 그는 몹시 화가 난 것이 틀림없다.

5 I am ready to accept any comments about my presentation.
나는 내 발표에 대한 어떤 지적도 받아들일 준비가 되어 있다.

6 We proposed our ideas, only to be rejected by the president.
우리는 아이디어를 제안했지만, 사장에 의해 거부되고 말았다.

7 You must be surprised to see my present.
너는 내 선물을 보고는 놀란 게 틀림없구나.

어휘 perfume 향수 mad 정신 나간; *몹시 화가 난 accept 받아들이다 comment 논평; *지적 propose 제안하다 reject 거부하다

단문독해

pp.80-81

1 emissions, protect

해석 해양 산성화는 바닷물이 이산화탄소를 흡수할 때 일어나는데, 이는 물속의 pH 수치를 낮추고 산성도를 높여 해양 동물들에게 해롭다. 바다는 인간의 활동으로 인해 증가하는 이산화탄소를 흡수하고 있는데, 이것은 pH 수치가 놀라운 속도로 감소하도록 만든다. 산업혁명 이후 해수면의 수질 산성도는 약 30% 상승했으며 이러한 추세는 계속될 것으로 예상된다. 해양 환경을 보호하고 해양 산성도의 심각한 결과를 피하기 위해서 우리는 이산화탄소 배출을 줄이기 위해 함께 노력해야 한다.
⇨ 해양 산성화는 해양 동물들에게 해를 끼친다. 이에 따라, 이산화탄소의 배출을 줄이는 것은 해양을 보호하기 위해 중요하다.

문제풀이 해양 산성화는 해양 동물들에게 해를 입히며 해수면의 수질 산성도 증가 추세가 계속될 것으로 예상되므로, 해양을 보호하기 위해 이산화탄소 배출을 줄여야 한다는 내용의 글이다.

구문분석

[1행] **Ocean acidification** takes place when seawater absorbs carbon dioxide, [**which** results in lower pH levels and higher acidity in the water], [**which** is harmful to marine animals].
두 개의 [ ]는 모두 다 Ocean acidification을 선행사로 하며, 계속적 용법의 주격 관계대명사절이 연속으로 제시되고 있는 형태이다.

[3행] The oceans are absorbing increasing levels of carbon dioxide from human activities, [**making** (V′) the pH levels (O′) decrease (O.C.′) at an alarming rate].
[ ]는 주절이 기술하는 상황에 대한 부수적인 상황을 나타내는 분사구문이다. 「make+O+O.C.(동사원형)」의 사역동사 구문으로 '~가 …하도록 만들다'라는 의미이다.

2 Stretching, warms up, promotes

해석 아침에 잠자리에서 나오기 전에, 15초 정도 당신의 팔다리의 각 부분을 스트레칭해 보라. 손가락을 스트레칭하는 것으로 시작하여 손, 손목, 팔의 순서로 넘어가라. 이 과정을 다른 쪽 팔로도 반복하라. 이번에는 발가락, 발, 발목, 다리를 스트레칭할 차례이다. 이 간단한 운동은 근육을 풀어 주고, 몸 전체의 더 원활한 혈액 순환을 촉진해 준다.
⇨ 당신의 팔다리를 잠시 스트레칭하는 것은 당신 몸의 근육을 풀어 주고 당신의 혈액 순환을 촉진시킨다.

문제풀이 팔다리를 잠시 스트레칭하는 것은 몸의 근육을 풀어 주고 혈액 순환을 촉진시킨다는 내용의 글이다.

구문분석

[3행] Now **it's time to stretch** … .
「it's time to-v」는 '~할 시간이다'라는 의미이다.

❸ writing your own personal notes

해석 책을 구매할 때 당신은 전자 제품, 의류, 가구 혹은 다른 제품들을 소유하기 위해 돈을 지불하는 것처럼, 그것의 소유권을 얻게 된다. 하지만 책을 진정으로 소유하기 위해서는, 당신은 그것을 당신의 일부로 만들어야 한다. 이것을 하는 가장 좋은 방법은 책을 읽으면서 책 속에 당신 자신만의 개인적인 기록을 함으로써다. 책 읽기를 좋아하는 사람들은 이 행위를 책의 완전한 소유권을 취하는 것이라고 말한다.
⇨ 당신은 책을 읽는 동안 책에 당신 자신만의 개인적인 의견을 기록함으로써 책의 완전한 소유권을 취할 수 있다.

문제풀이 세 번째 문장에서 책을 진정으로 소유하는 가장 좋은 방법을 언급하고 있다.

구문분석

[1행] …, **just as** you pay *to possess* electronics, … .
「just as ~」는 '꼭 ~하는 것처럼'의 의미이다. to possess는 〈목적〉을 나타내는 부사적 용법의 to부정사이다.

[3행] The best way (S) [to do this] is (V) {by writing your own personal notes …} (S.C.).
[ ]는 주어 The best way를 수식하는 형용사적 용법의 to부정사구이며, { }는 주격보어로 쓰인 전치사구이다.

❹ ①

해석 큰 포식자인 집게 턱 개미는 미국 토착의 작은 개미인 포르미카 아치볼디에게 종종 패배한다. 이 더 작은 개미들은 유독성의 산으로 집게 턱 개미를 죽이고 나서 그들(=포르미카 아치볼디)의 집을 그들(=집게 턱 개미)의 머리로 장식한다. 이 특이한 행동은 개미들이 적들로부터 친구들을 구별하기 위해 냄새에 의존한다는 사실 때문이다. 그들은 집게 턱 개미의 냄새로 스스로를 위장하는 데 그 머리를 사용한다. 이것은 그들이 다른 집게 턱 개미에게 몰래 접근하거나 포식자들을 쫓아버리게 해준다.

문제풀이 집게 턱 개미의 냄새로 스스로를 위장하여 포르미카 아치볼디가 할 만한 행동으로는 몰래 접근하는 것이 가장 타당하므로, 빈칸에는 ① '몰래 다가가다'가 적절하다.

구문분석

[1행] The trap-jaw ant, a large predator, is often defeated by *Formica archboldi*, a small ant native to the USA.
The trap-jaw ant는 a large predator와 동격을 이루고 Formica archboldi는 a small ant native to the USA와 동격을 이룬다.

[3행] This unusual behavior is due to **the fact** [**that** ants rely on scents {*to distinguish* friends from enemies}].
접속사 that이 이끄는 [ ]는 the fact와 동격인 명사절이다. { }는 〈목적〉을 나타내는 부사적 용법의 to부정사구이다.

❺ fewer benefits, lower wages, holiday time

해석 어떤 회사들은 좀 더 낮은 임금을 지불함으로써 비용을 절감하기 위해 임시직 노동자들을 고용한다. 경비원이나 청소부들이 흔히 임시직으로 고용된다. 그들은 전임, 정규직 노동자들과 동일한 법률에 의해 보호받지 못해서 더 낮은 임금뿐 아니라 더 적은 혜택을 받는다. 그들의 고용주들은 또한 돈을 절약하기 위해 그들의 보너스와 휴가를 줄인다.
⇨ 임시직 노동자들은 더 적은 혜택과 더 낮은 임금이라는 불이익을 받는다. 게다가, 그들의 회사들은 비용을 절감하기 위해 그들의 보너스와 휴가를 줄인다.

문제풀이 마지막 두 문장에서 빈칸에 들어갈 적절한 말을 찾을 수 있다.

구문분석

[1행] Some companies hire temporary workers [**to cut** costs *by paying* lower wages].
[ ]는 〈목적〉을 나타내는 부사적 용법의 to부정사구이다. 「by v-ing」는 '~함으로써'의 의미이다.

[3행] … , so they receive fewer benefits (A) **as well as** lower wages (B).
「A as well as B」는 'B뿐만 아니라 A도'의 의미이다.

수능독해 pp.82~85

1 ① 2 ⑤ 3 ⑤ 4 ② 5 ⑤ 6 ⑤

1 ①

해석 스트레스에 맞서는 가장 효과적인 방법은 무엇일까? 일반적으로, 우리가 더 힘껏 맞설수록 우리는 더 스트레스를 받게 된다. 그것이 네덜란드의 많은 사람들이 최고의 전략은 아무것도 하지 않는 것이라고 믿는 이유이다. 이것은 닉센으로 알려져 있다. 네덜란드어로, 닉센은 단순하게 '빈둥거리는 것'을 의미한다. 다음으로 끝낼 필요가 있는 것에 대해 끊임없이 생각하는 대신에, 닉센을 실천하는 사람들은 아무것도 하지 않는 것을 즐기는 시간을 갖는다. 그들은 음악을 듣거나 잠시 동안 그저 창밖을 응시할 수도 있다. 닉센을 규칙적으로 실천하는 것은 정신적으로 건강함을 유지하는 유용한 방법이다. 그것은 당신의 뇌가 휴식을 취하고 그것(=뇌)이 매일 겪는 스트레스로부터 회복하도록 한다. 닉센은 또한 사람들이 더 창의적이 되도록 돕는다. 우리가 아무것도 하지 않고 있을 때, 뇌는 정보를 방해받지 않고 처리할 시간을 가지고 새로운 아이디어들을 떠올릴 수 있다.

문제풀이 스트레스에 맞서는 방법으로 아무것도 하지 않고 빈둥거리는 것인 닉센과 그것이 주는 효과에 대한 글이므로, 글의 제목으로 ① '빈둥거리는 것의 이점'이 적절하다.

오답풀이 ② 창의성의 어두운 면 ③ 네덜란드의 급속한 스트레스 확산 ④ 닉센: 미래에 집중하라 ⑤ 스트레스의 원인 찾기

구문분석

[2행] That's why many people in the Netherlands believe [(that) the best strategy is {**to do** nothing}].

[ ]는 동사 believe의 목적어로 쓰인 명사절이며, 접속사 that이 생략되었다. { }는 that절의 동사 is의 주격보어로 쓰인 명사적 용법의 to부정사구이다.

[7행] It **allows** your brain **to relax** and (to) **recover** from the stress [(which[that]) it experiences daily].

「allow+O+to-v」는 '~가 …하게 하다'의 의미이며, to부정사 to relax와 (to) recover가 and로 병렬 연결되었다. [ ]는 선행사 the stress를 수식하는 목적격 관계대명사절로 관계대명사 which[that]가 생략되었다.

[9행] …, the brain has time to process information [(being) **uninterrupted** and may come up with new ideas].

[ ]는 uninterrupted는 앞에 being이 생략된 형태로, 〈부대상황〉을 나타내는 분사구문이다.

2 ⑤

해석 세상에 대한 우리의 인식이 언어에 의해 영향을 받는다는 생각은 언어 결정론으로 알려져 있다. 우리의 생각과 행동은 정말로 언어에 의해 영향 받는다. 예를 들면, 우리의 언어는 우리가 사건을 분류하고 식별하는 방식에 영향을 미친다. 더욱이, 그것은 우리가 공간과 시간을 통해 탐색하는 방식에 영향을 미친다. 언어 결정론의 한 예는 서로 다른 언어를 사용하는 사람들에 의해 색상이 인식되는 서로 다른 방식에서도 나타난다. 러시아어와 같이 옅은 파랑과 짙은 파랑을 구분하는 단어가 있는 언어의 화자들은 이러한 구별이 없는 언어의 화자들보다 이 두 가지 색을 더 빨리 구별할 수 있다. 마찬가지로, 시간을 표현하기 위해 서로 다른 공간적 비유가 존재하는데, 중국어 사용자들은 수직 방향을 사용하고 영어 사용자들은 수평적 측면과 관련된 용어를 사용한다. 언어적 결정의 영향의 정도는 일부 연구자들 사이에서 논쟁의 여지가 있을 수 있지만, 많은 연구는 언어가 사람들이 그들의 세계를 이해하는 방식을 미묘하게 형성한다는 생각을 지지해 왔다.

문제풀이 유사한 사례의 추가에 사용되는 Likewise(마찬가지로)로 시작하여 시간을 표현하기 위해 중국어 사용자들은 수직 방향을 사용하고 영어 사용자들은 수평적 측면과 관련된 용어를 사용한다는 내용으로 언어 결정론을 뒷받침하는 예시에 해당하므로, 옅은 파랑과 짙은 파랑을 구분하는 단어가 있는 러시아어 화자들의 첫 번째 예시 다음인 ⑤에 들어가는 것이 가장 적절하다.

구문분석

[4행] The concept (S) [that our perception of the world is influenced by language] **is known as** (V) linguistic determinism.

[ ]는 주어 the concept와 동격절로 that은 명사절의 접속사이다. 동사는 is known의 수동태이며 be known as는 '~으로 알려지다'라는 의미이다.

[9행] Speakers (S) of languages [with separate words for light and dark blue, like Russian], can distinguish (V) between these two colors more quickly than those [whose language does not have this differentiation].

첫 번째 [ ]는 languages를 수식하는 형용사구이며, 이 문장의 주어는 Speakers이고 동사는 can distinguish이다. 두 번째 [ ]는 선행사 those를 수식하는 소유격 관계대명사절이며, those는 Speakers를 가리키는 대명사이다.

3 ⑤

해석 염소가 먹는 방식 때문에, 풀과 다른 식물들로 이루어진 식사에 많은 양의 모래는 흔한 반찬이다. 이것에도 불구하고, 염소의 이빨은 닳지 않는 것 같다. 연구원들은 왜 그런지 알아보기로 결정했다. CT 촬영을 이용해서, 그들은 모래가 고르게 퍼지기 보다는 염소 위의 아랫부분에 모인다는 것을 발견했다. 이것은 중요한데 왜냐하면 염소는 위가 네 개의 부분으로 되어있기 때문이다. 음식의 큰 덩어리는 결국 윗부분의 위로 가게 되고, 그곳에서 그것들은 다시 씹혀지기 위해 입으로 되돌려 보내진다. 반면에, 작은 조각들은 소화되기 위해서 곧바로 아랫부분의 위로 간다. 따라서, 모래는 되새김질을 위해 다시 끌어올려지지 않는다. 연구원들은 윗부분의 위가 모래를 '씻어내' 염소의 이빨이 닳지 않게 한다고 믿는다.

문제풀이 (A) 동사 seem에 연결된 주격보어 자리이므로 to부정사인 to wear이 적절하다.
(B) 선행사 the upper stomach을 수식하는 관계사절이 완전한 문장을 이루고 있으므로, 관계부사 where이 적절하다.
(C) 생략된 분사구의 주어인 the upper stomach이 염소의 이빨을 마모로부터 '지켜주는' 것이므로, 능동의 의미를 가진 현재분사 saving이 적절하다.

구문분석

[3행] Researchers decided to find out [why (goats' teeth don't seem to wear down)].

[ ]는 find out의 목적어로 쓰인 간접의문문이며, why 다음에 반복되는 어구 goats' teeth don't seem to wear down이 생략되었다.

[5행] Large chunks of food end up in the upper stomach, [**where** they are expelled back up into the mouth {*to be chewed* again}].

[ ]는 the upper stomach을 수식하는 계속적 용법의 관계부사절이며, { }는 〈목적〉을 나타내는 부사적 용법의 to부정사구이다.

4 ②

해석 약 20만년 전, 마다가스카르에서 온 흰멱뜸부기 무리가 바다를 건너 외딴 섬으로 날아가 그곳에 정착했다. 그 섬은 먹을 것이 풍부했고 포식자가 없었기 때문에, 그들은 더 이상 날 필요가 없었다. 시간이 지나면서, 이 새들은 날지 못하게 진화했고, 결국 약 13만 6천년 전에 홍수로 인해 멸종되었다. 그 섬에서 나온 화석에 대한 새로운 연구는 홍수가 끝난 뒤, 두 번째의 흰멱뜸부기의 무리가 그 섬으로 날아갔다는 것을 보여

준다. 이전의 무리처럼, 그들은 결국 그들의 나는 능력을 잃어버렸다. 이것은 반복 진화라고 불리는 현상의 드문 예인데, 그것은 거의 동일한 종이나 아종이 같은 조상으로부터 다른 시기에 진화하는 것이다.

문제풀이 약 20만년 전 흰멱뜸부기가 먹을 것이 풍부하고 포식자가 없는 섬에 정착한 이후 날지 못하게 진화했다는 내용 뒤에 그들의 멸종 후 또 다른 무리의 흰멱뜸부기가 그 섬으로 날아가 같은 방식으로 진화했다는 내용이 이어지고 있으므로, 빈칸에는 ② '같은 조상으로부터 다른 시기에 진화하다'가 들어가는 것이 가장 적절하다.

오답풀이 ① 유사한 방식으로 이리저리 이동하다
③ 같은 유형의 자연 재해로 인해 멸종되다
④ 이상적 환경을 제공하는 서식지를 위해 경쟁하다
⑤ 포식자로부터 스스로를 보호하는 능력을 상실하다

구문분석

[3행] Over time, these birds evolved **to become** flightless, *only to be* wiped out by a flood about 136,000 years ago.
to become은 〈결과〉를 나타내는 부사적 용법의 to부정사이다. 「only to-v」는 '결국 ~하다'의 의미이다.

[7행] This is a rare example of a phenomenon called iterative evolution, [**in which** species or subspecies {that are nearly identical} evolve from the same ancestor at different times].
[ ]는 a phenomenon … evolution을 수식하는 계속적 용법의 「전치사+관계대명사」절이다. { }는 species or subspecies를 수식하는 주격 관계대명사절이다.

5 ⑤

해석 당신은 하고 싶지 않은 일에서 벗어나기 위해 재빨리 거짓 핑계를 생각해내야 한다고 느끼는 상황에 처한 자신을 흔히 발견할 수 있다. 어쩌면 당신은 동료의 파티에 초대받았는데 도저히 시간이 없다. 혹은 당신이 일할 필요가 없다고 알고 있는 토요일에 상사가 자진하여 일해 줄 수 있는지를 물어온다. 그래서 변명들이 튀어나온다. "안 돼요! 가족 장례식에 가 봐야 해서요." 혹은 "그날 이를 뽑을 예정이에요. 죄송해요." 다음번에 당신이 이런 상황에 처해 있고, 거짓 핑계를 꾸미려고 한다면, 그만두어라. 당신이 왜 그 일을 할 수 없는지를 정당화하거나 다른 사람의 일정에 맞추기 위해 당신의 일정을 조정할 필요는 없다. "예"라고 말할 필요도 없지만, 거짓말을 할 필요 또한 없다.

문제풀이 글의 마지막 부분을 통해 글쓴이가 들어줄 수 없는 부탁에 대해 거짓으로 핑계를 대지 말고, 솔직하게 거절하라고 주장한다는 것을 알 수 있다.

구문분석

[1행] **It** is common [**to find** yourself in situations {*in which* you feel [(that) you have to … *to get* out of something you don't want to do]}].
It은 가주어, 첫 번째 [ ]는 진주어 역할을 하는 to부정사구이다. { }는 「전치사+관계대명사」가 이끄는 관계대명사절로 situations를 수식한다. 두 번째 [ ]는 feel의 목적어로 쓰인 명사절로 접속사 that은 생략되었다. to get 이하는 〈목적〉을 나타내는 부사적 용법의 to부정사구이다.

[4행] So **out** come the excuses.
부사 V S
운동의 방향이나 장소 등을 나타내는 부사(out)가 문두에 와서 주어와 동사가 도치되었다.

[7행] There's no need **to justify** [why you can't make it] or **to adjust** your schedule {*to accommodate* someone else's}.
to justify와 to adjust는 명사 need를 수식하는 형용사적 용법의 to부정사로, or에 의해 병렬 연결되었다. [ ]는 justify의 목적어로 쓰인 간접의문문으로 「의문사+주어+동사」의 어순이다. { }는 〈목적〉을 나타내는 부사적 용법의 to부정사구이다.

6 ⑤

해석 때때로 어떤 물체의 모양은 그것을 구성하는 재료만큼 중요하다. 여러분은 여러분의 두 손바닥 사이로 달걀의 양쪽 끝을 꼭 쥐어본 적이 있는가? 그것은 깨지지 않는다! 하지만, 여러분이 달걀의 가운데 부분을 꼭 쥔다면, 결국 여러분의 손은 엉망진창이 될 것이다. 이에 대한 이유는 달걀의 특별한 모양인데, 그것은 껍질 전체에 무게를 균등하게 분배함으로써 압력을 최소화한다. 여러분은 달걀이 결코 수평으로 보관되지 않는다는 것을 알아챘을지도 모른다. 오히려, (달걀) 갑은 달걀의 끝부분이 항상 위로 향하도록 디자인되어 있다. 그리고 암탉이 알을 품을 때 그 알들의 더 좁은 끝부분이 위를 향하며 같은 방식으로 놓여져 있다. 이러한 디자인 덕분에, 암탉은 그들의 알들을 깨뜨리지 않고 알 위에 앉을 수 있다. 그래서 달걀 껍질은 깨지기 쉽지만, 그것의 특별한 모양은 어떤 상황에서는 달걀을 강하게 만든다.

문제풀이 (A) 달걀 껍질에 무게가 고르게 '분배되어' 있어 압력을 최소화한다는 의미가 되어야 하므로, distributing이 적절하다. distort는 '비틀다, 일그러뜨리다'의 의미이다.
(B) 달걀의 끝부분이 항상 위로 향하게 달걀 갑이 디자인되어 있어 달걀이 '수평으로' 보관되지 않는다는 의미가 되어야 하므로, 'horizontally'가 적절하다. vertically는 '수직(적)으로'의 의미이다.
(C) 달걀 껍질은 깨지기 쉽지만, 달걀의 특별한 모양이 달걀을 '강하게' 만든다는 의미가 되어야 하므로, strong이 적절하다. weak은 '약한'의 의미이다.

구문분석

[1행] Sometimes, an object's shape is **as important as** the material [(which[that]) it is made of].
「as+형용사[부사]+as」는 원급 비교 구문으로 '~만큼 …한[하게]'의 의미를 나타낸다. [ ]는 the material을 수식하는 목적격 관계대명사절로, 관계대명사 which[that]가 생략되었다.

[3행] The reason for this is the egg's special shape, [**which** minimizes strain *by distributing* weight evenly around the shell].
[ ]는 the egg's special shape에 대한 부연 설명을 하는 계속적 용법의 주격 관계대명사절이다. 「by v-ing」는 '~함으로써'의 의미로 〈수단·방법〉을 나타낸다.

[7행] …, the eggs are positioned in the same way, **with** their narrower end **pointing** upwards.
「with+O+v-ing」는 '~가 …한 상태로'라는 의미를 나타내는 분사구문이다.

UNIT 08 REVIEW TEST

p.86

A

1 pushing

해석 '밀어 올린다는 것'은 뒤나 아래에서 밀어 줌으로써 들어 올리거나 일으켜 세우는 것을 의미한다.

풀이 전치사 by의 목적어 역할을 해야 하므로 동명사 pushing이 와야 한다.

2 to

해석 그 기계를 작동하는 데 두 사람이 필요했다.

풀이 문맥상 〈목적〉을 나타내는 부사적 용법의 to부정사가 쓰이는 것이 적절하므로 동사원형인 operate 앞에 to가 와야 한다.

3 congratulate

해석 나는 대회에서의 당신의 뛰어난 성과를 축하하기 위해 편지를 씁니다.

풀이 문맥상 〈목적〉을 나타내는 부사적 용법의 to부정사가 쓰이는 것이 적절하므로 to 뒤에 동사원형이 와야 한다.

4 without

해석 사람들은 어떤 미래의 결과를 가져올지 고려하지 않고 고래를 죽이고 있다.

풀이 문맥상 '고려하지 않고'의 의미이므로 동명사 considering 앞에 전치사 without이 와야 한다.

B

1 Are you satisfied with your score on the midterm test

2 The money was used to build more schools in Africa

C

1 I volunteered at the local library for three days.
S V 부사적 수식어구 (장소) 부사적 수식어구 (시간)

2 I am happy to have worked with you for the last 10 years.
S V S.C. 부사적 수식어구
부사적 수식어구 (시간)

UNIT 09 부사적 수식어구 2

01 분사구문 해석하기

EXERCISE p.88

1 ② / 그 소식을 들었을 때, 그녀는 두려움으로 창백해졌다.
2 ② / 오른쪽으로 돌면 너는 그 집을 찾을 수 있을 것이다.
3 ③ / 위험 요소를 알고 있지만, 그래도 그녀는 정글로 들어갔다.
4 ① / 다리를 다쳐서 그녀는 걸을 수가 없었다.
5 ③ / 기차로 이동할 때, 좌석 벨트를 착용하지 않아도 됩니다.

어휘 pale 창백한 fright 두려움 wound 상처를 입히다

02 부대상황을 나타내는 분사구문

EXERCISE p.89

1 그는 책을 읽고 있었고 그의 아내는 그 옆에서 뜨개질을 하고 있었다.
2 그들은 그가 옳다고 이야기하면서 그를 지지했다.
3 나는 수업 시간에 코를 골아서 모두를 웃게 했다.
4 Chloe는 그녀의 고양이가 무릎 위에서 자고 있는 채 소파에 앉아 있었다.
5 그녀는 팔짱을 낀 채 아들에게 말을 하고 있었다.
6 카페에서 커피를 마시면서 그들은 휴가 계획에 대해 이야기했다.

어휘 knit 뜨개질하다 snore 코를 골다

단문독해

pp.90-91

1 ③

해석 Alaska는 사람들이 손 닿지 않은 황야를 경험하고 바쁜 일상에서 벗어날 수 있는 몇 안 되는 곳 중 하나이다. 얼음처럼 차가운 공기는 활기를 불어넣고, 별로 가득한 하늘의 모습은 말로 표현할 수 없다. Alaska의 아름다움은 너무 대단하여서 그곳을 방문하는 것은 겸손한 경험이며 최고의 방식으로 사람들을 작고 사소한 것처럼 느끼게 만든다. 도시 빛 오염의 방해로부터 자유로운 Alaska 황야의 어둠은 깊고 끝없이 이어진다. 부두에 홀로 앉아 있으면 삶의 책임에 방해받지 않은 채 주변의 평온함을 즐길 수 있다. 사람이 거주하지 않는 광활한 땅이 펼쳐져 있는 Alaska는 맑은 정신과 희망에 찬 마음을 발견하는 것을 가능하게 해 준다.

문제풀이 Alaska는 손 닿지 않은 황야, 활기를 불어넣는 차가운 공기,

별로 가득한 하늘의 모습, 깊고 끝없이 이어지는 황야의 어둠 등을 경험할 수 있는 장소로 묘사되어 있으므로 Alaska의 분위기로 가장 적절한 것은 peaceful(평화로운)이다.

오답풀이 ① 지루한 ② 역동적인

구문분석

[3행] Alaska's beauty is **such that** visiting it is a humbling experience, [**making one feel** small and insignificant in the best possible way].
(visiting it: S′, is: V′, a humbling experience: S.C.′ / making: V′, one: O′, feel: O.C.′)

「주어+be-v+such that절」 구문에서 such는 so great의 의미로 해석될 수 있으며 that은 결과의 내용을 이끄는 접속사가 된다. that절 속에서 주어는 visiting it의 동명사구이며, 동사는 is, a humbling experience가 주격 보어가 된다. [ ]은 분사구문으로 분사형태인 사역동사 making의 목적어가 one, 목적격 보어가 동사원형 feel이다.

[7행] With vast stretches of uninhabited land, Alaska makes **it** possible [**to discover** a clear mind and a hopeful heart].
(makes: V, it: O, possible: O.C.)

[ ]는 to부정사구로 동사 makes의 진목적어이며, it은 가목적어, 형용사 possible은 목적격 보어이다.

2 ①

해석 1968년, 아폴로 8호 임무는 최초로 달에 인간을 실어 날랐다. 이 임무의 사진작가, 빌 앤더스는 오늘날 '지구돋이'라 불리는 사진을 찍었다. 달 위로 떠오르는 지구를 보여주는 이 사진은 굉장히 아름다웠다. 어둠 속에 매달려 아무것도 없는 가운데 걸려 있는 지구는 크리스마스 트리 장식처럼 작아 보인다. 사람들이 이 사진을 보았을 때, 그들은 처음으로 그들의 행성을 하나의 세계로 보았다. 대륙과 바다의 무리로 보기보다, 그들은 그것을 하나의 것으로 보았다.

문제풀이 마지막 문장의 they viewed it as a single thing을 통해 유추할 수 있다.

오답풀이 ② 생경한 장소 ③ 이상한 모양

구문분석

[2행] The photograph, [showing Earth {rising over the moon}], was stunning.
(The photograph: S, was: V)

[ ]는 부대상황을 나타내는 분사구문이다. { }는 Earth를 수식하는 현재분사구이다.

[3행] [Hanging in a shadow and (being) suspended in the middle of nothing], Earth seems **as small as** a Christmas tree ornament.

[ ]는 동시동작을 나타내는 분사구문이며, suspended 앞에는 being이 생략되었다. 「as+형용사[부사]+as」는 원급 비교 구문으로 ~만큼 …한[하게]'의 의미이다.

3 플라스틱 포장 제품을 구입하지 않고 재사용 가능한 용기를 사용함

해석 한 가족이 새로운 도시로 이사했을 때, 그들의 소유물의 80퍼센트를 없앴다. 하지만 그것들을 그리워하는 대신, 그 가족은 처음으로 자유로움을 느꼈다. 곧, 그들은 그 생각을 더욱 더 진전시킬 수 있는지 궁금해했다. 쓰레기가 환경에 미치는 영향과 우리가 쓰레기를 줄이는 것이 왜 그렇게 중요한지에 대해 알게 된 후에, 그들은 쓰레기 제로 생활 방식을 따르기로 결정했다. 그들은 플라스틱 포장 제품을 구매하는 것을 중단하고 대신에 재사용할 수 있는 용기를 사용했다. 그것은 대성공이었다. 1년 내내, 가족 전체가 쓰레기를 거의 배출하지 않아서 단 하나의 통에 다 넣을 수 있었다.

문제풀이 다섯 번째 문장에서 가족 전체가 플라스틱 포장 제품을 구매하지 않고 재사용할 수 있는 용기를 사용하여 쓰레기 제로 생활 방식을 추구했다고 밝히고 있다.

구문분석

[3행] **After learning** about the impact [(which[that]) garbage has on the environment] and {why *it* is so important *that we reduce it*}, … .

After learning 이하는 〈시간〉을 나타내는 분사구문으로 의미를 명확히 하기 위해 접속사(After)를 생략하지 않았다. [ ]는 the impact를 수식하는 목적격 관계대명사절이다. { }는 전치사 about의 목적어로 쓰인 간접의문문으로 「의문사+주어+동사」 어순이다. it은 가주어이고 that we reduce it이 진주어이다.

[6행] …, the entire family produced **so** little trash **that** it could fit in a single jar.

「so ~ that …」은 '너무 ~해서 …하다'의 의미이다.

4 talking to someone with your hands in your pockets

해석 두 친구가 함께 수다를 떨든 낯선 사람이 길에서 길을 묻든, 주머니에 손을 넣고 누군가와 이야기를 하는 것은 미국에서 흔한 일이다. 일반적으로 말해서, 이것은 당신이 편하다는 것을 보여 주는 하나의 방법이다. 하지만 한국에서는 그것이 무례하다고 여겨질 수 있는데, 특히 연장자와 이야기를 할 때에 더욱 그러하다. 그들은 당신이 무례를 범하고 있다거나 혹은 그들이 하는 말에 신경을 쓰지 않는다고 생각할지도 모른다.

문제풀이 주머니에 손을 넣고 이야기하는 것이 문화마다 다르게 느껴진다는 내용으로, 첫 번째 문장에서 it이 가리키는 내용이 제시되어 있다.

구문분석

[2행] …, [**talking** to someone with your hands in your pockets] is common in America.
([talking … pockets]: S, is: V)

동명사구인 [ ]가 주어이며, is가 동사이다.

5 바닥에 누워서 눈을 감고 연주되는 음악을 듣는 것

해석 Rachel Cohen은 재능 있는 음악가로, 그녀는 자신의 기술을 주의력 결핍 장애가 있는 아이들을 돕는 데 이용한다. 아이들이 학습할 준비를 하도록 도와주기 위해, 그녀는 그녀가 '소리 여행'이라 부르는 것으로 그들을 안내한다. 아이들은 모두 눈을 감은 채 바닥에 누워서 그녀가 연주하는 음악 소리를 듣는다. 그녀는 아이들이 음악에 집중할 때, 그들이 훨씬 더 차분해진다고 믿는다. 이후에 이러한 경험이 그들이 학업에 더 잘 집중하도록 도움을 준다.

문제풀이 The children all lie down으로 시작하는 세 번째 문장에서 sound journey 참가자들이 어떤 활동을 하는지 제시되어 있다.

구문분석

[3행] … on the floor **with** their eyes **closed** … .
「with+O+v-ed」는 '~가 …된 채로'의 의미이다.

수능독해

pp.92~95

1 ⑤ 2 ② 3 ⑤ 4 ③ 5 ② 6 ②

1 ⑤

해석 프랑스 사회학자 Émile Durkheim과 독일 사회학자 Max Weber는 그들의 독특한 사회학적 관점을 반영하는 사회에 대한 상반된 견해를 가지고 있었다. Durkheim은 사회 제도와 공익의 중요성을 강조했다. 그는 증가하는 개인주의에 대항하기 위해 도덕 교육을 옹호하며, 사회가 개인보다 더 중요하다고 주장했다. 그는 인간의 행동은 사람들이 모두에게 도움이 되는 결과를 추구하면서 집단적인 사회적 이익에 초점이 맞춰져야 한다고 믿었다. 반대로, Weber도 사회 구조의 기능을 인정했지만, 그는 개인의 주체성을 강조했다. 그는 사회가 개인의 가치에 의해 형성된다고 믿었다. Weber는 현대화가 개인주의의 증가를 초래했고 이것이 분열된 사회 질서로 이어졌다고 인식했다. 그의 작품은 또한 다양한 형태의 권위와 그것들이 사회적 결속력에 미치는 영향을 강조하면서 권위의 영향력을 탐구했다. Durkheim이 제도적 차원에서 사회를 강조하고, Weber가 개인의 역할을 강조함에 따라 우리는 우리 사회의 복잡한 작동에 대한 통찰력을 얻을 수 있다.

문제풀이 마지막 문장 ~ with Durkheim emphasizing society at the institutional level, and Weber highlighting the role of individuals.를 통해 Durkheim이 제도적 차원에서 사회를, Weber는 개인의 역할을 강조했음을 알 수 있으므로, ⑤가 글의 내용과 일치하지 않는다.

구문분석

[7행] Conversely, [while Weber **did** acknowledge the function of social structures], he(S) emphasized(V) the individuality(O).
[ ]는 접속사 while로 대조의 의미를 갖는 부사절이며 그 안에서 did는 동사 acknowledge의 의미를 강조하는 조동사이다.

[12행] We can gain insight into the intricate workings of our society, [**with Durkheim emphasizing**] society at the institutional level, and [**(with) Weber highlighting**] the role of individuals.
두 개의 [ ]는 with 분사구문 2개가 and를 중심으로 연결됨을 나타내고, 두 번째 [ ]에서는 with가 생략되었다. with 분사구문 「with+O+O.C.」는 "~가 …함에 따라/~가 …한 채로'의 의미이고 목적격 보어 자리에 현재분사 emphasizing과 highlighting이 각각 쓰였다.

2 ②

해석 깃펜은 오랜 기간 동안 사용되었던 필기도구였다. 서기 700년쯤에 도입된 이 펜은 깃털의 깃으로 만들어졌는데, 이것은 새의 왼쪽 날개에서 뽑은 것이었다. 왼쪽 날개의 깃을 사용하는 것은 중요했는데 왜냐하면 이것은 깃털이 오른손잡이 작가들에 의해 사용될 때 손등 위쪽으로 구부러진다는 것을 의미했기 때문이다. 대부분의 깃은 거위로부터 뽑았지만 백조의 깃이 희귀하여 비쌌기 때문에 훨씬 더 귀하게 여겨졌다. 그러나 가는 선을 그리는 것이 목적이었다면 까마귀 깃이 최고의 결과물을 제공했고, 다음으로 독수리, 올빼미, 매의 깃 순이었다.

문제풀이 주절의 주어인 this pen이 서기 700년 경에 '도입된' 것이므로 ② Introducing은 수동의 의미를 나타내는 과거분사 Introduced가 되어야 한다.

오답풀이 ① that은 a writing instrument를 선행사로 하는 주격 관계대명사이다.
③ It이 가주어, to use … left wing이 진주어 역할을 하는 to부정사구이다.
④ highly는 '매우, 대단히'의 의미를 가진 부사로, 형용사 prized를 수식한다. 「more+부사」는 '더 ~하게'라는 의미를 갖는다.
⑤ those는 앞의 quills를 가리키는 지시대명사이다.

구문분석

[5행] Most quills werw taken from geese, but those of the swan were more highly prized, [being scarce and thus expensive].
[ ]는 〈이유〉를 나타내는 분사구문이다.

3 ⑤

해석 특허와 상표에는 큰 차이점이 있지만 대부분의 사람들은 그것이 무엇인지 모른다. (C) 일반적으로 17년간 보장되는 특허는 상품의 이름과 그것을 제조하는 방법을 모두 보호한다. 예를 들어, 전기면도기는 1928년에 발명가 Jacob Schick에 의해 특허를 받았다. 그는 자신의 창작물에 대한 완전한 권한을 갖기 위해 그렇게 했다. (B) 반면에, 상표는 상품들을 식별하고, 소비자들의 마음속에 그것들에 대한 뚜렷한 독자성을 부여하기 위해 사용되는 이름들이나 상징들이다. Kleenex와 Jell-O가 상표의 예이고, MGM 영화사를 상징하는 사자의 머리도 마찬가지이다. (A) 상품의 판매를 촉진하는 상표의 영향력을 인식하기 때문에, 기업들은 상표를 보호하고 다른 기업들이 그것을 허가 없이 사용하지 못하도록 매우 열심히 노력한다.

문제풀이 주어진 문장의 특허와 상표는 차이가 있다는 내용에 이어, (C) 특허에 대한 설명과 그 예시를 언급하고 (B) 이와 다른 상표에 대한 설명과 예시를 언급한 다음 (A) 상표의 영향력을 인식한 회사들이 상표를 보호하고 허가 없이 다른 기업이 사용할 수 없도록 노력한다는 흐름으로 이어지는 것이 적절하다.

구문분석

[3행] (Being) **Aware of** the power of trademarks [*to promote* their produces], … .
Aware of … their products는 〈이유·원인〉을 나타내는 분사구문으로 앞에 Being이 생략되었다. [ ]는 명사 the power of trademarks를 수식하는 형용사적 용법의 to부정사구이다.

[7행] Kleenex and Jell-O are examples of trademarks, **as**

is the lion's head [that represents MGM Pictures].
V S
접속사인 as 뒤에서 도치가 일어나 주어와 동사의 어순이 바뀌었다. [ ]는 the lion's head를 수식하는 주격 관계대명사절이다.

4 ③

해석 한 어부가 밤에 강 상류로 배를 저어 집으로 돌아오고 있었다. 그는 지쳐서 잠시 노를 내려놓고 하늘을 바라보면서 배 바닥에 누웠다. 달이 무척 밝아서 그는 달을 보기 위해 눈을 반쯤 감아야만 했다. 얼마 후, 그는 자신이 졸고 있음을 느꼈다. 밤은 고요했고 바람도 잔잔해서 그는 닻을 배 밖으로 던지고 쉬기로 했다. 모든 것이 고요했다. 그러나 얼마 지나지 않아, 그의 보트가 처음에는 한쪽 강둑에 부딪혔다가 그다음에는 다른 쪽에 부딪히며 점점 더 빨리 앞뒤로 미끄러져 움직이기 시작했다. 그것은 마치 어떤 강력한 생물체가 그의 아래서 그와 그의 배를 물 밑으로 잡아당기려고 하는 것 같은 느낌이었다.

문제풀이 글 전반부의 Exhausted, nodding off의 표현에서 'he'가 피곤한(tired) 상태였음을 유추할 수 있고, 6행의 But before long 이후부터 글의 분위기가 반전되어 배가 흔들리며 'he'가 겁이 난(frightened) 상태임을 유추할 수 있다.

오답풀이 ① 황홀한 → 혼란스러운
② 기쁜 → 짜증이 난
④ 화난 → 자신만만한
⑤ 고마워하는 → 당황한

구문분석

[2행] (Being) **Exhausted**, he set down … .
Exhausted는 〈이유·원인〉을 나타내는 분사구문으로 앞에 Being이 생략된 형태이다.

[6행] But before long, his boat began …, [first **touching** one bank and then the other (bank)].
[ ]는 〈부대상황〉을 나타내는 분사구문이다. the other 뒤에는 'bank'가 반복 사용되는 것을 피하기 위해 생략되었다.

[7행] It felt **as if** some powerful creature **was** beneath him, … .
「as if+가정법 과거」 구문이 쓰인 문장으로, '~인 것처럼'의 의미를 나타낸다. 가정법 과거 표현에서 be동사는 주어의 인칭과 수에 상관없이 were를 쓰는 것이 원칙이나, 현대 영어에서는 was를 쓰기도 한다.

5 ②

해석 십 대들이 사춘기 동안 자신이 어떤 사람이고 어떤 사람이 되고자 하는지를 알아가면서 자기 발견의 과정을 거치는 것은 정상이다. 이러한 여정은 누구에게나 겪기 어려운 과정이며, 많은 시간과 노력을 필요로 한다. 그러나 이 경험은 입양된 십대들에게는 훨씬 더 복잡할 수 있다. 이것은 왜냐하면 십대인 만큼 그들은 자신이 어디서 왔는가에 대해 궁금해하고 따라서 그들의 친부모에 대해 더 알고자 하기 때문이다. 그들이 묻고 싶은 가장 큰 질문은 애초에 왜 그들이 입양 보내졌는가 하는 것이다. 그들은 그들의 입양 가정을 원망하기 때문이 아니라 단지 알 필요가 있기 때문에 이 질문에 대한 답을 찾는다. 이러한 호기심은 자신을 완전히 이해하고자 하는 어느 누구에게나 당연한 것이다.

문제풀이 주어진 문장의 this experience는 ② 앞 문장의 Such a journey를 가리키고, ② 이후에 입양된 십대들의 고민에 대한 구체적인 내용이 언급되고 있으므로 주어진 문장이 들어가기에 가장 적절한 곳은 ②이다.

구문분석

[2행] **It** is normal *for teens* [**to go** through …], **figuring** out what kind … .
It이 가주어, to부정사구인 [ ]가 진주어, for teens는 to부정사의 의미상 주어이다. figuring 이하는 〈부대상황〉을 나타내는 분사구문으로 '~하면서'의 의미를 나타낸다.

[5행] This is because, **being teens**, they are curious … .
being teens는 〈이유〉를 나타내는 분사구문이다.

6 ②

해석 자연환경과 비슷한 피부색을 가진 동물들이 많이 있는데, 이것은 그들이 자연환경에 섞여 숨어 있도록 하는 데 도움이 된다. 그러나 다른 동물들은 진한 노랑, 주황, 분홍색이 온몸을 뒤덮은 화려한 색의 피부를 가지고 있다. 이렇게 눈에 띄는 색은 이 동물들이 독성이 있다는 것을 포식자들에게 경고하는 것이다. 포식자들이 이 동물들을 잡아먹으려 하면 그들은 그들의 입으로 아주 끔찍한 맛을 보거나 심지어 병에 걸려 죽게 될 것이다. 흥미롭게도, 자신은 독이 없으면서도 독을 가진 동물들의 색을 매우 유사하게 모방한 피부색을 진화시킨 어떤 종들이 있다. 이러한 전략은 잠재적인 공격자들을 속이는 데 효과적이라고 입증된다. 포식자들이 밝은 색의 동물들은 독이 있다고 생각해서 그것들을 먹으려 하지 않기 때문에 그 모방자들은 죽임을 당하는 것을 면할 수 있다.
⇨ 몇몇 밝은 색의 동물들은 단지 실제 독성이 있는 종들의 겉모습을 모방하고 있을 뿐임에도 불구하고, 포식자들은 밝은 색을 가진 먹이를 피한다.

문제풀이 어떤 동물들은 독이 있는(poisonous) 것처럼 보이기 위해 독성 동물들의 밝은 피부색을 모방하고, 포식자들은 그 동물들이 독성을 가졌을 것이라고 생각하여 그런 먹잇감을 피한다(avoid)는 내용이다.

구문분석

[1행] There are many animals whose skin is similar in color …, **which** *helps* them *blend* in and *remain* hidden.
관계대명사 which는 앞의 절에 언급된 '동물의 자연환경과 비슷한 피부색'을 보충 설명하는 계속적 용법으로 쓰였다. 「help+O+(to-)v」는 '~가 …하는 것을 돕다'라는 의미이다.

[8행] **Since** predators avoid [*eating* …], {assuming they are poisonous}, the imitators are able to … .
Since는 〈이유·원인〉을 나타내는 접속사로 '~ 때문에'라는 의미이다. [ ]는 avoid의 목적어로 쓰인 동명사구이다. { }는 〈이유〉를 나타내는 분사구문이다.

UNIT 09 REVIEW TEST

p.96

A

1 tapping

해석 그녀는 손가락으로 창문을 두드리며 혼자 서 있었다.

풀이 손가락이 창문을 두드리는 것이므로 능동의 의미인 현재분사가 적절하다.

2 turned

해석 그녀는 모든 불이 켜진 채 잠이 들었다.

풀이 불은 켜지는 대상이므로 수동의 의미인 과거분사가 적절하다.

3 waving

해석 그녀는 머리카락을 바람에 날리며 뛰어가고 있었다.

풀이 머리카락이 날리는 것이므로 능동의 의미인 현재분사가 적절하다.

4 following

해석 그는 산책하러 나갔고 그의 개가 그를 따라가고 있었다.

풀이 개가 따라가고 있으므로 능동의 의미인 현재분사가 적절하다.

5 closed

해석 그녀는 눈을 감은 채 벤치에 앉아 있었다.

풀이 눈은 감긴 것이므로 수동의 의미인 과거분사가 적절하다.

6 fixed

해석 그는 시선을 어둠 속에 있는 무언가에 고정시킨 채 가만히 서 있었다.

풀이 눈(시선)이 한 곳에 고정된 것이므로 수동의 의미인 과거분사가 적절하다.

B

1 Entering the classroom, found two students were studying there

2 The rain beginning to fall, had to stay home

C

1 All other conditions being equal (부사적 수식어구 (분사구문)), this principle (S) remains (V) true (S.C.).

2 Judging from his accent (부사적 수식어구 (분사구문)), he (S) must be (V) from another country (S.C.).

01 가정법

EXERCISE

p.98

1 ⓐ Yes ⓑ No

내 차가 작지 않다면, 더 많은 사람들을 태울 수 있을 텐데.

2 ⓐ Yes ⓑ No

만일 내가 어제 사고가 나지 않았다면, 나는 그녀를 방문했을 텐데.

3 ⓐ Yes ⓑ Yes

그가 그때 그녀를 구하지 않았다면, 그녀는 지금 살아 있지 못할 것이다.

4 ⓐ Yes ⓑ Yes

그의 도움이 없었다면, 나는 결코 그 프로젝트를 끝낼 수 없었을 것이다.

어휘 alive 살아 있는

02 주요 조동사 표현

EXERCISE

p.99

1 그녀가 자신의 아들을 자랑스러워하는 것도 당연한데, 그는 친절하고 재능도 있다.

2 좋지 않은 날씨 때문에 나는 일정을 바꿀 수밖에 없다.

3 나는 어제 그 회의에 참석했어야 했다.

4 나는 당신을 울게 하느니 차라리 내 자신을 아프게 하겠어요.

5 메시지를 남기시겠습니까?

6 교통량이 너무 많다. 우리는 지하철을 이용하는 편이 낫겠다.

7 비가 오고 있으니 우리는 좀 더 머무는 편이 낫겠다.

8 나는 (예전에는) 신문에서 정보를 얻곤 했으나, 지금은 온라인으로 뉴스를 읽는다.

어휘 be proud of ~을 자랑으로 여기다 talented 재능 있는 attend 참석하다

단문독해

pp.100-101

1 기숙사에 있는 다른 사람들에게 자신을 소개하고, 대화를 시작하고, 혼자인 것처럼 보이는 학생들에게 손을 내민다.

해석 만약 사람들이 대학 신입생으로서 학교 생활에 적응해야 하는 상황을 겪는다면, 그것은 어려울 수 있다. 한 가지 흔한 실수는 사교적인

상황을 피하기 위해 방으로 틀어박히는 것이다. 그러나 다른 사람들이 자신들을 찾아오기를 기다리는 것은 좋은 전략이 아니다. 대신에 그들은 대학 생활에서 활동적이도록 노력해야 한다. 오히려 방에 머무르기보다는 기숙사에 있는 다른 사람들에게 자신을 소개하고, 대화를 시작하고, 혼자인 것처럼 보이는 학생들에게 손을 내밀어야 한다. 캠퍼스에는 새로운 학생들이 참여할 수 있는 많은 그룹이 있으며, 그렇게 하는 것은 그들이 고립을 피하고 새로운 사람들을 만나는 데 도움이 된다.

문제풀이 Rather than staying in their room, they should introduce themselves to others in their residence hall, initiate conversations, and reach out to students who seem to be alone.에 대학 생활에서 활동적으로 되기 위한 노력으로 필자가 제안한 구체적인 방법이 제시되어 있다.

구문분석

[1행] **If** people **underwent** the adjustment to life as a new college student, it **could be** challenging.
(people: S′, underwent: V′, it: S, could be: V)
「If+S+동사의 과거형, S+조동사의 과거형+동사원형」의 가정법 과거 구문이므로 if절의 동사에 underwent, 주절의 동사에 would be가 쓰였다.

[4행] **Rather than** staying in their room, they **should** [introduce themselves to others in their residence hall], [initiate conversations], and [reach out to students {who seem to be alone}].
「rather than+동명사」 구문은 '~하(라)기 보다'의 의미이다. 세 개의 [ ]가 조동사 should에 and로 병렬되어 있으며, 세 번째 [ ]에서 { }는 선행사 students를 수식하는 주격 관계대명사절이다.

2 terrain[landscape/ground], shelter, required

해석 인류의 가장 초기의 조상들은 나무에서 거주하며 팔다리 모두를 사용해서 걸어 다니곤 했다고 여겨진다. 그러나 나중에 그들은 지형의 변화 때문에 다리만으로 직립 보행을 하기 시작했다. 이는 아프리카 동부와 남부 지역에서 시작되었을지도 모른다. 돌이 많은 지형은 조상들에게 피신처와 먹이가 되는 동물들을 덫으로 잡을 기회를 주었기 때문에 그들에게 아마 이로웠을 것이다. 그와 동시에, 그것(=돌이 많은 지형)은 험한 땅 위를 쉽게 재빨리 돌아다니고 오를 수 있도록 똑바로 선 자세를 요구했을 것이다.
⇨ 피신처를 찾고 먹이를 잡는 데 있어서 이점을 제공한 고대의 지형[땅]은 우리 조상들에게 두 다리로 걸을 것을 요구했다.

문제풀이 험한 지형적 특성이 인류에게 피신처와 식량 사냥의 이점을 제공해 주었는데, 이러한 지형은 동시에 인류로 하여금 직립 보행을 하도록 요구했다는 내용의 글이다.

구문분석

[1행] **It** is believed [**that** humans' earliest ancestors *used to live* in trees and walk ...].
「It is believed that ...」은 '~라고 여겨지다'의 뜻이며, It은 가주어, that이 이끄는 [ ]는 진주어이다. 「used to-v」는 '(과거에) ~하곤 했다'는 과거의 규칙적인 습관이나 지속적인 상태를 나타내며 현재는 그러지 않는다는 의미가 내포되어 있다.

[4행]..., as it gave them shelter and opportunities [to trap the animals {(which[that]) they used for food}].
[ ]는 opportunities 를 수식하는 형용사적 용법의 to부정사구이다. { }는 the animals를 수식하는 목적격 관계대명사절이고 관계대명사 which[that]가 생략되었다.

3 imagine, experienced

해석 똑똑한 박쥐를 상상해보라. 그것은 들을 수 있으나, 인간이 음악에 맞춰 춤을 추는 것을 보면 그것은 혼란스러워진다. 그것은 왜냐하면 인간들과는 다르게, 박쥐들은 오직 하나의 음의 높이만을 들을 수 있기 때문이다. 이 박쥐가 다른 음의 높이들을 들을 수 있다면, 인간의 청력이 어떠한지 알 것이다. 하지만, 그것은 인간의 청력을 상상조차 할 수 없다. 개념을 가지기 위해서, 그것을 경험했었음이 틀림없다. 무엇보다, 당신이 행복했던 적이 없다면 어떻게 행복을 이해하겠는가?
⇨ 박쥐들은 들을 수 있을지라도, 그들은 인간의 청력을 경험해보지 못했기 때문에 그것을 상상할 수 없다.

문제풀이 개념을 가지기 위해서는 그것을 경험해야 한다는 내용의 글이다.

구문분석

[1행] It can hear, but it is confused when it sees humans dancing to music.
(it: S′, sees: V′, humans: O′, dancing to music: O.C.′)
지각동사 sees의 목적격보어로 현재분사 dancing이 쓰인 5형식 문장이다.

[2행] **If** this bat ***were*** able to hear different pitches, it **would know** what human hearing is like.
「If+S+동사의 과거형, S+조동사의 과거형+동사원형」의 가정법 과거 구문이 쓰였다. 가정법 과거에서 be동사는 주어의 인칭과 수에 상관없이 were를 쓰는 것이 원칙이지만, 현대 영어에서는 was를 쓰기도 한다.

4 아기를 만지기 전, 기침을 한 후, 외출 후, 돈이나 동물과 같은 것들을 만지고 난 후

해석 의사들에 따르면 손을 씻는 것은 매우 중요하지만, 그것을 제대로 하는 법을 아는 사람은 거의 없다. 이상적으로, 사람들은 한 번에 약 30초씩, 하루 여덟 번 손을 씻어야 한다. 전문가들은 또한 사람들이 손을 씻어야 하는 특정한 때가 있다고 말한다. 아기를 만지기 전, 기침을 한 후나 외출 후, 돈이나 동물과 같은 것들을 만지고 난 후와 같이 말이다.

문제풀이 밑줄 친 certain times는 사람들이 손을 씻어야 하는 때로, 마지막 문장에 손을 씻어야 하는 네 가지 경우가 열거되어 있다.

구문분석

[1행] ... **few** people know *how to do* it properly.
few는 '거의 없는'이라는 부정의 의미로 셀 수 있는 명사 앞에 사용한다. 「how to-v」는 '~하는 방법'의 의미이다.

[3행] Experts also indicate that there are certain times [(when) people ought to wash their hands: before **touching** a baby and after *coughing*, *going* outdoors, or *coming* into …].
[ ]는 certain times를 수식하는 관계부사절로 관계부사 when이 생략되었다. touching은 전치사 before의 목적어로 쓰인 동명사이다. coughing, going, coming은 전치사 after의 목적어로 쓰인 동명사이며 or로 병렬 연결되었다.

5 신중히 생각하지 않고 돈을 써서 많은 돈을 빚진 것

해석 내가 처음 고등학교를 졸업했을 때 알았더라면 좋을 중요한 것들이 몇 가지 있다. 내가 그것들을 알았더라면, 나는 결코 지금과 같이 많은 돈을 빚지지 않았을지도 모른다. 나의 가장 큰 문제점은 우선 신중하게 생각하지 않고 돈을 쓴 것이었다. 그러나, 요즘에는 나는 항상 무언가를 사기 전에 잠시 멈추고 숨을 깊게 들이마신다. 이것은 내가 바보 같은 짓을 하는 것을 막을 시간을 준다. 그것은 내가 열아홉 살이었을 때였다면, 정말로 유용했을 것이다.

문제풀이 필자는 현재 많은 빚을 지고 있는데, 그것이 자신이 신중하게 생각하지 않고 돈을 썼던 과거 때문이라고 언급했다.

구문분석

[2행] **Had** I **known** them, I **might** never **have found** (V) myself (O) owing (O.C.) *as* much money *as* I **do**.
'If I had known them'에서 If가 생략되고 주어와 조동사가 도치된 가정법 과거완료 구문이다. 「find+O+O.C.」의 5형식 문장에서 목적어 myself의 목적격보어는 현재분사 owing이다. 「as+원급(+명사)+as」는 '~만큼 …한 (명사)'라는 의미이며 do는 동사 owe를 대신하는 대동사이다.

수능독해

pp.102~105

1 ⑤ 2 ④ 3 ② 4 ④ 5 ⑤ 6 ④

1 ⑤

해석 개인이 충성심을 표시할 수 있는 한 가지 방법은 그들이 충성의 대상이 되는 사람이나 물건과 자신을 밀접하게 동일시하는 것이다. 이것은 다양한 방식으로 표현될 수 있고, 자신의 정체성과 밀접한 관계가 있는 것처럼 그들의 행동과 감정을 보여 주며, 그 사람은 (충성의 대상이 되는) 사람이나 물건을 자신의 일부처럼 여길지도 모른다. 예를 들면, 특정 스포츠 팀에 대한 충성심을 가진 관중은 그 팀이 이길 때 자랑스러워하거나 질 때 실망할 수도 있다. 팀은 자신의 정체성의 일부이므로 결과에 의미 있는 기여를 하지 않았을지라도 그 팀의 성공 또는 실패를 자신의 것으로 해석할 수 있다. 충성의 대상에 대한 이러한 연관성 일반적인 의식 절차를 통한 단순한 지지 이상일 수 있다; 충성의 대상이 그 사람의 정체성에 완전히 통합되는 강한 유대감일 수 있다.

문제풀이 ⑤ 뒤에 문장의 주요 성분이 빠짐 없는 완전한 절이므로, ⑤ which는 「전치사+관계대명사」 형태인 in which가 되어야 한다.

오답풀이 ① identifying의 목적어가 의미상의 주체인 individuals를 가리키므로 재귀대명사 themselves는 적절하다.
② 동시 동작을 나타내는 분사구문이므로 현재분사 displaying은 적절하다.
③ 불완전 자동사 feel의 주격 보어 역할을 하는 자리이므로 과거분사형 형용사 disappointed는 적절하다.
④ 전치사 despite의 목적어 자리이므로 동명사 making은 적절하다.

구문분석

[7행] The team is **such** a part of their identity **that** they may interpret its success or failure as their own, despite not making any meaningful contribution to the outcome.
「such ~ that절」은 '(매우) ~해서 …하다'의 의미로 that은 결과의 부사절을 이끄는 접속사이다.

2 ④

해석 오세아니아에서 발견되는 나무에 서식하는 가장 큰 동물은 tree kangaroos(나무캥거루)인데, 야생에서 그것은 무게가 14킬로그램까지 이를 수 있다. 그들의 비범한 크기와 더불어, 이 동물은 인상적인 소화 체계를 가지고 있는 것으로 유명하다. 그들이 먹는 음식과 그들의 위에서 발견된 내용물을 분석함으로써 과학자들은 다른 동물들을 죽일 수도 있는 음식을 나무캥거루는 먹을 수 있다는 것을 밝혀냈다. 비록 다른 동물들도 그들이 먹는 음식의 일부에 있는 독성을 해독하는 것을 돕는 소화효소를 가지고 있기는 하지만, 나무캥거루는 독소에 대해 과학자들이 완전히 이해하지 못하는 특이한 내성을 갖고 있다. 야생에서 그들은 주로 열대우림의 나뭇잎을 먹음으로써 생존하는 것으로 여겨지는데, 포획된 나무캥거루는 알, 곤충, 작은 새와 다른 고기도 먹는 것으로 알려져 왔다.

문제풀이 나무캥거루는 야생에서 주로 열대우림의 나뭇잎을 먹이로 삼으며, 포획되었을 때는 곤충을 먹기도 한다고 언급하고 있으므로 ④는 글의 내용과 일치하지 않는다.

구문분석

[4행] … tree kangaroos can consume food [that **would** likely kill other animals].
[ ]는 food를 수식하는 주격 관계대명사절로 조동사 would는 가정법을 나타낸다.

[6행] …, tree kangaroos have an unusual tolerance for toxins [that scientists do not fully understand].
[ ]는 an unusual tolerance를 수식하는 목적격 관계대명사절이다.

3 ②

해석 지루함은 한때 우리의 삶을 보다 의미 있게 만드는 데 일조하는 중요한 숙고의 순간을 제공해 주었다. 예를 들어, 힘든 일과 후에 직장에서 집으로 가는 장거리 운전은 우리에게 마음을 진정시킬 수 있는 기회를 제공해 줄 수 있었다. 비행 전에 공항에서 경험하는 집을 그리워하는 감정은 우리의 인생에서 진정으로 중요한 것을 상기시켜 줄지도 모른다. 불행히도, 이와 같은 순간들은 더 이상 생각을 위해 비어 있는 시간이 아니다. 우리는 이런 시간들을 전자 기기들과 오락거리로 채워버렸다. 그리고 우리는 스마트폰 게임과 문자 메시지 수신 알림에 너무 정신이 팔려, 우리가 포기하고 있는 것을 인식하지 못하는데, 그것은 인간다움의 일부이다. 인간으로서, 우리의 목적은 단지 생존이 아니다. 지루함은 우리가 내부 세계를 되돌아볼 수 있도록 외부 세계를 벗어나게 해 준다.

문제풀이 전자 기기들과 오락거리들이 지루함의 여유를 빼앗고 있다고 언급하면서 마지막에 인생에 있어 지루함이 필요한 이유를 설명하고 있으므로, 제목으로는 ② '지루함의 이점'이 적절하다.

오답풀이 ① 운전의 즐거움
③ 무엇이 인간을 특별하게 만드는가
④ 자신의 내면 세계 탐험하기
⑤ 정보 기술과 가정 생활

구문분석

[1행] Boredom(S) once afforded(V) us(I.O.) essential moments of reflection(D.O.) that … .
「afford+간접목적어+직접목적어」는 '~에게 …을 제공해 주다'라는 의미이다.

[8행] Boredom permits(V) us(O) to exit the external world(O.C.) **so that we can** reflect on an internal one.
「permit+O+to-v」는 '~가 …하는 것을 허락하다'라는 의미이며, 「so that+S+can …」은 '~가 …할 수 있도록'의 의미이다.

4 ④

해석 jamais vu(미시감)라는 용어는 프랑스어로 '본 적이 없다'는 뜻이다. 심리학에서, 그것은 어떤 것을 이전에 여러 번 경험했음에도 불구하고 그것이 낯설다고 느끼는 것을 가리킨다. 그것은 어떤 사람이 이미 아는 단어를 순간적으로 인지하지 못할 때 가장 흔히 발생한다. 이제 한 연구자가 뇌가 피로해질 때 미시감이 발생한다는 것을 발견했다. 어떤 사람이 한 단어에 너무 오랫동안 집중하면 그 사람의 뇌가 피곤해지고 그 단어가 의미를 유지하기(→ 잃기) 시작한다. 한 실험에서, 그는 실험 대상자들에게 60초 동안 같은 단어를 30번 쓰도록 시켰다. 그 후에 실험 대상자들 중 68퍼센트가 미시감을 경험했다고 보고했다. 한 참가자는 자신이 뭔가 다른 단어의 철자를 쓰고 있는 것 같은 느낌을 받았다고 말했고, 한편 다른 한 참가자는 자기가 맞는 단어를 쓰고 있는지 의심하지 않을 수 없었다고 말했다.

문제풀이 미시감은 이전에 경험해 본 것이 낯설게 느껴지는 현상이라고 설명했고, 이 현상을 확인하는 실험에서 같은 단어를 계속 쓰면 그 단어가 의미를 '잃게' 되는 것이 의미상 적절하므로 ④의 maintain을 lose로 고쳐야 한다.

구문분석

[1행] In psychology, it refers to a feeling [that something is unfamiliar even though it has been experienced many times before].
[ ]는 a feeling과 동격인 명사절이다.

[6행] In an experiment, he(S) **had**(V) subjects(O) **write**(O.C.) the same word 30 times in 60 seconds.
사역동사 had의 목적격보어로 동사원형인 write가 쓰였다.

[8행] One participant said she felt **as if** she **had been** spelling something else, while another reported that he *couldn't help doubting* that he was writing the correct word.
「as if+가정법 과거완료」 구문으로 과거 사실과 반대되는 상황을 가정하여 '마치 ~했던 것처럼'이라는 뜻을 나타낸다. 「cannot help v-ing」는 '~하지 않을 수 없다'는 뜻으로 「cannot (help) but+동사원형」으로 바꿔 쓸 수 있다.

5 ⑤

해석 우리 지역 사회의 모든 어른들이 우리 지역 사회의 모든 아이들이 학대를 받고 있지 않도록 보장하는 데 직접적인 관심을 가진다면 어떨까? 그리고 우리 정부가 다양한 예방 프로그램을 제공하면 어떨까? 이러한 프로그램은 어려움에 처한 개인들을 돕는 것과 함께, 일반 대중을 교육함으로써 바람직하지 않은 사회적 행동을 바꾸는 데 주력할 수 있다. 이 모든 일이 일어난다면, 향상된 시스템이 그 결과가 될 것이다. 그것은 아이들을 가정 환경에서뿐만 아니라 그들의 삶의 모든 부분에 있어서 학대와 방치로부터 보호할 것이다. 과거에, 아동 학대 예방 전략은 지역 공동체와 사회 전체보다는 가정과 가족에 초점을 맞췄다. 그러나, 그것은 달라져야 한다. 학대 예방은 기존의 아동 복지 시스템을 넘어 아이들이 그들의 많은 시간을 보내는 일상 세계의 분야들로 나아가야 한다.

문제풀이 아동 학대 예방이 가정과 가족을 넘어 지역과 사회로 확대되어야 한다는 내용의 글이므로, 글의 요지로 ⑤가 가장 적절하다.

구문분석

[1행] **What if** all the adults in our community **took** a direct interest in ensuring [that every child in our community wasn't being abused]?
「what if+S+동사의 과거형」의 가정법 과거 구문으로, '만약 ~라면 어떨까[어떻게 될까]?'의 의미이다. [ ]는 ensuring의 목적어로 쓰인 명사절이다.

[5행] It **would** protect our children from abuse and neglect *not just* [in their home environments] *but* [in every part of their lives].
would는 가정법을 나타내는 조동사로 쓰였다. 「not just A but B」는 'A뿐만 아니라 B도 역시'의 의미로, A와 B 자리에 각각 in이 이끄는 전치사구가 왔다.

[9행] Abuse prevention should move [beyond the existing child welfare system] and [into the sectors of the everyday world {where children spend much of their time}].
동사 move 뒤에 전치사 beyond와 into가 이끄는 두 개의 전치사구 [ ]가 접속사 and에 의해 병렬 연결되었다. { }는 the everyday world를 수식하는 관계부사절이다.

6 ④

해석 당신은 이제 몇몇 슈퍼마켓에 있는 제품들에 그 상점명의 라벨이

붙어 있는 것을 본 적이 있을 것이다. 친숙한 상표의 이름이 붙지 않은 이런 제품들은 한국에서는 PB(private brand) 제품으로 알려져 있다. 이런 제품들은 특별히 그 상점을 위해 제조되며 그 상점 자체에 의해 유통된다. 그 결과, 그것들은 특정 상점에서 쇼핑을 하는 소비자들에게만 판매되기 때문에, 많은 광고를 필요로 하지 않는다. 게다가, 슈퍼마켓들은 그것들을 대량으로 구매할 수 있기 때문에 좀 더 낮은 가격으로 PB 제품들을 공급받는다. 이런 장점들이 합쳐져, 보다 저렴한 가격으로 소비자들이 이용할 수 있는 제품이 생기게 된다. 그러나 이 점에도 불구하고, 어떤 이들은 PB 제품에 대해 비판적인 견해를 가진다. 그들은 경쟁업체들이 값싼 PB 제품과 경쟁할 수 있는 저가의 질이 나쁜 제품을 생산할 수밖에 없다고 불평한다. 그들은 결국 이것이 소비자들이 이용할 수 있는 선택을 축소시킨다고 생각한다.

문제풀이 주어진 문장은 〈역접〉의 접속사 Yet을 사용하여 PB 제품에 대한 비판적인 의견을 언급하고 있으므로, PB 제품의 이점을 열거하다가, PB 제품에 관한 부정적인 내용을 제시하기 전인 ④에 주어진 문장이 들어가는 것이 가장 적절하다.

구문분석

[2행] You **may have noticed** [that products at some supermarkets are …].
「may have v-ed」는 과거 사실에 대한 추측을 나타낸다. [ ]는 have noticed의 목적어 역할을 하는 명사절이다.

[3행] Such items (S) [without the names of familiar brands] are known (V) in Korea as PB products — private brand.
[ ]는 without이 이끄는 전치사구로 주어인 Such items를 수식한다.

UNIT 10 REVIEW TEST

p.106

A

1 must have been
풀이 '~했[이]었음이 틀림없다'는 의미의 조동사 표현은 「must have v-ed」이다.

2 could[can/may/might] be
풀이 〈추측〉을 나타내는 조동사로는 can[could], may[might]가 있다.

3 would not have employed
풀이 과거 사실과 반대되는 가정을 나타내는 가정법 과거완료이므로, 주절의 동사 형태는 「조동사의 과거형+have v-ed」가 와야 한다.

4 couldn't help wondering
풀이 '~하지 않을 수 없다'는 표현은 「cannot help v-ing」로 과거에 일어난 일을 나타내기 위해 could를 썼다.

5 may[might] well be
풀이 '~하는 것도 당연하다'는 의미의 조동사 표현은 「may[might] well+동사원형」이다.

B

1 I should have studied more for the test
2 I had enough time, I could finish the homework

C

1 If (접속사) I had listened to the doctor (종속절), I would have felt better (주절).
2 Manchester United (S) cannot have lost (V) the game (O) last night (부사구).

01 수동태의 의미와 구조

EXERCISE

p.108

1 The telephone was invented by Alexander Graham Bell.
전화는 알렉산더 그레이엄 벨에 의해 발명되었다.

2 I was given this watch by my mother.
나는 어머니로부터 이 시계를 받았다.

3 David got hurt when he tried to break up the fight.
David는 그 싸움을 말리려다 다쳤다.

4 Horses can be seen on the streets of New York.
말들은 뉴욕의 거리에서 목격될 수 있다.

5 It is expected that the company will lose money this year.
그 회사는 올해 적자를 낼 것이라고 예상된다.

6 There was a fire, but the picture didn't get damaged.
화재가 있었지만, 그 그림은 손상되지 않았다.

7 The tickets might already be sold out.
그 표는 이미 매진되었을 수도 있다.

8 When the Olympic Games began about 2,000 years ago in Olympia, women were forbidden to set foot in the stadium.
올림픽 대회가 약 2,000년 전에 Olympia에서 시작되었을 때, 여성들은 경기장에 들어가는 것이 금지되었다.

어휘 break up 분해하다; *(무력으로) 못하게 하다 damage 피해를 입히다 sell out (표·물건 등을) 다 팔다 forbid 금지하다 set foot in ~에 발을 들여놓다

02 수동태의 응용

EXERCISE

p.109

1 An apartment complex is being built near my house.
우리 집 근처에 아파트 단지가 건설되고 있다.

2 All this money is being used to help thousands of homeless people around the world.
이 모든 돈은 전 세계 수천 명의 노숙자들을 돕는 데 사용되고 있다.

3 The amount of natural gas and electricity used has been reduced by 50 percent.
사용되는 천연가스와 전기의 양이 50퍼센트 감소되었다.

4 Please wait while your gift is being wrapped.
당신의 선물이 포장되는 동안 기다려 주세요.

5 Since high school, they have been involved in many events.
고등학교 이래로, 그들은 많은 사건에 연루되어 왔다.

6 Personal information has been collected without permission.
개인 정보가 허가 없이 수집되었다.

7 The government has been concerned about the dangerous level of air pollution in the city.
정부는 위험한 수준의 도시 대기 오염에 대해 걱정해 왔다.

어휘 victim 피해자, 희생자 complex 복합 건물, (건물) 단지 electricity 전기 wrap 싸다, 포장하다 involve 수반하다; *연루시키다 permission 허가, 허락 concern ~을 우려하게 만들다 pollution 오염

단문독해

pp.110-111

1 ①

해석 다양한 비언어적 신호들이 사람들에 의해 사용되고, 이러한 신호들은 의사소통의 기본이 된다. 그것들은 얼굴 표정, 신체 자세, 그리고 제스처를 포함한다. 최근 연구에서는 우리가 인식 되어지는 방식이 우리가 표출하는 비언어적 행동에 의해 영향을 받을 수 있다는 것이 밝혀졌다. 예를 들면, 개방된 자세로 똑바로 서 있는 사람은 자신감이 있고 힘이 있는 것처럼 보이지만, 구부정한 자세를 취한 사람은 순종적인 것처럼 보인다. 눈 맞춤은 또한 흥미와 호기심에서 우월함과 공격성에 이르기까지 다양한 메시지를 전달할 수 있다. 비언어적 신호를 효과적으로 사용함으로써 우리는 의사소통을 개선하고 다른 사람들이 우리를 인식하는 방식을 어느 정도 통제할 수 있다.

문제풀이 자신감이 있고 힘이 있는 것처럼 보이는 개방된 자세의 똑바로 서 있는 사람과 구부정한 자세를 취한 사람은 대조적으로 보일 것이므로, 빈칸에는 ① 'submissive(순종적인)'가 적절하다.

오답풀이 ② 사교적인 ③ 공격적인

구문분석

[3행] In recent research, **it** has been shown [**that** the way {in which we are perceived} can be influenced by the nonverbal behaviors {we exhibit}].
(S': the way, V': can be influenced)

it은 가주어이며, [ ]는 명사절의 접속사 that이 이끄는 진주어절이다. 첫 번째 { }는 「전치사+관계대명사」절로 선행사 the way를 수식한다. 두 번째 { }는 the nonverbal behaviors를 수식하며 관계대명사가 생략된 관계사절이다.

[4행] For instance, a person [standing upright with an open posture] seems to be confident and powerful, [**while** one
(S: a person, V: seems, S.C.: to be, S': one)

{stooped over} seems submissive].
V′ S.C.′

첫 번째 [ ]는 주어 a person을 수식하며 standing으로 시작하는 현재분사구이며, 이 문장은 「S+seem+S.C.(to-v)」의 2형식 문장 구조이다. 두 번째 [ ]는 대조를 나타내는 접속사 while이 이끄는 부사절로 역시 「S+seem+S.C.(형용사)」의 2형식이며, { }는 one을 수식하는 과거분사구이다.

2 (A) ⓐ, ⓑ, ⓓ (B) ⓒ, ⓔ

해석 새로운 종류의 자전거를 만드는 데 판지가 이용되고 있다. 그것은 일반 자전거와 여러 면에서 다르다. 그 판지는 자전거를 방수와 방화로 만들어 주는 특수한 유기 물질로 이루어져 있다. 타이어는 재활용 고무로 만들어지고, 무거운 체인 대신 자동차 타이밍 벨트가 사용된다. 심지어 브레이크 장치와 바퀴 및 페달 베어링도 재가공된 재료로 만들어진다. 판지 자전거는 일반적인 금속 자전거보다 무게가 65퍼센트 적게 나갈 것으로 추정된다.

문제풀이 (A)의 새로운 종류의 자전거와 연관 있는 것은 ⓐ 특수한 유기 물질, ⓑ 재활용 고무, ⓓ 재가공된 재료이고, (B)의 일반 자전거와 연관 있는 것은 ⓒ 무거운 체인과 ⓔ 금속이다.

구문분석

[1행] Cardboard **has been used** to make a new kind of bicycle.

「have been v-ed」는 현재완료형의 수동태로 '~되었다, 당해왔다'의 의미이다.

[2행] The cardboard is composed of special organic materials [that make the bike waterproof and fireproof].
V′ O′ O.C.′

[ ]는 special organic materials를 수식하는 주격 관계대명사절이다. 관계대명사절의 동사 make의 목적격보어로 형용사구인 waterproof and fireproof가 왔다.

3 evil spirits

해석 고대 로마에서는 재채기가 악령에게 몸 안으로 들어올 기회를 제공한다고 믿었다. 재채기는 또한 흑사병의 첫 번째 증상 중 하나였다. 그래서 치명적인 흑사병의 발발이 로마를 덮쳤을 때, 사람들은 그것을 악령의 탓으로 돌렸다. 그 병의 확산을 막기 위해 교황은 사람들에게 기도하도록 지시했다. 이에 응하여, 사람들은 재채기를 하는 사람을 그 병으로부터 보호하는 것을 돕기 위해서 "그대에게 신의 축복이 있기를"이라는 문구를 사용하기 시작했다.

문제풀이 세 번째 문장에서 흑사병이 로마를 덮쳤을 때, 사람들은 그것을 악령의 탓으로 돌렸다고 했다.

구문분석

[1행] …, **it** was thought **that** sneezing *provided* evil spirits *with* an opportunity [to enter the body].

that절이 목적어로 쓰인 능동태 문장을 가주어 it을 주어로 하는 수동태로 나타냈다. 「provide A with B」는 'A에게 B를 제공하다'의 의미이다. [ ]는 an opportunity를 수식하는 형용사적 용법의 to부정사구이다.

4 ko-kou-ko-le, happiness in the mouth

해석 코카콜라라는 상표명이 중국어로 처음 번역되었을 때, '커코우커라'라고 소리 나게 출시되었다. 이것은 그 상표명의 음성학적 소리와 가까웠다. 하지만 선택된 번역은 '밀랍 올챙이를 물다' 또는 '밀랍으로 채워진 암컷 말'을 의미했다. 많은 조사 후, 코카콜라는 더 나은 대안인 '코코우코러'를 생각해 냈는데, 이것이 오늘날 중국에서 여전히 쓰이고 있다. 그 새로운 이름은 대략 '입 안의 행복'이라는 의미로 해석될 수 있다.

문제풀이 마지막 두 문장에서 현재 사용되는 코카콜라의 중국식 이름은 ko-kou-ko-le이고, 그 의미는 'happiness in the mouth'라고 언급하고 있다.

구문분석

[2행] But the translation [that had been chosen] meant "bite the wax tadpole" or "female horse {stuffed with wax}."
S V

주격 관계대명사절인 [ ]가 주어인 선행사 the translation을 수식하고 있으며, 동사는 meant이다. { }는 명사 horse를 수식하는 과거분사구이다.

5 the amount of uninterrupted darkness the plant receives

해석 당신은 햇빛이 언제 꽃이 피는지에 영향을 주는 주된 요인이라고 생각할지도 모른다. 실제로는, 그것은 식물이 받는 지속적인 어둠의 양에 의해 결정된다. 긴 어둠 기간과 짧은 일광 기간 동안 꽃을 피우는 식물은 단일 식물이라고 알려져 있다. 데이지 꽃과 양귀비는 반대의 조건을 가지는 식물들의 예이다. 낮이 길고 밤이 짧을 때 꽃이 피는 이러한 식물들은 장일 식물이라고 불린다.

문제풀이 the main factor는 꽃이 피는 시기에 영향을 주는 주된 요인을 가리키는데, 두 번째 문장에서 그것(= 꽃이 피는 시기)이 '식물이 받는 지속적인 어둠의 양'에 의해 결정된다고 언급하고 있다.

구문분석

[2행] Actually, **it** *is determined by* the amount of uninterrupted darkness [(that[which]) the plant receives].

it은 앞 문장에서 언급된 when a flower blooms를 가리킨다. 「be determined by ~」는 수동태 표현으로 '~에 의해 결정되다'의 의미이다. [ ]는 the amount of uninterrupted darkness를 선행사로 하는 목적격 관계대명사절로 관계대명사 that[which]이 생략되어 있다.

수능독해 pp.112~115

1 ⑤ 2 ⑤ 3 ④ 4 ① 5 ④ 6 ⑤

1 ⑤

해석 최근 연구에서 학습된 무력감이 통제할 수 없는 전기 충격을 받은 쥐들에게서 나타날 수 있다는 것이 밝혀졌다. 학습된 무력감의 상태로부터 고통을 겪는 쥐들은 저하된 학습과 기억 기능뿐만 아니라 사회적 상호작용과 식욕의 감소와 같은 우울증과 유사한 증상을 보인다. 학습된 무력감은 종종 동물의 우울증 사례를 증명하기 위해 쥐를 연구하는 연구원들에 의해 활용된다. 이것은 우리에게 우울증의 근본적인 메커니즘에 대한 통찰력을 준다. 연구는 쥐들에서 보이는 학습된 무력감이 스트레스 호르몬인 코티솔의 높은 수치와 관련이 있다는 것을 보여 주었다. 더욱이, 일부 항우울제의 사용은 학습된 무력감의 부정적인 영향을 효과적으로 반전시키는 것으로 밝혀졌다. 쥐들에게 우울증의 예방은 예측 가능성과 그들의 환경에 대한 통제를 필요로 한다. 환경에 대한 통제를 용이하게 하기 위해서 쥐들로 하여금 전기 충격을 끄도록 허용하는 것과 같은 행동은 그들의 정신 건강을 향상시키고 학습된 무력감이 발달하는 것을 막을 수 있다.

문제풀이 통제할 수 없는 전기 충격을 받은 쥐들에게 나타난 학습된 무력감이 우리에게 우울증의 근본적인 메커니즘에 대한 통찰력을 주고, 쥐들이 환경에 대한 통제를 하도록 허용했을 때 학습된 무력감이 발달하는 것을 막을 수 있었다는 내용의 글이므로, 글의 제목으로 ⑤ '쥐의 학습된 무력감: 우울증과 예방책에 대한 통찰력'이 가장 적절하다.

오답풀이 ① 전기 충격이 쥐의 행동에 미치는 영향
② 쥐의 우울증에서 사회적 상호작용의 역할은 무엇인가?
③ 항우울제가 기억 기능에 효과적인가?
④ 쥐들조차도 그들의 코티솔 수치를 스스로 관리할 수 있다.

구문분석

[2행] Rats [suffering from a state of learned helplessness] show symptoms [similar to those of depression, such as a decrease in social interaction and appetite **as well as** diminished learning and memory function].
(Rats: S, show: V, symptoms: O)

첫 번째 [ ]는 주어 Rats를 수식하는 현재분사구이며, 문장의 동사는 show이다. 두 번째 [ ]는 목적어 symptoms를 수식하는 형용사구가 된다. 「A as well as B」는 'B뿐만 아니라 A도'라는 의미로 as well as를 중심으로 두 개의 명사구가 병렬된 구조이다.

[11행] Actions [such as allowing the rats {to turn off the electric shocks} {**to facilitate** environmental control}] may improve their mental health and (may) **prevent** learned helplessness **from** developing.
(Actions: S, allowing: V′, the rats: O′, to turn: O.C.′, may improve: V1, (may) prevent: V2)

[ ]는 주어 Actions의 사례를 such as를 통해 나타내고 있다. 첫 번째 { }는 allowing의 목적격 보어 역할을 하는 명사적 용법의 to부정사구이고, 두 번째 { }는 목적을 나타내는 부사적 용법의 to부정사구이다. 「prevent A from B」는 '~가 …하는 것을 막다/방해하다'라는 의미이다.

2 ⑤

해석 1993년에 텍사스 대학의 심리학부 연구원인 Robert Young은 다른 사람들에 대한 우리의 인식이 그들의 이름에 의해 영향을 받는다는 것을 발견했다. 대학생 나이의 피실험자들에게 실시된 몇 가지 실험의 결과들은 지금보다 과거에 더 흔했던 이름을 가진 사람들은 과거보다 지금 더 흔한 이름을 가진 사람들보다 덜 인기 있고 덜 똑똑하다고 여겨진다는 것을 보여 주었다. 마찬가지로, 마치 외모와 행동이 일치해야 하는 것처럼, 우리는 사람들의 외모에 근거하여 그들에 대한 기대를 하게 된다. 아마도 이것이 어떤 사람이 그 사람의 외모에 어울리지 않는 행동을 할 때 우리가 놀라는 이유일 것이다. 예를 들어, 우리는 천진난만한 얼굴을 지닌 사람이 폭력적으로 행동하리라 예상하지 않는다.

문제풀이 마지막 문장의 주어인 we가 someone에게 기대하는 주체이므로 수동형인 ⑤의 be expected를 능동형 expect로 고쳐야 한다. 「expect+O+to-v」는 '~가 …하리라 기대[예상]하다'라는 의미이다.

오답풀이 ① In 1993이라는 명확한 과거 시점이 제시되었으므로 과거시제가 적절하다.
② that절의 주어가 전치사구(with names … are now)의 수식을 받는 people이므로 복수동사 were를 사용해 수동태 문장을 썼다.
③ as though[if]는 '마치 ~인 것처럼'이라는 뜻의 부사절 접속사이다.
④ 「this is why ~」는 '이것이 바로 ~하는 이유이다'라는 뜻으로, why는 앞에 선행사 the reason이 생략된 관계부사이다.

구문분석

[2행] The results [of several experiments {conducted among college-aged subjects}] demonstrated that people … .
(The results: S, demonstrated: V)

[ ]는 주어 The results를 수식하는 전치사구이며 동사는 demonstrated이다. { }는 several experiments를 수식하는 과거분사구이다.

3 ④

해석 위의 도표는 핸드폰을 사용하던 중 누군가 혹은 무언가와 부딪친 적이 있거나 핸드폰을 사용하고 있던 누군가에 의해 부딪힌 적이 있는 미국의 핸드폰 사용자의 비율을 보여준다. 자료는 연령대 별로 배열되었다. 두 종류의 사고에 관한 비율은 나이에 따라 감소했다. 개인의 70퍼센트가 이런(=누군가에 의해 부딪힌)일이 발생했다고 보고하면서, 누군가에 의해 부딪힌 핸드폰 사용자의 비율은 18-24세 집단에서 가장 높았다. 또한, 같은 연령대의 절반 이상이 누군가 혹은 무언가와 부딪쳤다고 보고했는데, 이는 다른 어떤 연령대보다도 많았다. (누군가 혹은 무언가와 부딪쳤던 25에서 34세의 핸드폰 사용자의 비율은 35-44세와 45-54세 연령대를 합친 비율과 같았다.) 마지막으로, 65세 이상 핸드폰 사용자는 핸드폰을 사용하면서 누군가 혹은 무언가와 부딪친 비율이 가장 낮았다.

문제풀이 누군가 혹은 무언가와 부딪쳤던 핸드폰 사용자 중 25-34세의 비율은 36퍼센트이며, 35-44세, 45-54세의 비율은 각각 19퍼센트로 이 둘을 합한 비율은 38퍼센트이다. 따라서 ④는 도표의 내용과 일치하지 않는다.

구문분석

[1행] The graph above shows the percentage of American cell phone owners [who **have bumped** into someone or something *while using a cell phone*, or **have been bumped into** by someone {using a cell phone}].

[ ]는 American cell phone owners를 수식하는 주격 관계대명사절이다. have bumped와 have been bumped into가 or로 병렬 연결되었다. while using a cell phone은 〈부대상황〉을 나타내는 분사구문으로 뜻을 명확하게 하기 위해 접속사를 남겨둔 형태이다. { }는 someone을 수식하는 현재분사구이다.

[4행] The percentage of cell phone owners [who have been bumped into by someone] was the highest among the 18-to-24 age group, **with** 70% of individuals **reporting** that this *had occurred*.

[ ]는 cell phone owners를 수식하는 주격 관계대명사절이다. 「with+O+v-ing」는 '~가 …한 상태로'라는 의미를 나타내는 분사구문이다. 설문에 답한 과거 시점 이전부터 그 시점까지 부딪힌 적이 있다는 과거의 〈경험〉을 나타내기 위해 과거완료시제(had occurred)가 쓰였다.

[6행] Also, more than a half of that same age group reported bumping into someone or something, [which was **more than any other** age group].

[ ]는 앞 절 전체를 선행사로 하는 계속적 용법의 주격 관계대명사절이다. 「비교급+than any other+단수명사」는 '다른 어떤 ~보다도 더 …한'의 의미이다.

4 ①

해석 눈을 깜박이는 것은 우리가 유해한 것으로부터 우리 눈을 보호하기 위해 무의식적으로 하는 행동이다. 인간의 안구 대부분은 뼈로 이루어진 구멍에 의해 보호된다. 그러나 그것의 일부인 전체 안구의 대략 십분의 일가량은 우리의 눈이 떠져 있을 때 노출된다. 이것이 신체에서 가장 예민하고 연약한 기관 중 하나인 눈을 공기 중에 떠다니는 여러 가지 이물질과 티끌에 취약하게 한다. 다행히, 우리 눈은 효율적인 보호 수단인 깜박임을 갖추고 있다. 눈을 깜박이는 것은 우리의 시력을 보호하는 데 도움이 되는 두 가지 기능을 수행한다. 첫 번째로, 그것은 시야가 깨끗한 상태를 유지하도록 하기 위해 안구의 노출된 부분을 매끄럽게 만든다. 그리고 두 번째로, 그것은 공기 중의 티끌로부터 그것(= 노출된 표면)을 보호하는 얇은 액체 막을 노출된 표면에 남긴다.

문제풀이 눈을 깜박이는 것이 눈을 보호하는 역할을 한다는 내용의 글이므로 주제로는 ① '눈을 깜박이는 것의 목적'이 적절하다.

오답풀이 ② 눈 수술의 부작용
③ 시력 향상의 방법
④ 먼지로부터 눈을 보호하는 방법
⑤ 정기적인 눈 검사의 중요성

구문분석

[3행] This(S) leaves(V) the eye(O), [one of the most sensitive and delicate organs in the body](=), vulnerable(O.C.) to a variety of irritants and particles {floating in the air}.

leaves의 목적격보어로 형용사인 vulnerable이 쓰인 5형식 문장이며, [ ]는 the eye와 동격인 삽입어구이다. { }는 irritants and particles를 수식하는 현재분사구이다.

[8행] …, **it** deposits a thin layer of fluid on the exposed surface [*that* protects **it** …].

주절의 it은 blinking을 가리키고, 주격 관계대명사절의 it은 the exposed surface를 가리킨다. [ ]는 a thin layer of fluid를 수식하는 주격 관계대명사절이다.

5 ④

해석 32층 높이의 건물에서 떨어져 콘크리트에 착지한 고양이 Sabrina는 겨우 이가 부러지고 폐에 가벼운 부상만 입었다. 엄청난 높이에서 우아하게, 그리고 비교적 상처를 입지 않고 떨어지는 고양이의 능력은 사람들에 의해 완전히 이해되지 않지만, 고속 카메라가 몇 가지 정보를 밝혀 주었다. 고양이는 떨어질 때, 우선 스스로 바로 선 자세가 되도록 자신의 몸을 비튼다. 그다음에 그것은 네 다리 모두를 바깥쪽으로 뻗는다. 이러한 자세에서, 고양이의 몸은 공기 저항을 증가시키기 위해 거의 낙하산처럼 기능한다. 그 결과, 고양이는 낙하하는 동안 속도를 늦춘다. 이것은 성공적인 전략이다. 평균 시속 195킬로미터로 떨어지는 인간에 비해서 고양이는 평균 시속 96킬로미터 정도로 상당히 천천히 떨어진다.

문제풀이 주어진 문장의 this position은 ③ 뒤의 고양이가 네 다리를 모두 바깥쪽으로 뻗는 자세를 의미하며, ④ 뒤의 문장에서 그 결과 고양이의 낙하 속도가 늦춰진다고 했으므로, 주어진 문장은 ④에 오는 것이 적절하다.

구문분석

[3행] Sabrina, [a cat that fell from a 32-story building and landed on concrete], suffered only a chipped tooth and a mild lung injury.

[ ]는 Sabrina를 부연 설명하는 동격어구이다.

[4행] The ability of cats(S) [to fall gracefully, and relatively unharmed, from great heights] **is not** fully **understood**(V) by humans, … .

The ability of cats가 주어이고, [ ]는 주어를 수식하는 형용사적 용법의 to부정사구이다. 고양이의 능력이 사람들에 의해 '이해되지 않는다'는 의미이므로 동사는 수동태로 쓰였다.

6 ⑤

해석 망고나무의 열매는 약 3,000년 동안 인도 사람들에 의해 높이 평가되어 왔다. 이 과일의 상징적 의미에 대한 그들의 믿음이 중요한 고대 문헌에 기록되어 있기 때문에 우리는 이것이 사실이라는 것을 안다. 인도 전역에서 망고는 행운, 다산, 사랑, 부를 포함하여 많은 긍정적인 것들을 나타낸다고 여겨진다. 그것의 잎은 신혼부부가 많은 아이를 갖도록 해 준다고 전해지기 때문에 결혼식 동안 장식으로 쓰인다. 게다가, 이 과일의 문화적 중요성에 대한 증거로서 망고에 대한 언급은 인도의 미술, 디자인, 시, 건축 양식에서 볼 수 있다.

문제풀이 세 번째 문장에서 망고가 행운, 다산, 사랑, 부의 의미를 가지고 있다고 언급했고, 그다음 문장에서 그러한 의미가 실제로 표현된 사례를 제시하고 있으므로 빈칸에는 ⑤ '상징적 의미'가 가장 적절하다.

오답풀이 ① 풍부한 영양소 ② 다양한 이름
③ 맛있는 맛 ④ 경제적 이익

구문분석

[5행] Its leaves are used for decoration during wedding ceremonies, **as** they are said to ensure [that new couples will have lots of children].

as는 '~ 때문에(= because)'의 의미를 가지는 접속사이다. [ ]는 ensure의 목적어로 쓰인 명사절이다.

UNIT 11 REVIEW TEST

p.116

A

1 depressed, was sent

해석 그는 우울증이 깊어져서 치료를 위해 정신병원으로 보내졌다.

풀이 He가 우울한 감정을 느끼는 대상이므로 '우울한(depressed)'이 적절하며, 또한 He가 정신병원에 보내지는 대상이므로 수동태 was sent가 적절하다.

2 be found

해석 22종이 넘는 새가 그 섬에서 발견될 수 있다.

풀이 주어인 More than ... birds는 발견되는 대상이므로 수동태가 쓰여야 하는데, 조동사 can이 함께 쓰이므로 「can be v-ed」의 형태가 적절하다.

3 created

해석 해저 화산 활동이 독도를 만들었다는 사실은 나를 놀라게 했다.

풀이 that절의 주어인 underwater volcanic activity가 독도를 만든 주체이므로 능동태 created가 적절하다.

4 asked

해석 그 프로그램을 담당하는 책임자가 내게 면접을 보러 그의 사무실로 오라고 요청했다.

풀이 주어인 The manager가 요청을 하는 주체이고, 동사 ask 뒤에 목적어(me)와 목적격보어(to come)가 있으므로 능동태 asked가 적절하다.

5 be selected

해석 나는 운 좋게도 여름 자원봉사 프로그램의 한국인 참가자로 뽑혔다.

풀이 주어인 I가 뽑히는 대상이므로 수동태 be selected가 적절하다.

B

1 will be taken to the airport
2 believed that red wine may prevent heart attacks

C

1 The campsite that we are looking for (S) is located (V) in a rural area. (부사적 수식어구)
2 He (S) was brought up (V) by his widowed mother. (부사적 수식어구)

UNIT 12 동사의 바른 해석 3

01 진행형

EXERCISE p.118

1 are, looking
2 did[could] not hear, was sleeping
3 have been waiting
4 was searching
5 had been daydreaming
6 will be doing
7 will have been working

어휘 thunder 천둥 route 길 search for ~을 찾다 daydream 백일몽, 공상; *공상에 잠기다

02 완료형

EXERCISE p.119

1 have learned 또는 have been learning
2 have had
3 have not slept 또는 have not been sleeping
4 advanced
5 had never seen
6 has had
7 have never had

어휘 science 과학; *학문[–학] advance 진보하다 a great deal 많이 government 정부

단문독해

pp.120-121

1 ①

해석 어느 날 한 소년이 학교를 마치고 집으로 걸어가고 있을 때 누군가 벤치에 앉아 있는 것을 보았다. 아주 얇은 재킷을 입고 있었고 날씨가 몹시 추워서 떨고 있는 노인이었다. 소년은 집에 여분의 코트가 있다는 것을 기억했고, 그는 그것을 가져오기 위해 집으로 달려갔다. 그는 코트를 가지고 공원으로 다시 달려갔다. 노인은 같은 벤치에 앉아 있었고, 소년은 그에게 다가가 코트를 건네주며 그것이 그 남자를 따뜻하게 해 주기를 바란다고 말했다. 그 남자는 고마워하며 코트를 받았고 그것을 바로 입었다. 소년은 자신이 한 일에 대해 기분이 좋았고 작은 친절한 행동이 다른 사람들에게 큰 도움이 될 수 있다는 것을 깨달았다.

문제풀이 얇은 재킷을 입고 추위에 떨고 있는 노인에게 소년은 집에 있는 코트를 가져다주는 친절을 베풀었으므로 노인은 감사함(grateful)을 느꼈을 것이다.

오답풀이 ② 후회하는 ③ 실망한

구문분석

[4행] The elderly man was sitting on the same bench, and the boy approached him and gave him the coat, [saying {**that** he hoped 〈**that** it would keep the man warm〉}].
V′ O′ O.C.′
[ ]는 〈부대상황〉을 나타내는 분사구문이고, { }는 saying의 목적어 역할을 하는 명사절, 〈 〉는 hoped의 목적어 역할을 하는 명사절이다. 〈 〉 안에서 동사 keep이 목적어로 the man, 목적격 보어로 형용사 warm을 취하고 있다.

[7행] The boy felt good about [**what** he had done], and he realized [**that** small acts of kindness can be a great help to others].
두 개의 [ ]는 각각 what절과 that절을 이루며 각각 전치사 about과 동사 realized의 목적어 역할을 하는 명사절이다.

2 ①

해석 오늘날 많은 전문가들이 점점 더 골칫거리가 되고 있는 한 문제에 초점을 맞추고 있는데, 그것은 현대의 10대 소년들이 그 어느 때보다 자신의 외모에 대해 더욱 걱정스럽게 느끼고 있다는 것이다. 근육질 남성들의 대중매체 이미지에 과잉 노출되면서, 그들은 수십 년 동안 10대 소녀들이 겪어 온 것들을 지금 경험하고 있다. 오늘날의 10대 소년들은 그들이 대중문화에 의해 조장된 이상화된 이미지와 동일하게 보이지 않을까 봐 두려워한다.

문제풀이 대중매체의 영향으로 10대 소년들이 자신의 외모에 대해 더 신경을 쓰고 있다는 내용이므로 빈칸에는 ① 'anxious(불안한, 걱정하는)'가 적절하다.

구문분석

[2행] (Being) **Overexposed** to media images … .
Overexposed 앞에 Being이 생략된 형태로, 〈부대상황〉을 나타내는 분사구문이다.

[4행] … they will never look **the same as** the idealized images [promoted by popular culture].
「the same as」는 '~와 같은'의 의미이며, [ ]는 the idealized images를 수식하는 과거분사구이다.

3 Tradition

해석 양말을 걸어 놓는 것: 크리스마스 전통
크리스마스 이브에 아이들은 벽난로 가까이에 양말을 걸어 놓는다. 이 전통은 산타클로스에 대한 이야기에서 유래했는데, 한번은 그가 선물을 전해 주려고 굴뚝을 기어 내려가다가 금화 몇 개를 떨어뜨렸다. 그 동전들은 재 안에 떨어질 수도 있었지만, 대신에 마르도록 외벽에 걸려 있었던 양말 속으로 떨어졌다. 그것이 오늘날까지 아이들이 크리스마스 이브에 양말을 걸어 놓는 이유이다.

문제풀이 크리스마스 이브에 아이들이 양말을 걸어 놓는 '전통(tradition)'이 유래하게 된 이유를 설명한 글이다.

구문분석

[4행] The coins **would have fallen** into the ashes, but instead they landed in a stocking [that *had been hung* to dry on the mantle].
「would have v-ed」는 '~했을 텐데'라는 의미로 과거 사실을 반대로 가정하는 표현이다. [ ]는 a stocking을 수식하는 주격 관계대명사절이며 양말은 동전이 떨어진 과거 시점 이전부터 걸려 있었으므로 〈대과거〉를 나타내는 과거완료 수동형(had been hung)이 쓰였다.

4 쌀 열 톨

해석 Freerice.com은 굶주리는 사람들에게 식량을 제공하는 것을 돕고 있는 웹사이트이다. 그 사이트의 방문자들은 영어 어휘의 의미를 묻는 퀴즈를 풀게 되고, 그들이 맞히는 각 문제마다 UN의 자선 단체가 열 톨의 쌀을 받는다. 지금까지 10억 톨이 넘는 쌀이 기부되었다. 이 간단한 발상을 통해, Freerice.com은 세계의 굶주린 사람들 5만 명을 하루 동안 먹이는 데 충분한 쌀을 제공해 왔다.

문제풀이 두 번째 문장에서 이 사이트에 방문한 사람들이 영어 어휘 문제를 맞힐 때마다, 열 톨의 쌀이 UN의 자선 단체에 기부된다고 언급하고 있다.

구문분석

[1행] Freerice.com is a website [that is helping feed **the hungry**].
[ ]는 a website를 선행사로 하는 주격 관계대명사절이다. the hungry는 '굶주린 사람들'이라는 뜻으로, 「the+형용사」는 '~한 사람들'이라는 복수명사의 의미를 나타낸다.

[3행] So far, over a billion grains **have been donated**.
have been donated는 〈완료〉의 의미를 나타내는 현재완료 수동형이다.

5 ③

해석 연구자들은 식중독을 일으키는 살모넬라균을 가능성 있는 암 치료제로서 실험해 오고 있다. 그들은 그것들이 환자의 신체 속에 주사되었을 때 암세포를 파괴할 것이라고 기대하고 있다. 연구자들은 살모넬라균이 세포를 죽이는 특정한 효소를 사용하여 세포의 공정을 조작하는 단백질을 포함하고 있음을 발견했다. 그것들은 신체가 이 효소를 다량 생산하도록 단백질을 사용하여 세포를 죽게 한다. 그 과학자들은 이 과정이 암세포에 집중될 수 있는지, 그래서 결국 그것들을 죽일 수 있는지에 관해 연구하고 있다.

문제풀이 ①, ② 모두 살모넬라균을 지칭하는 반면, ③은 암세포를 의미한다.

구문분석

[1행] Researchers **have been experimenting** with *Salmonella* bacteria, [*which* cause food poisoning], as a possible cure for cancer.
과거부터 현재까지 계속 진행 중임을 강조하기 위해 현재완료진행 have been experimenting이 쓰였다. [ ]는 계속적 용법의 관계대명사 which가 이끄는 주격 관계대명사절로 *Salmonella* bacteria

를 수식한다.

[3행] The researchers have found that *Salmonella* bacteria contain a protein [**that** manipulates the processes of cells], {using a certain enzyme to kill them}.
[ ]는 선행사 a protein을 수식하는 주격 관계대명사절이다. { }는 〈부대상황〉을 나타내는 분사구문이다.

수능독해 pp.122~125

1 ④ 2 ⑤ 3 ③ 4 ③ 5 ④ 6 ③

1 ④

해석 중정은 벽으로 둘러싸여 있지만 바깥 공기에 개방된 건물의 한 부분이다. 중정은 사람들에게 모일 수 있는 장소를 제공함으로써 문화적으로 중요한 역할을 해왔지만, 그것은 또한 사생활도 제공한다. 문명은 그것을 수백 년 동안 다양한 목적으로 사용해 오고 있다. 사람들은 이웃이나 지나가는 사람들을 걱정하지 않고, 쉬거나, 야외 파티를 열거나, 혹은 그들의 아이들이 놀게 할 수 있다. 일부 지역의 건축가들은 그것을 효율적이고, 자연적인 환기 시스템의 일부로 사용해왔다. 중정의 공기가 따뜻해지면 그것(=공기)은 상승하는데, 그것이 주변의 방에서 공기를 끌어당긴다. 결과적으로, 이 방들은 건물 밖으로부터의 신선한 공기로 채워진다. 이러한 이점들 덕분에, 중정은 일부 현대 사회에서 여전히 흔하고, 그것은 미래의 건축에도 또한 잠재력을 가지고 있다.

문제풀이 ④의 it은 중정의 공기를 의미하는 반면, 나머지는 모두 중정을 가리킨다.

구문분석

[1행] A courtyard is a part of a building [**that** is *walled* in but *open* to outside air].
[ ]는 a part of a building을 수식하는 주격 관계대명사절로 [ ] 안의 접속사 but은 walled와 open을 병렬 연결하고 있다.

[2행] … **by offering** a place *for people* [to gather], but it also provides privacy.
「by v-ing」는 '~함으로써'의 의미이다. [ ]는 명사 a place를 수식하는 형용사적 용법의 to부정사이며, for people은 to부정사의 의미상 주어이다.

[6행] When the courtyard air becomes warm, it rises, [**which** pulls air in from the surrounding rooms].
[ ]는 계속적 용법의 주격 관계대명사절로, 앞 절 전체를 선행사로 한다.

2 ⑤

해석 많은 미국인들이 위험한 스포츠에 매료되어, 그런 스포츠에 참여하는 사람들의 수가 증가하고 있다. 스케이트보드와 스노보드와 같은 활동으로 인한 부상은 매년 큰 폭으로 계속 증가하고 있다. 이런 위험한 행동의 이유는 무엇일까? 몇몇 심리학자들은 이것이 변화하는 시대에 대한 자연스러운 인간의 반응이라고 말한다. 이전 세대들에서는 전염병, 주식시장의 붕괴, 대규모의 전쟁과 같은 재앙이 생존 그 자체가 보통 불확실하다는 것을 의미했다. 그러나, 그런 관념은 오늘날의 세계 대부분에서는 거의 사라졌다. 대부분의 위험이 우리의 일상생활에서 없어졌기 때문에, 사람들은 자신의 능력을 증명하기 위해 어려운 도전 과제를 찾아야 한다고 느낀다.

문제풀이 미국인들 사이에서 위험한 스포츠의 인기가 높아지고 있는 이유를 심리학적으로 설명하고 있으므로, 제목으로는 ⑤ '극한 스포츠: 사람들은 왜 위험을 즐기는가'가 적절하다.

오답풀이 ① 왜 사람들은 위험한 스포츠를 싫어하는가
② 일상생활 속의 위험 식별하기
③ 미국인들은 스포츠 부상을 어떻게 치료하는가
④ 충격적인 재난에 대한 인간의 반응

구문분석

[1행] …, and **the number of** people [*who* participate in them] is climbing.
(S: the number of, V: is climbing)
「the number of+복수명사」는 '~의 수'라는 의미로 단수 취급하므로 is climbing이 왔다. [ ]는 주격 관계대명사절로 선행사 people을 수식한다.

[2행] Injuries [from activities such as skateboarding and snowboarding] continue to rise **by** large margins every year.
(S: Injuries, V: continue)
[ ]는 주어 Injuries를 수식하는 전치사구이다. 이 문장에서 by는 '~만큼, ~의 차이로'라는 의미로 〈정도·비율〉을 나타낸다.

3 ③

해석 지도는 때때로 실수를 저지르는 사람들에 의해 만들어지기 때문에 실제 세계를 완벽하게 나타내지 못한다. 그럼에도 불구하고, 지도에서 발견할 수 있는 몇 가지 "실수"는 실제로 의도적으로 추가된다. 수년 동안 지도 제작자들은 저작권 침해로부터 그들의 지도를 보호하기 위해서 고의로 실수를 포함시켰다. 이러한 의도적인 실수는 "가짜 마을" 또는 "미끼 도로"와 같은 다양한 형태로 나타난다. 예를 들면, 실제로는 아무것도 없는 곳에 도로가 추가되거나 도로명이 잘못된 철자로 되었을 수도 있다. 지도 제작자들은 만약 누군가가 의도적으로 그것들을 찾지 않는다면 그것들을 알아차리기 어렵게 만드는 지역에 미끼 도로를 추가한다. 미끼 도로는 대도시 지역과 같은 복제될 가능성이 가장 높은 지도 구역에 가장 일반적으로 나타난다. 자신의 지적 재산을 보호하는 이러한 방법은 이상하게 보일 수 있지만 오랫동안 사용되어 왔다. 실제로, 심지어 수 세기 전의 지도들도 미끼 도로의 예들을 포함하고 있다.
⇨ 사람들에 의해 만들어진 지도는 현실 세계를 완벽히 표현한 것이 아니며 저작권 침해로부터 보호를 위해 "미끼 도로"라고 알려진 계산된 실수를 포함할 수 있다.

문제풀이 실수를 저지르는 사람들에 의해 만들어지는 지도가 실제 세계를 완벽하게 나타내지는 못하며, 때때로 이러한 실수는 저작권 침해로부터 지도 제작자들을 보호하기 위해 고의로 포함된다는 내용이다.

구문분석

[1행] Maps do not represent the real world perfectly, [**as** they are made by people, {**who** sometimes make mistakes}].

[ ]는 이유를 나타내는 접속사 as를 사용한 부사절을 나타내며, { }는 앞에 있는 people을 선행사로 하는 계속적 용법의 주격 관계대명사절이다.

[7행] Cartographers usually add trap streets to areas [that will make them difficult to notice {**unless** someone is intentionally searching for them}].
첫 번째 [ ]는 선행사 areas를 수식하는 주격 관계대명사절이고, { }는 부사절로 unless는 '만약 ~하지 않는다면'을 의미하는 접속사이다.

4 ③

해석 영국의 연구자들은 문어가 촉수로 병뚜껑을 돌려서 열 수 있는지를 알아내기 위해 실험을 했다. (B) 지능과 기억력이 시험되었던 문어는 Roger라는 이름이었는데, 연구자들은 그를 위해 거대한 유리로 된 수조를 만들었다. 실험에서, 안에 게가 들어 있는 병이 수조 안으로 내려졌다. (C) 첫 번째 시도에서 Roger는 20분간 병을 가지고 몸부림쳤지만 결국 그 뚜껑을 돌려서 여는 데 가까스로 성공했다. 그 실험은 그 후 3일 동안 반복되었고, 마지막 날이 되기 전에 문어는 그 기술에 숙달하여 1분도 채 되지 않아 병을 열 수 있게 되었다. (A) 그러나 그 실험이 며칠 뒤에 다시 실시되었을 때, Roger는 그가 학습했던 것을 잊어버렸다. 분명히, 문어는 형편없는 단기 기억력을 가지고 있다.

문제풀이 문어가 촉수로 병뚜껑을 돌려서 열 수 있는지를 알아내기 위한 실험을 했다는 주어진 문장에 이어, (B) 실험을 위해 Roger라는 문어와 게가 들어있는 병이 사용됐으며, (C) 며칠간의 훈련을 통해 Roger가 신속하게 병을 여는 법을 습득했지만, (A) Roger가 며칠 후에 다시 그것을 시도했을 때 실패한 것으로 보아 문어는 형편없는 단기 기억력을 갖고 있다고 결론을 내리는 순서로 이어지는 것이 적절하다.

구문분석

[1행] Researchers in the U.K. have carried out an experiment to discover [**whether** an octopus can unscrew the lid of a jar with its tentacles].
whether가 이끄는 명사절이 동사 discover의 목적어 역할을 하고 있다. whether는 '~인지 어떤지'라고 해석한다.

[6행] The octopus(S) [**whose** intelligence and memory were tested] was named(V) Roger, … .
[ ]는 소유격 관계대명사 whose가 이끄는 관계대명사절로 주어인 The octopus를 수식하고 있으며, was named가 동사이다.

5 ④

해석 오후 4시 30분이었고, Maria는 그녀의 런던 사무실에서 몹시 바쁜 하루를 보낸 후 운전해서 집으로 가는 중이었다. 12월의 태양은 이미 지평선 아래로 지고 있었고, 하늘은 회색빛으로 변하고 있었다. 길에 늘어서 있는 잎이 없는 나무들은 짙은 안개 속에서 거의 보이지 않았고, 길가를 따라 높이 쌓여 있는 더러운 눈 더미에서 얼음 결정들이 그녀의 차 앞 유리로 불어오고 있었다. 추운 차 안은 지독하게 고요했다. 그녀는 라디오를 듣고 싶었지만, 그것은 바로 지난주에 그녀가 안 좋은 동네 골목에 차를 주차했었을 때 도난당했다. 천천히 집으로 차를 몰고 가는 다른 모든 통근자들의 무표정한 얼굴을 응시하는 것 외에는 할 일이 전혀 없었다.

문제풀이 흐린 겨울날 해 질 무렵, 퇴근길의 자동차 안은 춥고 적막하며 라디오도 도둑맞아 들을 수 없는 상황이다. 이를 통해 Maria가 지루하고(bored) 우울한(depressed) 상태임을 알 수 있다.

오답풀이 ① 불안하고 무서운 ② 안도하고 느긋한
③ 낯설고 혼란스러운 ⑤ 흥미를 느끼고 즐거운

구문분석

[3행] The leafless trees(S) [lining the road] were(V) almost invisible in the thick fog, … .
현재분사구 [ ]가 주어인 The leafless trees를 수식하고 있고, 동사는 were이다.

[5행] She wanted to listen to the radio, but it **had been stolen** just last week when she **had parked** in an alleyway in a bad neighborhood.
but 이하는 라디오를 듣고 싶었던 과거 시점(wanted)보다 이전의 일이므로 과거완료 수동형(had been stolen, had parked)이 쓰였다.

[7행] There was nothing [to do] **but** (to) stare at the blank faces of all the other commuters … .
[ ]는 nothing을 수식하는 형용사적 용법의 to부정사구이며, but은 '~을 제외하고는'의 의미인 전치사로 사용되었으며 stare 앞에 to가 생략되어 있다.

6 ③

해석 토마스 에디슨은 전구, 축음기, 영사기를 포함한 많은 중요한 장치의 발명가로 잘 알려져 있다. 그러나 그가 또한 전기의자를 발명하는 데에도 큰 역할을 했다는 것을 아는 사람은 거의 없다. 1887년, 뉴욕의 입법자들은 교수형보다 더 인도적인 사형 집행 방법을 찾고 있었다. 한 입법자는 죄수들을 비교적 고통 없이 빠른 방법으로 죽이기 위해 전기를 사용하는 것을 생각해 냈고, 그는 그런 사형 집행 방법을 설계하기 위해 에디슨에게 도움을 요청하는 편지를 썼다. 에디슨이 마침내 전기의자를 개발하는 데 성공하기 전에 다양한 전압의 전기를 테스트하고 수많은 개와 고양이, 가축들을 죽음으로 몰아가며 여러 장치들을 가지고 실험했다.

문제풀이 (A) 전치사 in의 목적어로 쓰이는 동시에 뒤에 목적어로 the electric chair를 취할 수 있는 동명사 inventing이 적절하다.
(B) 형용사 painless와 quick을 수식하고 있으므로 '비교적'이라는 의미의 부사 relatively가 적절하다.
(C) 실험을 한 것이 과거 시점이고 before 이하는 실험 이후의 과거에 일어난 일이므로 단순 과거시제 succeeded가 적절하다.

구문분석

[4행] … lawmakers in New York were searching for a method of execution [**that** was more humane than hanging].
[ ]는 주격 관계대명사절로 선행사 a method of execution을 수식한다.

[5행] One legislator **had come** up with the idea of [using electricity {to kill prisoners in a relatively painless and

quick way}], and he **wrote** to Edison to ask for help … .
[ ]는 전치사 of의 목적어로 쓰인 동명사구이다. { }는 '~하기 위해' 라는 의미의 〈목적〉을 나타내는 부사적 용법의 to부정사구이다. 입법자가 아이디어를 생각해 낸 것은 에디슨에게 편지를 쓴 과거 시점 이전에 일어난 일이므로 〈대과거〉를 나타내는 과거완료시제(had come)가 쓰였다.

UNIT 12 REVIEW TEST

p.126

A

1 was → has been 또는 had been

해석 James는 사업차 몇 번 시드니를 방문한 적이 있(었)다.

풀이 '(말하는 시점까지) 해 본 적이 있다'는 〈경험〉을 나타내므로 현재완료시제 또는 과거완료시제를 쓴다.

2 be → have been

해석 내가 고국에 돌아갈 때쯤이면 4년 넘게 집을 떠나 있었던 것이 될 것이다.

풀이 미래의 어느 시점까지 〈완료〉될 상황을 나타내므로 미래완료시제를 쓴다.

3 have had → had

해석 어젯밤 나는 오랫동안 알고 지낸 친구 두 명과 저녁을 먹었다.

풀이 Last night이 구체적인 과거 시점을 나타내므로 단순과거시제를 쓴다.

4 am waiting → have been waiting 또는 have waited

해석 나는 지금까지 한 시간 동안 공연이 시작하기를 기다려오고 있다.

풀이 so far는 과거부터 현재 시점까지를 나타내므로 현재완료진행형 또는 〈계속〉을 나타내는 현재완료시제를 쓴다.

5 are → have been

해석 미국이 독립국가가 된 이래로 40명 이상의 대통령이 있어 왔다.

풀이 미국이 독립한 이후부터 지금까지를 나타내므로 〈계속〉을 나타내는 현재완료시제를 쓴다.

B

1 Learning a foreign language is especially difficult for those who have never learned one

2 Most students in this school will have been learning English for eight years

C

1 My understanding of Korea (S) has changed (V) quite a lot (부사적 수식어구) since I arrived here (부사절).

2 John (S) hadn't even finished (V) high school (O) when he joined the army (부사절).

UNIT 13 접속사의 이해

01 명사절을 이끄는 종속접속사

EXERCISE p.128

1 That she doesn't understand English is obvious to everyone.
〈주어〉 그녀가 영어를 이해하지 못한다는 것은 누가 봐도 명백하다.

2 He complained to his friend that he worked late last night.
〈목적어〉 그는 친구에게 어젯밤 늦게까지 일했다고 불평했다.

3 The claim that the Earth is the center of the universe is completely false.
〈동격〉 지구가 우주의 중심이라는 주장은 완전히 잘못된 것이다.

4 He owed it entirely to his own hard work that he was able to overcome his difficulties.
〈it이 가목적어, that 이하가 진목적어〉 그가 자신의 어려움을 이겨낼 수 있었던 것은 전적으로 자신의 노력 덕분이었다.

5 No one seems to know if the merchant is truly reliable or not.
〈목적어〉 그 상인이 정말로 신뢰할 만한지 아닌지 아무도 모르는 것 같다.

6 Whether information is correct or not is one of the biggest questions in the Internet world.
〈주어〉 정보가 정확한지 아닌지가 인터넷 세계에서 가장 큰 문제들 중 하나이다.

7 It is apparent that English is the principal language of the business community throughout the world.
〈It이 가주어, that 이하가 진주어〉 영어가 전 세계에 걸쳐 경제계의 주요 언어라는 것은 명백하다.

어휘 obvious 명백한 claim 주장 universe 우주 completely 완전히 owe A to B A는 B 덕분이다, A를 B에게 빚지다 entirely 전적으로 overcome 극복하다 merchant 상인 reliable 신뢰할 만한 apparent 분명한 principal 주요한

02 부사절을 이끄는 종속접속사

EXERCISE p.129

1 ① / 그가 떠난 이후로 나는 그를 보지 못했다.
2 ② / 나는 내가 살아 있는 한 Smith 씨를 잊지 않을 것이다.
3 ③ / 우리는 모든 사람들이 그것에 대해 알 수 있도록 그 제품을 광고하고 있다.

4 ② / 당신이 믿든 믿지 않든, 그것은 사실이다.
5 ③ / 직사각형은 네 개의 변을 가지고, 반면에 삼각형은 세 개의 변을 가진다.
6 ③ / 그녀는 마치 그를 보지 못한 것처럼 고개를 돌렸다.
7 ① / 그는 자신의 한평생 그녀를 사랑했었기 때문에 Jane의 갑작스러운 죽음은 그를 충격에 빠뜨렸다.

어휘 advertise 광고하다 rectangle 직사각형 entire 전체의

단문독해 pp.130-131

❶ change

해석 자동화가 대규모 실업을 초래할 가망성은 낮지만, 기계와 알고리즘이 일상적인 업무의 더 큰 비율을 담당하게 되면서 사람들이 하는 일의 유형이 변화될 것이다. 이러한 변화로 인해 우리는 일자리에 대한 사고방식을 조정하고 기계를 보완하는 새로운 형태의 일을 개발해야 한다. 우리는 자동화가 노동 인구에 지장을 줄지 여부에 초점을 맞추지 말고, 이것이 어떻게 일어날 것인지 그리고 노동자들이 변화에 적응하려 할 때 정부 정책이 노동자들을 어떻게 지원할 수 있는 지에 초점을 맞춰야 한다. 따라서 교육, 훈련, 취약 노동자 보호 및 강건한 노동 시장 구축에 투자하는 것이 필수적이다.
⇨ 자동화는 일의 성격을 바꿀 것이므로, 우리는 변화에 적응하고, 새로운 유형의 일을 개발하며, 교육, 훈련, 노동자 보호 및 강력한 노동 시장에 투자하는 데 집중해야 한다.

문제풀이 자동화로 인해 업무의 성격이 바뀔 것이므로 우리가 새로운 형태의 일을 개발하고 교육, 훈련 등에 투자하여 변화에 적응해야 한다는 내용의 글이다.

구문분석

[1행] **It** is unlikely [**that** automation will result in large-scale unemployment], but the type of work [that people do] will be transformed, **as** machines and algorithms become responsible for a greater percentage of routine tasks.
첫 번째 [ ]는 앞에 있는 가주어 it에 대한 진주어절이므로 that은 명사절의 접속사이다. 두 번째 [ ]는 선행사 work를 수식하는 목적격 관계대명사절이다. as는 이유를 나타내는 부사절의 접속사이다.

[5행] We should not focus on [whether automation will disrupt the workforce] **but rather** on [{how this will happen} **and** {how government policies can support workers as they adapt to the change}].
focus on의 목적어 역할을 하는 두 개의 [ ]가 but rather를 중심으로 연결되어 있다. 두 번째 [ ]안에서는 두 개의 how절 { }이 and를 중심으로 병렬되어 있다.

❷ grow thorns and needles, certain chemicals that are toxic

해석 많은 동물들은 식물의 잎을 먹는다. 그렇지만 식물에게 있어 이것은 좋지 않은데, 왜냐하면 그들은 생존하는 데 필요한 에너지를 만들어내기 위해 잎을 사용하기 때문이다. 그래서 동물들이 자신의 잎을 먹지 못하도록 하기 위해 식물들은 가시와 바늘 같은 잎을 자라게 하거나 그들의 잎에 동물들에게 유독한 특정 화학물질이 포함되어 있을 수도 있다. 만약 동물들이 이런 식물들의 잎을 먹으면, 그들은 병에 걸리게 될 것이다.
⇨ 자신들의 잎을 보호하기 위해, 식물들은 가시와 바늘 같은 잎을 자라게 하거나 동물들에게 유독한 특정 화학물질을 만들어 낸다.

문제풀이 세 번째 문장의 to discourage animals from feeding on their leaves 이후에 식물이 가시와 바늘 같은 잎을 자라게 하거나 잎에 동물들에게 유독한 특정 화학물질이 들어있다는 내용이 나온다.

구문분석

[1행] For the plants, however, **this** is not a good thing, [*since* they use their leaves to create the energy {(that [which]) they need to survive}].
this는 동물들이 식물의 잎을 먹는다는 앞 문장의 내용을 가리킨다. [ ]는 '~ 때문에'라는 〈이유〉를 나타내는 접속사 since가 이끄는 부사절이다. { }는 the energy를 선행사로 하는 목적격 관계대명사절로 관계대명사 that[which]이 생략되었다.

[4행] **If** the animals **feed** on the leaves of these plants, they will get sick.
〈시간〉과 〈조건〉의 부사절에서는 현재시제가 미래시제를 대신하므로 if절에 feed가 왔다.

❸ 수천 년 전 아메리카 원주민들이 두 대륙을 연결하는 지협을 통해 아시아에서 북아메리카 대륙으로 이주해 왔을지도 모른다는 것

해석 최초의 유럽인이 북아메리카에 발을 딛기 훨씬 전에, 그 대륙에는 오늘날 아메리카 원주민이라고 알려져 있는 부족들이 살고 있었다. 그들은 모두 두드러지게 아시아인들과 같은 얼굴 구조를 갖고 있다. 이는 수천 년 전에 그들이 두 대륙을 연결하는 지협을 건너서 아시아에서 북아메리카로 이주해 왔을지도 모른다는 것을 나타낸다.

문제풀이 마지막 문장의 This는 '아메리카 원주민들이 아시아인들과 같은 얼굴 구조를 갖고 있는 것'을 뜻하며, that 이하에서 이것이 시사하는 바가 무엇인지 언급되어 있다.

구문분석

[1행] **Long before** the first Europeans set foot in North America, the continent was … .
Long before는 '~하기 훨씬 전에'라는 뜻으로, before는 〈시간〉의 부사절을 이끄는 접속사이다.

[3행] This indicates [**that**, thousands of years ago, they *may have migrated* to North America …].
[ ]는 접속사 that이 이끄는 동사 indicates의 목적어로 쓰인 명사절이다. 「may have v-ed」는 '~했을지도 모른다'의 뜻으로 과거 사실에 대한 추측을 나타낸다.

❹ fleshy fruits, dry fruits

해석 우리는 '과일'이라는 단어를 듣자마자 맛 좋은 사과나 복숭아처럼 달콤하고 과즙이 많은 어떤 것을 떠올린다. 그러나 완두, 콩, 땅콩 또한

과일이다. 그것들은 단지 '건과류'에 속하게 되었으며, 그것은 다육과와 근본적으로 다름에도 불구하고 같은 계통이다. 한 인간 가정에 외과 의사와 선원이 둘 다 있을 수 있는 것처럼 과일에도 다육과와 건과라는 매우 다른 두 종류가 있다.

문제풀이 마지막 문장에서 한 가정에 외과 의사와 선원이 모두 있을 수 있듯이 과일에도 다육과(fleshy fruits)와 건과(dry fruits)라는 매우 다른 두 종류가 있다는 비유를 하고 있다.

구문분석

[1행] **As soon as** we hear the word "fruit," we think of something [sweet and juicy], like a tasty apple or peach.

「as soon as」는 '~하자마자'라는 뜻으로 〈시간〉의 부사절을 이끄는 접속어구이다. [ ]는 something을 수식하는 형용사구로, something과 같이 -thing으로 끝나는 명사는 형용사적 수식어구가 뒤에서 수식한다.

[4행] Just **like** one human family may include *both* a surgeon *and* a sailor, … .

'~처럼, ~듯이'라는 뜻의 〈양태〉를 나타내는 접속사 like가 부사절을 이끌고 있다. 「both A and B」는 상관접속어구로 'A와 B 둘 다'의 의미이다.

5 insensitive, life expectancy

해석 어떤 사람들은 고통에 대한 무감각을 갖고 태어난다. 이 질환을 앓는 사람들은 뜨거움과 차가움 같은 기본적인 감각은 느낄 수 있지만, 뜨거운 음료가 입을 데게 하는지 아닌지는 알지 못한다. 이 때문에, 그들에게는 오랫동안 감지되지 않은 채 지나가는 부상이 자주 있다. 예를 들어, 고통에 무감각한 아이들은 어떤 것이 그들을 상처 입힐 정도로 뜨거울 때를 알지 못하기 때문에 반복적으로 화상을 입을 수 있다. 즉각적인 의료 조치가 취해지지 않으면 이러한 부상의 누적은 사람의 기대 수명을 단축시킬 수 있다.

⇨ 고통에 무감각한 사람들은 감지되지 않는 부상을 빈번하게 당하는데, 이는 그들의 기대 수명을 더 짧게 만들 수 있다.

문제풀이 선천적으로 고통에 무감각한 사람들은 몸에 부상을 입더라도 이를 감지하지 못하며, 즉각적인 의료 조치를 취하지 않을 경우 기대 수명까지 단축시킬 수 있다는 내용의 글이다.

구문분석

[1행] Although individuals [suffering from this condition] can feel basic sensations such as hot and cold, they cannot tell {if a hot drink is burning their mouth or not}.

[ ]는 individuals를 수식하는 현재분사구이다. { }는 tell의 목적어로 쓰인 명사절이다.

[3행] Because of this, they often have injuries [that **go undetected** for long periods].

[ ]는 injuries를 수식하는 주격 관계대명사절이다. 주격 관계대명사절의 동사 go undetected는 '감지되지 않은 채 지나가다'라는 뜻이다.

수능독해

pp.132~135

1 ① 2 ④ 3 ④ 4 ④ 5 ④ 6 ⑤

1 ①

해석 과학자들이 유전자 조작에 대해 점점 더 많은 것을 알아감에 따라 그들은 곧 멸종된 종을 복원하는 데 필요한 기술을 보유하게 될지도 모른다. 실제로 이 기술에 대해 복원이라는 명칭이 있다. 가장 많이 이야기되는 복원 프로젝트 중 하나는 수천 년 전에 멸종된 몸집이 크고 털이 많은 코끼리 동족인 매머드를 복원할 가능성이다. 그 과정은 냉동 매머드에서 나온 DNA를 아시아 코끼리에게 주입하는 것을 포함할 것이다. 이것이 실제 매머드를 만들어 내지는 않겠지만, 그것은 길고, 두꺼운 털과 낮은 기온을 견뎌 낼 수 있는 능력과 같은, 몇 가지 분명한 매머드 특성들을 지닌 잡종을 만들어 낼 것이다. 그러한 특징은 멸종 위기에 처한 아시아 코끼리가 그 서식지를 더 추운 지역으로 확장하게 해줄 것이다. 이런 식으로, 복원은 실제로 아직 멸종되지 않은 종들을 보호하는 것을 도울 수 있다.

문제풀이 이미 멸종된 동물의 DNA를 이용하여 멸종 위기에 놓인 동물들의 생존을 도울 수 있다는 복원 기술에 대한 글이므로, 빈칸에는 ① '아직 멸종되지 않은 종들을 보호하는 것'이 가장 적절하다.

오답풀이 ② 아시아 코끼리의 행동에 대해 더 배우는 것
③ 왜 어떤 종이 생존을 더 잘하는지 설명하는 것
④ 사람들이 추위에 노출될 때 죽지 않게 하는 것
⑤ 개체 수 과잉을 통제해서 환경을 보호하는 것

구문분석

[3행] **One of the most** talked about de-extinction projects is the possibility of [bringing back the mammoth, a large, hairy relative of the elephant {that died out thousands of years ago}].

「one of the+최상급(+복수명사)」는 '가장 ~한 …중 하나'의 의미이다. [ ]는 the possibility와 동격으로 그 내용을 설명한다. the mammoth와 a large, … ago는 동격이다. { }는 a large, hairy relative of the elephant를 수식하는 주격 관계대명사절이다.

[8행] Such traits **would** *allow* the endangered Asian elephant *to expand* its habitat to colder regions.

would는 추측을 나타내는 조동사로 쓰였다. 「allow+O+to-v」는 '~가 …하게 하다'의 의미이다.

2 ④

해석 피부를 덮고 있는 피지라고 불리는 천연 기름층이 있는데, (그 기름층은) 피부에 물이 스며들지 않도록 만들어 그것(=피부)을 보호한다. 당신이 비를 맞거나 간단한 샤워를 하거나 저녁 식사 전에 손을 씻을 때, 피지는 당신의 피부가 흠뻑 젖는 것을 막아 준다. 그렇지만 당신이 온종일 수영장에서 놀 때처럼 물속에 더 오랜 시간 동안 있을 때는 어떨까? 사실 당신의 피부에는 언제든 제한된 양의 피지가 있으며 물에 장시간 노출되는 것은 실제로 그것을 다 씻어내 버릴 수 있다. 일단 그것이 없어지고 나면, 물은 자유로이 당신의 피부에 침투한다. 그것이 바로 수영장에서 오랜 시간을 보내는 것이 당신의 손가락과 발가락을 쭈글쭈글

하게 만들 수 있는 이유이다.

문제풀이 주어진 문장의 it은 sebum을 가리키며 피지가 없어지면 물이 피부에 들어온다는 내용이므로, 피지가 없어지는 상황을 설명하는 문장과 물이 피부에 들어오는 결과로 손발이 쭈글쭈글해진다는 내용을 말하는 문장 사이인 ④에 들어가는 것이 가장 적절하다.

구문분석

[3행] When you **get** caught in the rain, **take** a quick shower, or **wash** your hands before dinner, the sebum *prevents* your skin *from getting* soaked.
등위접속사 or에 의해 부사절의 동사 get, take, wash가 병렬 연결되었다. 「prevent+O+from+v-ing」는 '~가 …하지 못하도록 막다'라는 뜻이다.

[4행] But what about the times [**when** you're in water for longer periods], such as when you *spend* all day *playing* in a pool?
when이 이끄는 [ ]는 선행사 the times를 수식하는 관계부사절이다. 「spend+시간+v-ing」는 '~하는 데 (시간)을 보내다'의 의미이다.

3 ④

해석 호르몬은 신체 내에서 신호를 전달하는 분자로서 특정 생리적 과정의 조절에 필수적인 일부이다. 호르몬이 분비되면 그것들은 혈류로 들어간다. (C) 그렇게 하자마자 그것들은 순환계를 통하여 보통 장기나 조직과 같은 최종 목적지로 가기 시작한다. 호르몬은 그것들이 만들어지는 원래 장소 바로 근처에서 영향을 미칠 수 있지만, 신체의 더 멀리 떨어져 있는 장소와도 상호작용을 할 수 있다. (A) 예를 들면, 인슐린은 췌장에서 분비된다. 만약 그것이 췌장 근처의 세포들을 자극한다면, 신호가 받아들여질 때 다른 호르몬들이 생성된다. 이것은 혈액 속의 포도당 수치를 조절하는데 도움을 준다. (B) 더욱이, 혈당 수치가 너무 낮아지면 신체의 다른 곳에 있는 호르몬들은 수치를 안정시키기 위해 인슐린의 분비를 억제할 것이다. 가까운 곳이든 먼 곳이든 신체의 다른 부위에 있는 호르몬을 통하여 그것들(호르몬들)의 영향력을 조정하면서, 신체는 기능을 최적화하고 유지할 수 있다.

문제풀이 특정 생리적 과정의 조절에 필수적인 호르몬이 분비되면 혈류로 들어간다는 주어진 글에 이어, 혈류로 들어간 호르몬이 순환계를 통해 최종 목적지로 가기 시작하는데 호르몬은 그것이 만들어진 장소 또는 멀리 떨어져 있는 장소와도 상호작용을 할 수 있다는 내용인 (C)가 나오고, 이에 대한 예시로 췌장에서 분비되는 호르몬 인슐린이 췌장 근처의 세포를 자극하여 포도당 수치를 조절한다는 내용의 (A)가 이어진 후, 혈당 수치가 너무 낮아지면 신체의 다른 곳에 있는 호르몬들에 의해 인슐린의 분비가 억제되어 신체가 기능을 최적화할 수 있다는 내용인 (B)의 순서로 이어지는 것이 적절하다.

구문분석

[1행] Hormones(S), [which are molecules {that provide signals in the body}], are(V) an essential part of the regulation of certain physiological processes.
[ ]는 주어 Hormones에 대해 부연 설명을 하는 계속적 용법의 관계대명사절이고, 그 안에서 { }이 선행사 molecules를 수식하는 주격 관계대명사절로 쓰였다.

[8행] [**Through** hormones in different areas of the body, {**whether** near or far}], [coordinating their effects], the body(S) can optimize and maintain(V) its functions(O).
첫 번째 [ ]는 전치사 Through를 이용한 전치사구이다. { }는 '~이든 아니든'이라는 의미의 양보의 부사절이다. 두 번째 [ ]는 의미상 주어가 the body인 분사구문이며, 이 문장의 주어는 the body이다.

4 ④

해석 쏟아지는 비 속에서 나는 건물의 윤곽을 겨우 분간할 수 있었다. 나는 브레이크를 세게 밟고 진흙 길로 차를 돌렸다. 건물이 점점 가까워지면서, 나는 그것이 버려진 교회라는 것을 알 수 있었다. 나는 그 옆에 차를 세우고 거의 떨어지고 있는 낡은 나무 문을 향해 최대한 빠르게 달려갔다. 그때 우박이 떨어지기 시작했다. 바람이 더 큰 소리를 내기 시작했고, 내가 교회 안으로 뛰어들어가기 직전에 나는 지평선에서 어두운 토네이도처럼 보이는 것이 지면에 닿아 있는 것을 목격했다. 안에서, 폭풍우의 소리는 귀청이 터질 것 같았다. 내가 할 수 있는 일이라고는 기다리면서 그것이 나를 들어 올려 날려버리지 않기를 기도하는 것뿐이었다.

문제풀이 필자가 처한 극단적인 상황을 묘사하는 표현들(pouring rain, hailstones, a dark tornado)과 할 수 있는 일이라곤 기다리며 기도하는 일밖에 없었다는 마지막 문장을 통해 필자가 두렵고 속수무책인(frightened and helpless) 상태임을 유추할 수 있다.

오답풀이 ① 지루하고 우울한 ② 안도하고 공감하는 ③ 부끄럽고 혼란스러운 ⑤ 신이 나고 희망에 찬

구문분석

[3행] I stopped the car next to it and ran **as fast as I could** … .
「as+형용사[부사] 원급+as one can」은 '가능한 한 ~한[하게]'라는 의미로 「as+형용사[부사] 원급+as possible」로 바꿔 쓸 수 있다.

[7행] All [(that) I could do] was (to) **wait** and (to) **pray** that it didn't *pick* me *up* and *carry* me *away*.
[ ]는 주어인 All을 수식하는 목적격 관계대명사절이다. (to) wait와 (to) pray는 동사 was의 주격보어이며, what, all, the only thing 등이 이끄는 명사절이 일반동사 do와 함께 주어로 사용될 때, be동사의 보어로 to부정사와 동사원형을 모두 쓸 수 있다. pick up과 carry away는 「동사+부사」 형태로 목적어가 대명사인 경우에는 목적어가 동사와 부사 사이에 위치한다.

5 ④

해석 Sam은 홀로 해변을 걷고 있다가 조수 웅덩이를 우연히 보게 되었다. 놀랍게도, 그는 웅덩이 안에서 새끼 돌고래가 헤엄치고 있는 것을 보았다. Sam은 돌고래가 빠져나갈 길을 찾으려 하고 있다는 것을 곧 알아차렸다. 그것은 갇혀 있었다. 그는 그것이 바다로 되돌아가도록 도울 방법을 생각해 내야 한다는 것을 알았다. 만약 더 오래 머뭇거린다면, 조수 웅덩이는 다 말라 버릴 것이고 돌고래는 죽게 될 것이다. 비록 돌고래는 작았지만, Sam은 그것이 너무 무거워서 자기가 들 수 없음을 알았다. 그는 주변을 둘러보았고 크고 날카로운 돌멩이를 찾았다. 그것을 삽으로 사용하여 그는 웅덩이에서부터 바다에 이르는 길고, 얕은 도랑을 팠다. 그가 옆으로 비켜서자마자 돌고래는 출구를 발견하고 탈출했다.

문제풀이 ④의 it은 돌고래를 구하는 데 사용한 돌멩이를 의미하는 반면, 나머지는 모두 돌고래를 가리킨다.

구문분석

[1행] **To his surprise**, he(S) saw(V) a baby dolphin(O) swimming(O.C.) around in it.
「to one's+감정명사」는 '~가 …하게도'라는 의미이다. 지각동사 saw의 목적격보어로 현재분사 swimming이 쓰인 5형식 문장이다.

[5행] …, Sam knew it was **too** heavy *for him* **to lift**.
「too+형용사[부사]+to-v」는 '너무 ~하여 …할 수 없다'는 뜻이다. for him은 to lift의 의미상 주어이다.

6 ⑤

해석 고객님께
저희는 웹사이트의 승객 서비스에 대한 업그레이드에 대해 알려드리기 위해 편지를 드립니다. 저희는 단골 고객 마일리지 시스템과 티켓팅 그리고 체크인을 결합해서 고객님께서 하나의 계정으로 이 모든 기능에 접근하실 수 있도록 했습니다. 게다가, 사이트에 대한 새로운 업그레이드는 고객님의 거래가 더 원활하게 진행되도록 도울 것입니다. 마지막으로, 고객님의 개인 정보를 보호하기 위해서 추가적인 보안 단계를 마련했습니다. 그리니치 표준시로 3월 5일 화요일 오전 1시부터 2시 사이에 티켓팅, 체크인, 그리고 마일리지 기능을 사용할 수 없을 것이라는 점을 알아두셔서, 저희가 방해 없이 업그레이드를 적용할 수 있도록 해 주십시오. 불편을 드리게 되어 죄송합니다. 저희는 고객님께서 이러한 새로운 기능과 이 시즌 최고의 티켓 가격을 이용하실 수 있도록 곧 방문해 주시기를 바랍니다.
진심을 담아,
스카이 항공

문제풀이 웹사이트의 업그레이드 일정에 대해 알리고 이에 대한 양해를 구하고 있으므로, 글의 목적으로는 ⑤가 적절하다.

구문분석

[3행] We've **combined** the frequent flier mileage system **with** ticketing and check-in *so that* you *can* access all these features with one account.
「combine A with B」는 'A를 B와 결합하다'의 의미이다. 「so that+S+can」은 '~가 …할 수 있도록'의 의미이다.

[4행] Furthermore, new upgrades to the site will **help** your transactions **go** more smoothly.
「help+O+(to-)v」는 '~가 …하도록 돕다'의 의미이다.

[8행] … on Tuesday, March 5, **in order that** we may apply the upgrades without interruption.
「in order that+S+V」는 '~가 …하기 위해, ~가 …할 수 있도록'의 의미이다.

UNIT 13 REVIEW TEST

p.136

A

1 will come
해석 나는 그녀가 내일 모임에 올지 오지 않을지를 알고 싶다.
풀이 '~인지 어떤지'의 의미를 나타내는 if 이하는 know의 목적어로 쓰인 명사절로, 내일 일어날 일을 이야기하므로 미래시제를 쓴다.

2 Whether
해석 비가 오건 말건 상관없다.
풀이 '~인지 어떤지'의 의미를 나타내는 명사절이 주어로 올 경우, if는 문장의 처음에 위치하여 주어 역할을 하는 명사절을 이끌 수 없다.

3 that
해석 그가 곧 돌아오리라는 가능성이 없다.
풀이 접속사 that이 chance의 동격절을 이끌고 있다.

4 gets
해석 John은 장학금을 받아야만 대학에 갈 수 있다.
풀이 〈조건〉의 부사절에서는 현재시제가 미래시제를 대신한다.

B

1 will get worse and worse unless we take action
2 obvious that the student doesn't understand what the teacher is saying

C

1 Whether the story is true or not(부사절), he(S) shouldn't have told(V) it(O) to other people(부사구).
2 They(S) find(V) various ways to amuse themselves(O) each time they get bored(부사절).

UNIT 14 복잡하고 긴 문장의 이해

01 도치구문 · 강조구문

EXERCISE p.138

1 나에게 관용의 정신을 가르쳐 준 사람은 바로 나의 부모님이다.
2 내 사무실 근처에는 나의 친구들이 운영하는 두 곳의 인기 있는 음식점이 있다.
3 그 그림이 진품이라면, 그것은 수천 달러의 가치를 지닐 것이다.
4 David가 갑자기 나타난 것은 바로 내가 침실에 앉아 울고 있을 때였다.
5 그는 가난했지만, 그럼에도 모두의 점심값을 지불했다.
6 콜롬비아는 현재 커피 수출로 십 년 전보다 훨씬 더 적은 돈을 벌고 있다.
7 나의 상사는 업무 중에 실수가 발생했을 때, 좀처럼 사과를 받아들이지 않는다.
8 그는 그렇게 많은 돈을 받아 본 적이 없었다.
9 네가 아픈 줄 알았다면 내가 널 찾아갔을 텐데.

어휘 spirit 정신 tolerance 관용 genuine 진짜의, 진품의 worth ~의 가치가 있는 export 수출 decade 십 년 seldom 좀처럼 ~않는 apology 사과

02 병렬구문

EXERCISE p.139

1 either, or
2 not only, but also
3 both, and
4 and
5 not, but
6 neither, nor
7 Not only, but

어휘 applicant 지원자 ample 풍부한 matter 중요하다

03 비교구문

EXERCISE p.140

1 사실상, 이 나라에서 의회는 장신구에 불과하다.
2 겨우 세 명만이 그 일에 지원했다는 것은 참으로 실망스럽다.
3 친환경적인 삶은 우리의 일상생활에서 점점 더 중요해지고 있다.
4 당신이 건강을 유지하는 한 나는 당신이 하는 일에 신경 쓰지 않습니다.
5 그는 더 이상 여기서 일하지 않는다.
6 David는 주식시장이 폭락하기 바로 직전에 무려 재산의 절반을 투자했다.
7 생활수준이 높아질수록 사용되는 종이의 양도 더 늘어난다.
8 그는 사업가라기보다는 학자이다.
9 그는 도착하자마자 아팠다.

어휘 parliament 의회, 국회 apply for ~에 지원하다 invest 투자하다 fortune 재산, 부 stock market 주식시장 crash 충돌하다; *폭락하다 standard of living 생활수준

04 부정구문

EXERCISE p.141

1 far from
2 never, without
3 too, to
4 the last
5 Not until
6 cannot, too
7 long before

어휘 sufficient 충분한 remind 상기시키다 acknowledge 인정하다

단문독해

pp.142-143

1 fame, face

해석 명성을 추구하는 데 집착하는 사람들은 대개 인정과 소속감을 찾고 있지만, 일반 대중으로부터의 인정은 진정한 인간적 연결이 부족하다. 소셜 미디어의 '좋아요'는 진정한 우정에 대한 빈약한 대안일 뿐만 아니라 타인과 관계의 감정적 지원 체계에 필요한 깊이도 부족하다. 이러한 안전망이 없으면 삶의 부침을 맞서기 어렵다. 사회는 우리에게 인기와 미리 결정된 성공의 정의를 위해 노력하도록 압력을 가할지도 모른다. 하지만 궁극적으로 충족감 있는 삶을 즐기는 것은 대중의 시선 밖에서 만족하는 사람들이다.
⇨ 명성에 집착하는 사람들은 종종 진정한 인간적 연결이 부족한 대중의 인정을 바라지만, 삶의 도전에 맞서기 위해서는 진정한 우정과 감정적인 지원이 필수적이다.

문제풀이 일반 대중으로부터 명성과 인정을 추구하기보다 대중의 시선 밖에서 만족하며 진정한 우정과 감정적 지원을 추구해야 삶의 부침에 맞설 수 있다는 내용의 글이다.

구문분석

[3행] **Not only** are(V) social media "likes"(S) a poor substitute(S.C.)

for authentic friendships, **but also** they lack the depth necessary for an emotional support system of relationships with others.
'~뿐만 아니라 …도'의 의미인 「not only ~ but also ...」 구문이 두 개의 절을 연결하고 있으며, 첫 번째 절에서 부정어 not only가 문두에 위치해 「부정어+동사+주어」의 어순으로 도치되었다.

[7행] However, **it is** those [who are content out of the public eye] **that** ultimately enjoy a life of fulfillment.
(those: S, enjoy: V, a life of fulfillment: O)

「It is ~ that절」 강조 구문으로 문장의 주어인 those who are content out of the public eye를 강조하고 있다. [ ]는 '~하는 사람들'이라는 의미가 되도록 those를 수식하는 주격 관계대명사절이다.

2 more sensitive to the smell of food

해석 사람들이 피곤할 때 간식을 갈망하는 이유가 있다. 수면의 부족이 뇌를 음식 냄새에 더욱 민감하게 만들기 때문에 우리는 지쳤을 때 훨씬 더 배고프다. 따라서, 다이어트를 하는 사람들은 밤마다 여섯 시간만 큼은 자야 한다. 이상하게도, 이 냄새에 대한 증가된 민감성은 오직 음식에만 적용된다는 것을 연구는 보여주었다. 연구원들은 졸린 사람들이 음식 냄새에 노출되었을 때 정신이 맑은 사람들이 그랬던 것보다 뇌의 두 부분에서 더 큰 뇌 활동을 보였다고 설명했다. 다른 냄새들은 유사한 반응을 일으키는 데 실패했다.
⇨ 피곤한 것은 당신의 뇌가 음식의 냄새에 더 민감하게 만든다.

문제풀이 피곤하면 식욕이 증가하는 이유에 대해 설명하는 글로 두 번째 문장에서 해당하는 답을 찾을 수 있다.

구문분석

[4행] The researchers explained [that sleepy people showed greater brain activity in two regions of the brains {**when** (being) **exposed** to food smells} than alert people did].
[ ]는 explained의 목적어로 쓰인 명사절이다. { }는 뜻을 명확하게 하기 위해 접속사를 남겨 둔 분사구문으로 exposed 앞에 being이 생략되었다.

3 The thieves focus on locations that are hard to guard.

해석 구리가 너무 비싸져서 도둑들이 단지 그것을 얻기 위해 에어컨을 뜯어 가고 있다. 기업들은 보안 체계를 강화해 나갔지만, 경찰은 더 많은 사건들에 대해 신고를 받았다. 기업들이 구리 절도를 막고자 열심히 노력하지만, 도둑들이 건설 현장과 빈 건물과 같이 경비하기 어려운 장소들을 노리기 때문에 그 시도들은 성공적이지 못한 것으로 드러났다.

문제풀이 마지막 문장에서 '도둑들이 경비하기 어려운 장소들을 노리기 때문에' 구리 절도를 막기 위한 시도들이 성공적이지 못하다고 언급하고 있다.

구문분석

[1행] Copper has become **so** expensive **that** thieves are ripping air conditioners apart just *to get* it.
「so ~ that …」은 '너무 ~해서 …하다'의 의미이다. to get은 〈목적〉을 나타내는 부사적 용법의 to부정사이다.

[3행] **Hard as businesses may try** to stop copper theft, … .
「형용사[부사]+as+S+V」 구문은 '비록 ~이지만'의 의미로 여기서 as는 〈양보〉의 부사절을 이끄는 접속사로 쓰였다.

4 improve, communicate[speak], conversations

해석 사람들은 요즘 너무 바빠서 가족과 함께 저녁을 먹지 못한다. 그것은 안타까운 일인데, 왜냐하면 그것(= 가족과의 식사)들은 아이의 말하는 능력에 큰 영향을 주기 때문이다. 연구는 가족들이 더 자주 식사를 함께 할수록 아이가 말을 잘하는 것을 배울 가능성이 더 높아진다는 것을 우리에게 알려준다. 이는 가족과의 식사가 아이들이 어른들과 대화할 수 있는 기회이기 때문이다. 게다가, 그들은 어른들이 서로 어떻게 의사소통하는지 관찰한다. 그것은 아이의 언어 기술과 어휘력을 향상시키는 아주 귀중한 방법이다.
⇨ 가족과의 식사는 아이들이 어른들과 함께 대화할 기회뿐만 아니라 어른들이 소통하는[말하는] 방법을 관찰할 기회를 줌으로써 아이의 말하는 능력을 향상시킨다.

문제풀이 네 번째 문장부터 가족과의 식사를 통해 아이들이 어른들과 대화하고, 그들의 대화 방식을 관찰함으로써 얻게 되는 언어 발달의 효과를 언급하고 있다.

구문분석

[1행] People are far **too busy** these days **to have** family dinners together.
「too+형용사[부사]+to-v」는 '너무 ~해서 …할 수 없다'는 의미이다.

[2행] Research tells us that **the more often** families eat together, **the more likely** *it* is [*that* a child will learn to speak well].
「the+비교급 ~, the+비교급 …」은 '~하면 할수록 더 …하다'의 의미이다. it은 가주어이고 [ ]가 진주어이다.

5 a sudden lack of empathy

해석 의사, 간호사, 그리고 치료사와 같은 의료 전문직 종사자의 절반 이상이 동정 피로를 겪어왔다. 물론, 바로 이런 직업들이 공감을 잘하는 사람들을 끌어들이고, 공감을 잘하는 사람들은 동정 피로가 생길 위험이 더 크다. 동정 피로의 주된 특징은 정신적, 신체적 피로와 갑작스러운 공감의 결핍이다. 만약 이 상태가 적절하게 다뤄지지 않는다면, 그것은 한 사람의 전반적인 건강을 악화시킬 뿐만 아니라 그 사람의 직업이 사람들을 돌보는 것을 포함한다면 심각한 윤리적인 딜레마로 이어진다.
⇨ 동정 피로를 겪는 사람들은 정신적, 신체적으로 피로하고 갑작스러운 공감의 결핍을 느끼는 데, 이것은 그들이 사람들을 돌보기 어렵게 만들고 그들의 건강에 부정적인 영향을 미친다.

문제풀이 동정 피로의 주요 특징으로 정신적, 신체적 피로와 갑작스러운 공감의 결핍이 언급되었으며, 이것은 전반적인 건강을 악화시킬 뿐만 아니라 사람들을 돌보는 직업을 가진 경우 심각한 윤리적 딜레마를 초래한다고 했다.

구문분석

[2행] Of course, **it is** these professions **that** attract

empathetic people, and *those who* are empathetic are at a greater risk of developing compassion fatigue.
「it is[was] ~ that」 강조구문으로 문장의 주어인 these professions를 강조하고 있다. 「those who ~」는 '~하는 사람들'이라는 의미이다.

수능독해 pp.144~147

1 ⑤ 2 ① 3 ⑤ 4 ④ 5 ④ 6 ④

1 ⑤

해석 과학적 발견의 여정은 복잡하고 우회적이다. 그 과정은 단순히 잘 정리된 요리법의 단계를 수행하고 매번 동일한 결과를 얻는 것보다 훨씬 더 변화무쌍하고 예측가능 하지 않다. 과학적 방법에는 알려진 결과를 가진 가설의 검정이 거의 포함되지 않는다. 오히려, 과학자들은 새로운 가설을 개발하고, 가설을 반증하는 질문을 열렬히 추구하면서 새로운 영역을 탐구하기 위해 창의력을 사용해야 한다. 논리와 이성 그 자체만으로는 과학자들을 어느 정도까지만 도울 수 있다; 직관과 상상력이 없다면, 그들은 표면 아래에 놓여 있는 관련성을 감지할 수 없을 것이다. 그것은 종종 창의성과 반응하고 적응하는 능력을 요구하기 때문에, 과학적 발견의 과정은 예술과 많은 공통점을 가지고 있다. 두 분야 모두 실패를 감수하려는 의지뿐만 아니라 비전 있는 생각이 필요하다. 시행착오, 적응력, 과제에 대한 헌신을 통해 예술가와 과학자 모두 획기적인 발견을 이루고 완전히 새로운 세계관을 방해할(→ 가져올) 수 있다.

문제풀이 창의성과 반응하고 적응하는 능력, 비전 있는 생각과 실패를 감수하려는 의지가 필요한 과학과 예술 분야에서 시행착오, 적응력, 과제에 대한 헌신은 예술가와 과학자 모두 획기적인 발견을 이루고 새로운 세계관을 가져올 수 있도록 할 것이므로, ⑤의 hinder를 bring 등으로 고쳐야 한다.

구문분석

[4행] Rather, scientists must use their creativity [**to explore** new areas], [**developing** new hypotheses and fervently **pursuing** lines of questioning {that would disprove the hypotheses}].
첫 번째 [ ]는 목적을 나타내는 부사적 용법의 to부정사구이다. 두 번째 [ ]는 분사구문으로 그 안에서 현재분사 developing과 pursuing이 and를 중심으로 연결되어 있고, { }는 선행사 questioning를 수식하는 주격 관계대명사절이다.

2 ①

해석 미국 남서부나 다른 지역의 황야에서 사람들이 도보 여행을 할 때 가장 두려워하는 것은 바로 방울뱀이다. 아메리카 대륙에만 서식하는 이 뱀들은 치명적인 독성을 가지고 물기 때문에 조심해서 다뤄져야 한다. 실제로 30종 가량의 방울뱀이 있는데, 동부 다이아몬드 방울뱀이 가장 치명적이다. 방울뱀들은 보통 길이가 2미터 정도이다. 그리고 그것들의 가장 뚜렷한 특징은 꼬리 끝에 위치한 향음기관이다. 자신이 공격하려고 한다는 것을 경고하기 위해 뱀들은 그것(= 꼬리)을 흔들어 소리를 낸다. 그것들의 가죽 허물로 층층이 커진 향음기관은 느슨하게 연결된 속이 빈 마디들의 집합체이다.

문제풀이 ①은 people을 가리키는 반면, 나머지는 rattlesnakes를 가리킨다.

구문분석

[3행] Actually, **there are around 30 species of rattlesnakes**, [*with* the eastern diamondback *being* the most deadly].
「there is[are]+S」 구문으로 there가 문두에 위치하면서 be동사와 주어의 순서가 도치되었다. 이때 there는 별도로 해석하지 않는다. [ ]는 「with+O+v-ing」 구문으로, '~가 …한 상태로'의 의미이다.

[6행] To warn that they **are about to strike**, snakes shake it, [*making* a sound].
「be about to-v」는 '막 ~하려고 하다'의 의미이며, [ ]는 〈부대상황〉을 나타내는 분사구문이다.

3 ⑤

해석 여러분이 진정한 사랑을 처음 만날 때, 여러분은 그 사람을 이미 알고 있다는 이상한 감정을 가질지도 모른다. 마치 여러분이 그 사람을 전생에서나 아마도 꿈속에서, 어디에선가 전에 만난 적이 있는 것 같을지도 모른다. (C) 플라톤의 「심포지엄」에서, 아리스토파네스는 이러한 친근감은 여러분이 사랑하는 사람이 여러분의 오랫동안 잃어버린 '다른 반쪽'이고 여러분의 두 몸이 한때 함께 합쳐져 있었다는 사실에 의해 설명될 수 있다고 주장한다. (B) 이러한 생각에 따르면, 모든 인간은 원래 네 개의 팔, 네 개의 다리, 그리고 하나의 머리에 반대 방향을 보고 있는 두 개의 얼굴을 가진 남성이자 여성이었다. (A) 이러한 존재들이 너무 강해서 제우스는 그들을 둘로 가르기로 결정했다. 그 이후로, 모든 남자와 여자는 그들이 분리되어 나온 그 하나로 재결합하려는 강한 열망으로 채워져 왔다.

문제풀이 진정한 사랑을 만나면 이미 알고 있었던 것 같은 감정을 느낀다는 주어진 내용에 이어, 그 친근감은 사랑하는 사람과 오래전에 합쳐져 있었기 때문이라는 고대의 생각을 소개하는 (C)가 나오고, 원래 사람은 반대 방향을 보고 있는 남자와 여자가 합쳐진 존재였다는 (B)가 이어진 후, 이 존재들이 제우스에 의해 분리된 후 남자와 여자는 하나로 재결합하려는 강한 열망을 갖는다는 내용의 (A)의 순서로 이어지는 것이 적절하다.

구문분석

[2행] It might seem **as if** you have met him or her somewhere before, *either* in a previous life *or* perhaps in a dream.
「as if+S+V」는 '마치 ~인 것처럼'의 의미를 나타낸다. 「either A or B」는 'A 또는 B 둘 중 하나'라는 의미이다.

[4행] These beings were **so** powerful **that** Zeus decided to cut them in two.
「so ~ that ...」 구문으로 '너무 ~해서 …하다'의 의미이다.

[4행] **Since** then, every man and woman **has been filled** with a strong desire [to rejoin the one {*from whom* he or she was separated}].

has been filled는 '~ 이후로'라는 의미의 since와 함께 쓰여 〈계속〉의 의미를 나타내는 현재완료 수동형이다. [ ]는 a strong desire를 수식하는 형용사적 용법의 to부정사구이다. { }는 「전치사+관계대명사」가 이끄는 관계사절로 선행사 the one을 수식한다.

4 ④

해석 Lençóis Maranhenses 국립공원은 브라질의 북동부에 있는 Maranhão 주에 위치해 있다. 1,500여 킬로미터에 걸쳐 있는 그곳은 초목도 나무도 없는 모래언덕 저지대이다. 전형적인 사막과 유사해 보일 수도 있지만, 그 공원은 매년 초에 발생하는 정기적인 우기가 있다. 이 비가 내릴 때, 모래언덕들 사이로 물이 모여 사막 한가운데 푸른빛과 초록빛의 호수가 형성된다. 비가 많이 올수록, 그 호수들은 더 커진다. 건기에는 거의 사라진다는 사실에도 불구하고, 그것들은 7월부터 9월까지 가장 크고 놀라울 만큼 다양한 어류들의 서식지이다. 그 공원은 보호 구역으로서 그곳을 통과하는 도로가 하나도 없다. 그곳에 사는 유일한 사람들은 이 호수들에서 고기잡이를 하여 생계를 유지한다.

문제풀이 여섯 번째 문장에서 우기 때 생긴 호수는 다양한 어류들의 서식지라고 했으므로 ④는 글의 내용과 일치하지 않는다.

구문분석

[2행] [Covering about 1,500 kilometers], it is a low area of sand dunes with **neither** plants **nor** trees.
[ ]는 〈부대상황〉을 나타내는 분사구문이다. 「neither A nor B」는 'A도 B도 아닌'의 의미이다.

[7행] ..., **despite** *the fact* [*that* they nearly disappear during the dry season].
despite는 전치사로 뒤에 명사(구)가 오며, '~에도 불구하고'의 의미이다. 접속사 that이 이끄는 [ ]는 the fact와 동격인 명사절이다.

5 ④

해석 각각의 사람 세포는 특정 개인의 유전자를 지니는 구조를 포함한다. 우리의 유전자는 우리가 어떻게 보이고 행동하는지를 결정하는 것들이다. 이 구조들의 각 끝에는 말단소립이라고 불리는 끈적끈적한 몸체가 있다. 그것들이 세포의 수명을 결정하고, 따라서 우리의 수명도 결정하는 듯 보인다. 세포가 분열할 때마다 그 세포의 말단소립은 최종적으로 너무 짧아져서 세포가 분열하지 못하고 죽을 때까지 점점 더 짧아진다. 하지만, 과학자들은 세포에 특정한 효소를 첨가함으로써 그것의 말단소립이 짧아지는 것을 막을 수 있음을 발견했다. 이러한 첨가로 세포는 젊은 상태를 유지하며 분열을 계속한다. 이 발견으로 판단해 보건대, 인간의 수명은 금세기가 끝나기 전에 180세 혹은 그 이상에 이를 것 같다.

문제풀이 주어진 문장의 adding a certain enzyme to a cell 내용이 ④ 뒤의 this addition으로 이어지고 있다. 또한 ④ 앞에서 말단소립이 짧아질수록 세포의 수명이 줄어든다고 했으므로 ④ 뒤로 효소를 첨가하여 말단소립이 짧아지는 것을 막으면, 세포가 젊은 상태를 유지하여 분열을 계속한다는 흐름으로 이어지는 것이 자연스럽다.

구문분석

[3행] Our genes are the things [that determine {how we look and act}].
[ ]는 the things를 수식하는 주격 관계대명사절이며, { }는 that절의 동사 determine의 목적어 역할을 하는 명사절로, 「의문사+주어+동사」의 어순을 취하는 간접의문문이다.

[4행] **At the end of each of these structures** are sticky bodies called telomeres.
(부사구: At the end of each of these structures / V: are / S: sticky bodies called telomeres)
부사구가 문두에 나와 주어와 동사가 도치된 형태이다.

6 ④

해석 미국인 화가인 윈슬로 호머는 주로 바다에 대한 극적인 묘사로 알려져 있다. 호머에게 있어, 인간과 자연 간의 투쟁은 미국이라는 국가의 가장 중요한 주제들 중 하나였으며, 그의 작품 속에 반영되어 있는 것이 바로 이 투쟁이었다. 노년에 호머는 메인 해변의 한 작은 마을에 정착하였고, 그곳은 그에게 계속해서 바다 풍경을 접할 수 있게 해 주었다. 그가 그의 그림에서 묘사한 사람들은 주로 어부와 배의 선장이었는데, 그들은 특정 개개인이라기보다는 용기와 결단력과 같은 인간적 특성의 표현이었다. 호머가 이런 인물들에게 보편적인 특성을 부여했던 것과 마찬가지로, 그는 바다 그 자체에도 그렇게 했다. 호머의 바다는 늘 험한 물결이 이는 거칠고 열정적인 광활한 공간이었다.

문제풀이 호머는 인간과 자연 사이의 투쟁을 그림의 주제로 삼았으며, 특히 노년에는 해변의 작은 마을에서 지내면서 거칠고 열정적인 바다를 묘사했다는 내용이 나오므로 빈칸에는 ④ '바다에 대한 극적인 묘사'가 적절하다.

오답풀이 ① 유명한 사람들의 초상화
② 어선 선장으로서의 직업
③ 바다에서 거의 죽을 뻔한 경험
⑤ 작은 해안 마을들에 관한 묘사

구문분석

[4행] ..., Homer settled in a small town on the Maine coast, **which** offered him constant exposure to sea scenes.
(V′: offered / I.O.′: him / D.O.′: constant exposure to sea scenes)
which는 계속적 용법의 주격 관계대명사로, a small town on the Maine coast를 선행사로 한다. 「offer+I.O.+D.O.」는 '~에게 …을 제공하다'의 의미이다.

[5행] The people [(who[that]) he featured in his paintings] — primarily fishermen and ship captains — were **not so much** specific individuals **as** representations ... .
(S: The people / V: were)
[ ]는 who[that]이 생략된 목적격 관계대명사절로 주어 The people을 수식하고 있으며, were가 동사이다. 「not so much A as B」는 'A라기보다는 오히려 B'의 의미이다.

[7행] **Just as** Homer gave these figures a universal quality, **so** he *did* for the ocean itself.
「(just) as ~ so ...」는 '~와 마찬가지로[~인 것처럼] …이다'의 의미이다. did는 앞에 쓰인 gave a universal quality를 대신하는 대동사이다.

UNIT 14

REVIEW TEST

p.148

A

1 the recreational facilities at this company are → are the recreational facilities at this company

해석 이 회사의 여가 시설은 직원들에 의해 거의 이용되지 않는다.

풀이 부정어구가 문두로 나가면 주어와 동사가 도치된다.

2 did a terrific castle stand → stood a terrific castle

해석 관광객들 바로 앞에 멋진 성이 서 있었다.

풀이 장소의 부사구가 문두로 나가면 조동사의 도움 없이 본동사가 주어 앞으로 도치된다.

3 lost → lose

해석 그들은 돈을 잃었을 뿐 아니라 거의 죽임을 당할 뻔했다.

풀이 조동사 did가 도치되어 주어 앞으로 나갔으므로 본동사는 동사원형으로 쓴다.

4 faster → fast

해석 가능한 한 빨리 소포를 배달해 주세요.

풀이 '가능한 한 ~한[하게]'의 의미를 나타내는 원급 비교구문은 「as+형용사[부사]의 원급+as one can」으로 쓴다.

5 knows → know

해석 어머니뿐만 아니라 내 오랜 친구들도 내가 어린 소년이었을 때 토끼를 무서워했다는 것을 안다.

풀이 「B as well as A」에서는 동사를 B의 수에 일치시킨다.

B

1 swore to tell nothing but the truth

2 your boss that should be blamed for the failure of this project

C

1 The more knowledge (비교급 관용표현) you (S) obtain (V), the more modest (비교급 관용표현) you (S) should become (V).

2 My younger sister (S) never goes out (V) without losing her wallet (부사적 수식어구).

The 상승
구문편